U0113147

IANG'AN
VENHUA
HUANGYI
HANYE DE
AZHAN YU
ONGHE

两岸文化创意产业的
发展与融合

LIANG'AN WENHUA CHUANGYI
CHANYE DE FAZHAN YU RONGHE

海风出版社
HAIFENG PUBLISHING HOUSE

序

Preface

文化是识别一个民族的基因，创意是发展一个国家的动力。文化创意产业本质上是以创意和知识为核心的产业。它跨越领域广泛、动态且极具弹性；它不仅将地区、国家的民族文化资源转化为社会综合效益，还在解决经济发展问题的同时为人们提供脍炙人口的精神产品。在“地球村”面临能源危机、环境恶化、社会贫富差距日益悬殊等一系列严重问题的情状下，世界上许多国家或地区都将文化创意产业作为整体经济与社会发展方略，海峡两岸也不例外，“文化创意生产力”成为继“科技生产力”之后的又一道亮丽的风景线。

笔者基于对中华文化在两岸发展与融合、新时期两岸文化创意产业发展与交融的浓厚兴趣，力图以跨领域观点进行系统的整理与分析。在书中可以窥见对文化创意产业相关概念与实务案例的总结与论析，如文化创意产业科学发展的理论研究、丰富的学术滋养、不同观点的交锋、激荡与融合；从产业角度检视世界先进各国发展文化创意产业战略目标、政策导向及管理实务；对文化创意产业中“文化”是原料、“创意”是策略、“产业”是经济，其过程又分为生产、消费、交换，强调文化外显形式更加艺术化、市场化，并在后现代社会成为符号消费对象；保护文化遗产、继承并发扬其精华为文化创新所必须；以及文化创意产业发展相关的“人”、“事”、“物”等提供一个比较清晰的面貌。谨希望以此为国家或地区战略决策层、产业实际部门以及关注这一领域发展的读者，拓展新的视野、提供新的经验，略尽绵薄之力，对两岸文化创意产业未来合作竞争能有所助益。

中国人的文化创意似蓓蕾含苞、万紫千红的万花筒，从不同的光线、不同的角度，就会有许多不同的风景。文化创意产业所唤起的民间活力，已经为海峡两岸经济社会带来蓬勃且多向度的新兴产业面貌，并已然成为一种新的生活方式与价值。

两岸文化创意产业合作方兴未艾。文化创意产业与外部资源的整合应用，需要更多人的关注与参与。期盼两岸文化创意产业的管理者与实践者并肩齐勉，团结一切可用力量，进行资源整合与分享，并以常态性、结构性、建设性的思维，进行由下而上、有点线到面、由形式到实质、由高层热络到民间深层自觉，淬炼出文化创意产业的沉潜与整合，驶向真正企及世界高度的里程碑。

新的历史时期期，我们期盼台湾文化创意产业发展策略与大陆经济社会发展整体规划融合起来，携手加快中华民族创新突破步伐，在发展本民族新文化中共筑竞争优势，让全世界都能直观地感知中华文明的核心、内涵与魅力，并逐步通过“华流”向外推广话语权，引领世界文化潮流的走向。“肯取势者可为人先，能谋势者必有所成”。

此外，本书疏漏之处，尚祈各界先进不吝指正、赐教。谢谢！

方彦富

2014年9月

目录

Contents

第一章 导 论

DI YI ZHANG

DAO LUN

第一章 导 论

20世纪末，全球化的影响造成经济体系的再结构，文化流（cultural flow）就是全球化经济结构与影响的重要特征之一。文化是识别一个民族的基因，创意是发展一个国家的动力。进入21世纪，在知识经济的作用下，“文化”和“创意”结合萌生出一种新兴的产业形态——文化创意产业。在“地球村”面临能源危机、环境恶化、社会贫富差距日益悬殊等一系列严重问题的窘况下，世界上许多国家或地区都将文化创意产业设定为战略发展目标，“文化创意生产力”也就成为继“科技生产力”之后的又一道亮丽风景线，吸引了学术理论界与企业体对文化创意产业进行深入的探讨与研究。

放眼未来，中国经济社会正面临着大发展、大繁荣、大跨越，新问题、新矛盾、新挑战的严峻考验，需要继续凝聚新的力量。新兴的文化创意产业，具有文化与创意密集、高整合性、高附加价值等特点，无疑对转变经济增长方式、优化产业结构、协调经济社会全面发展具有重要意义。台湾地区具有发展文化创意产业的优势，大陆地区的文化创意产业也在崛起，两岸文创携手，大有可为，前景广阔。

文化创意产业的科学发展离不开科学的理论研究，丰富的学术滋养，不同观点的交锋、激荡与融合，将拓展新的视野、提供新的实践经验。我们希望：通过

对两岸文化创意产业发展现状及契合点的提炼，从战略上思考和谋划文化强国对策；探索如何继承和发扬中华传统文化精髓，在诠释中赋予现代意义；凝练更具广泛共识的中华文化主流价值，在民族性中体现全球性，用中国特色的文化力来扩大中华文化的国际影响力。

第一节　文化创意产业的相关概念及理论思潮

一、文化创意产业的相关概念

1. 文化产业的相关概念

文化创意产业的基础是“文化”，所以先从文化相关概念展开论述。“文化”一词源于拉丁文cultura，原意指对于动、植物的培育，是从自然环境而来的训练过程，具有某种“教育、训练”的意涵。英国人类学家爱德华·泰勒在其所著的《原始文化》（1871年）一书中表述：“知识、信仰、艺术、道德、法律、习惯等凡是作为社会的成员而获得的一切能力、习性的复合整体，总称为文化”。根据《现代汉语词典》（修订第三版）的解释：文化是人类在社会历史发展过程中所创造物质财富和精神财富的总和。所以说，文化是识别一个民族的基因。

根据联合国教育、科学与文化组织（UNESCO）对于文化的定义：广义的文化是用以区分社会或群体特有的精神、物质、知识层面的一组特征，包括艺术、文学创作、生活风格、基本人权、价值体系与传统和信仰。所以，对文化的研究其本身就是一种跨界的研究领域。文化也被解释为“生活的设计”，包括服饰、语言、宗教、工作、休闲、建筑、组织团体等及其他所有有关生活形态方面的事物；文化亦具社会的象征体系、共同价值及规范等内涵，例如儒学文化、风水文化、品牌文化等[1]。一方面，如果将文化分为物质文化及精神文化，则物质文化以谋生为实际行为方式，精神文化则包含更高的价值，为科学的人文学科、艺术及宗教[2]。另一方面，文化与社会结构之关系密不可分，有学者指出社会与文化互动交错在三个层面之上[3]：第一，由人的行为所创造的社会物质条件——“第二自然”，即人的社会行动与日常生活所处的环境；第二，文化因素形成的各种社会制度和社会结构，影响社会个人实践的过程，包括在各种政治、经济、行政管理、媒体等系统之中；第三，文化直接渗透到行动者内心的各种思想、观念及知识体系之中，成为象征意义及符号体系。

依照西方的观点，文化范畴可分成四个概念：（1）文化为一个智识及认知的范畴，文化属于心灵的意识；（2）文化是一个包容与集体的范畴，文化为道德及知识发展的状态，以进化的观点来看，文化为集体的生活而非个人的意识层次，有别于前面的概念；（3）文化是一个具有描述性与具体的范畴，文化为日常生活的人造物，是精英创意、专门技术与知识训练或社会化的过程，具有特殊性与排他性；（4）文化是一个社会范畴，文化被视为多元的、民族的生活。

1944年，霍克海默和阿多尔诺在《文化产业：欺骗公众的启蒙精神》一文中首次提出“文化工业/文化产业”（Culture Industry）的概念，定义是：通过市场机制和运作，将文化制品及文化服务转换为商品与服务，实现货币化的产业。Throsby在《文化经济学》（2001）一书中指出文化产业具有如下的文化价值，包括：美学价值、精神价值、社会价值、历史价值、象征价值、真实价值[4]。文化产业是一个多维度、多层次、富于生成力与包容力的、在历史中拓展变易的综合概念，也是一个引起广泛争议的概念。文化产业已经成为当代社会、文化与经济

1 廖世璋著：《文化创意产业》，台湾巨流图书股份有限公司2011年出版p.3。
2 欧力同、张传著：《法兰克福学派研究》，重庆出版社1990年出版P.241-244。
3 高宜扬：《当代社会理论》，台湾五南图书出版公司1998年出版，参见同上。
4 David Throsby著，张维伦等译：《文化经济学》，台湾典藏艺术家庭2003年出版P.36-37。

生活中一个影响非常广泛的关键词，其内涵非常丰富，其外延在不断延伸。

美国大众文化的重要理论家与实践者约翰·费斯克（John Fiske）曾提出《文化经济》概念，认为文化经济是在社会的转型之下，从开始的农业经济、工业经济过渡到商业经济之后产生的新经济模式，产品本身的符号系统、视觉媒介及美感等非物质的文化内涵，比产品物质本身更具重要性。也就是说，文化具有经济价值，它包括文化设施建设规模、文化产业生产能力、文化消费水平以及其他文化力的发展水平；文化与经济的发展关系，是一种新的产业之形成与扩张，对于整个经济体系会产生扩散与结构分工之效应；文化产业的扩张、升级和整合，在促进经济社会发展中的作用日益突出。

概而言之，文化产业是通过人们创造性的劳动，把知识、信息和意向等文化资源转化为具有交换价值的文化产品和服务的产业。

2. 创意产业的相关概念

“创意”（create new meanings）指的是生产新事物的能力，是由个人或集体的概念和发明所产生，而这些概念和发明是充分表现出自己个性的新意或意境，而且是有意义的、有利可图的原创性。“创意”是文化产业的核心要素，强调借由个人知识与创意对文化商品的创造与投入，开创出新的竞争力与经济成长力，是在既有存在的文化中加入每个国家、族群、个人等创意，赋予文化新的风貌与价值，成为一个民族或国家发展的动力。而“创意力”的启迪与发挥，不仅需要仰赖教育体系的培育，还需要在产业链中建构背景脉络与组织二者之间的相互作用。简言之，创意是一个包含创意工作者、知识、网络与技术，并让新的想法与背景得以交互连接的过程，创造力方能兴盛。

英国是第一个为创意产业提出定义与范围的国家，并在几年内快速地被新加坡、澳洲、新西兰、台湾与香港等希望发展创意产业的国家或地区借鉴与调整，故英国对创意产业的定义格外有指标意义。英国提出的“创意产业”定义为：起源于个体创意、技巧及才能，透过知识财产权的生成与利用，而有潜力创造财富和就业机会的产业。换言之，创意产业是创意要素起核心或主导作用的产业。创意产业具有三大特征：第一，知识、文化要素密集，“创意”是其核心要素；第二，产业活动被视为与象征意义的产生及沟通有关，其关联度很强，创意资本从各个行业价值链延伸出来，横向囊括了传统三个产业的几乎所有行业和企业的价值链高端部分，但纵向拉伸较短，即它脱离了传统产品的生产、制造和销售；第三，具高附加值、高风险，产品至少有可能是某种形式的“知识财产权”。

创意产业的独特魅力在于：创意产业颠覆了传统的价值增值和产业划分标准，将“创新”引入了生产函数，使得高新的数字网络技术融合到传统产业中，创造出新的价值增值源泉。从这个角度来讲，创意产业与文化产业存在大范围交集，因为文化内容是创意产业的最核心特征，而创意产业是文化产业的更高阶段。

3. 文化创意产业的相关概念

从上文的分析可知，创意产业与文化产业相交重叠。文化产业主要指以文化内容为核心或主导的产业，而文化内容往往是创意的结晶，故文化产业发展的核心动力是以创意为特征的文化原创。在经济全球化背景下，“文化”与“创意”结合产生的以创造力为核心，依靠团队（个人）将文化因素通过技术、创意和产业化的方式开发、营销知识产权的一种新型产业形态，即现今不断崛起的文化创意产业（Cultural and Creative Industries）。

有关文化创意产业的发端，可追溯到20世纪中叶，法兰克福学派奥多阿多诺（Theodor Adorno）和马克思·霍克海默尔（Max Horkheimer）两位学者所提出的文化工业（Culture Industry）理论，但其论述内容仍离不开工业量产的范畴。通过知识财产与工业生产进行结合的文化创意产业，其真正落实则始于20世纪80年代，以创意为基础的“文化产业”成为多数先进国家的政略发展目标，不仅各国政府将其视为国家整体经济与社会发展的指标，学术界与产业界对之更投注巨大的心力，形成一股沛然莫之能御的潮流。藏匿在这股潮流背后的原因，除希望透过产业化过程让文化得以永续发展外，更重要的是蕴含在文化创意产业新经济背后的无限潜能[1]。

英国是最早提出创意产业概念，也是全世界最擅长运用创意产业的国家。20世纪80年代英国最重要的两个文化产业，一个是文化旅游业，另外一个就是英超足球。他们后来设立了“体育与媒体观光部”，目标就是推动发展“文化产业”。文化产业发展到一定阶段后，“创意产业”的概念被作为英国的国策整体上凸现出来。他们将地方文化带进生产线，将文化活动视为“产品”加以演绎，创造出专属于这个符号的商品，而观众则成了“消费者”，而所有的文化补助政策则成了“投资”，文化开始有了储蓄与增值的潜力，再通过行销以换取更高的经济报酬。这一趋势让英国的文化政策由原本“艺术补助”的思维跳到“文化创意产业”，依据“公部门”提出的政策条款，由审查机构挑选最有力的项目，作为文化投资对象。他们发现，文化投资可以促进经济复苏与都市再生，而运用地方文化通过创意经济发展所带动的结果，除了增加就业机会之外，也相对地提升了财富。这一结果也改变了英国单一文化的发展，除了创新之外，利用人的创造力、技能、传统的文化艺术与其他智慧的结合，不但具有高度的经济效益，也能创造更多就业机会。1997年，英国首相布莱尔推动创意产业筹备小组，将“文化创意”纳入英国国家重点发展项目，并由他的幕僚成立了文化产业特别工作小组，直接推动文化创意产业发展，并于1998年和2001年两次发布“什么是创意产业”的解说和英国的创意产业报告。

文化创意产业的定义非常多元，最具代表性的选择是英国文化传媒与体育部（The Department of Culture，Media and Sport,以下简称DCMS）、被誉为世界创意产业之父的英国著名专家约翰·霍金斯（John Howkins）以及国际创意产业权威澳大利亚约翰·哈特利（John Hartley）教授三者的定义，简述如下：

1　邱志勇著：“文化创意产业的发展与政策概观”，见李天铎编著《文化创意产业读本：创意管理与文化经济》，远流出版事业股份有限公司2011年出版P.31。

首先，英国DCMS的定义意涵。依市场形态，英国DCMS将文化创意产业类分为三个部门：生产商业部门、非营利部门及较大型商业部门；另以是否享受政府补助为依据，将文化创意产业类分为二大产业：一是大量生产及分配的产业，如电影、电视及电玩与出版等产业；二是以手工制作为基础，且在一特定地点或时刻消费的产业，如视觉艺术产业、表演艺术产业及文化遗产等。

其次，约翰·霍金斯的定义意涵。约翰·霍金斯在其《创意经济》（2001年）一书中首次提出“创意产业”概念，由知识财产权、专利、商标与设计四个部门组构了创意产业及创意经济。创意经济从狭义的定义来看，包括视觉艺术、音乐、表演艺术、工艺、电影等创意型产业；但从广义面来看，其实“创意”无所不在，每个产业、甚至每个工作岗位都需要“创意”的投入，才能创造与众不同的价值，借此脱颖而出。

再者，约翰·哈特利的定义意涵。约翰·哈特利指出，文化创意产业系结合创意艺术与文化产业之新产品，并须在新的媒体技术及知识经济下，成为新的消费者与市民互动之产物，是创意生产、创意人才和新技术的结合，它的出发点是将文化产业化，从而摆脱它的福利模式。创意产业的发展阶段包括：创意产业集群阶段、创意服务阶段、创意公民阶段和创意城市阶段。

此外，根据联合国教科文组织对于文化创意产业的定义：“以无形、文化为本质的内容，经过创造、生产与商品化结合的产业，同时这内容的本质具有文化资产与文化概念的特性，并获得知识财产权的保护，而以产品或服务的形态呈现。从内容上看，文化产业可以被视为是创意产业，包括书报杂志、音乐、影视、多媒体、餐饮、娱乐、房地产开发、食品包装、各种视觉创作、观光及其他靠创意生产的产业”。 由此可见，文化创意产业本质上是以创意和知识为核心的产业。除了因高新技术而诞生的新兴产业外，创意产业中的大多数产业早已有之，只是在新的历史背景下，这些产业所共同拥有的特性得到政府、社会和企业的格外关注，而被集合在一起重新命名。

总而言之，文化创意产业是一种在经济全球化背景下产生的以创造力为核心的新兴战略型产业，是一种通过知识与智能创造产值的过程，强调一种主体文化或文化因素依靠个人（团队）通过技术、创意和产业化的方式开发、营销知识产权的行业，是将抽象的文化直接转化为具有高度经济价值的“精致产业”。换言之，是将知识的原创性与变化性融入具有丰富内涵的文化之中，使它与经济结合起来，发挥出产业的功能。从发展趋势以观，文化创意产业已明显地改革了既往的产业结构，其生产机制及职工结构皆由原来的工业型经济部门转向服务型经济部门，它运营的基础建构于强化各部门间的创意激荡、知识的传递与争论、资讯的交换与联结。

二、文化创意产业的理论思潮

罗斯比（David Throsby）认为，“文化”的意义来自于人类从事活动的某些特征，包括：在生产活动中融入创意、活动中设计了“象征意义”的产生与传达，使该活动的产生蕴含着某种形式的“智慧财产”[1]。从文化经济学的角度，“文化”更着墨于人类在生产过程中所投入的智慧，以及产品所传递的意义。因此，无论是文化产业化或产业文化化，皆不能片面地从产业经济效益来解读，反而应回归整个生产活动的核心，即体认人类主体的创意与知识所具备的无限潜能，确认这个潜能的开发与运用，能提供给社会生活更好地发展[2]。

文化创意产业理论思潮演进的几个向度，分析如下。

1. 创新经济理论的发展

1912年，美籍奥地利经济学家约瑟夫·阿罗斯·熊彼特（Joseph Alosis Schumpeter）在其《经济发展理论》中首次提出影响深远的创新理论。熊彼特所

1 David Throsby著，张维伦等译：《文化经济学》，台湾典藏出版社2005年出版P.6-7。

2 邱志勇著：“文化创意产业的发展与政策概观”，李天铎编著《文化创意产业读本：创意管理与文化经济》，远流出版事业股份有限公司2011年出版P.34。

说的“创新”是从内部改变经济循环流转过程的变革性力量，实现生产要素和生产条件的一种新组合[1]。美国管理学家德鲁克（Drucker）则进一步发展了创新理论，认为创新包括技术创新和社会创新。技术创新作为一种特殊的实践活动，其主要原料是知识，主要内容是知识和知识的流动；随着创新经济理论的发展，创新也被总结为包括所有其他经济部门的观念创新、技术创新、制度创新与组织创新等等。

从创新理论的发展脉络可以看出，“创意”应该是“创新”的一个部分，简单概括就是非同寻常的构思及其表现方式。这样的理解，既能满足文化经济学中认为创意就是对文化艺术领域的创新，也能满足一般创新理论中对创新的认知。如果创意可以看做是一种生产要素的话，那么就是一种生产要素的创新，文化创意就是一种新形式内容上的创新。冯子标等在所著的《大趋势：文化产业解构传统产业》一书中则表达了这样的看法：内容创新恰恰是一个可以和技术创新并列存在的一种创新形式，它不但可以对文化产业本身（文化艺术创意），也会对ICT等高技术产业（数字技术创意），以及制造业（工业设计创意）产生广泛而深刻的影响。

2. 产业结构变迁的思维

综观世界各国的产业结构与空间，都随着不同时代政经体制的变迁而产生结构性重组，文化产业亦经历不同的时代体制演变而形塑不同的文化产业发展形式。

（1）福特主义（Fordism）时期。20世纪30年代，美国运行福特主义工业生活模式，其特征是以市场为导向，以分工和专业化为基础，以较低产品价格作为竞争手段，产业发展大量转入钢铁、汽车、电器、化学、食品加工等工业部

1 熊彼特所说的“创新”包括以下5种情况：（1）生产一种新的产品，或者开发一种产品的新属性；（2）采用一种新的生产方法，新方法既可以是出现在制造环节的新工艺，也可以是出现在其他商务环节的新方式；（3）开辟一个新的市场，不管这个市场以前是否存在。（4）控制原材料或配件的一种新的供应来源，不管这种来源以前是否存在。（5）实现任何一种产业的新的组织，比如造成一种垄断地位，或者打破一种垄断地位。

门，资本利润主要来源于规模经济效益和寡头厂商之间合谋形成的产量限制和垄断高价。这种生产组织的逻辑限制了分化的“消费文化”发展，文化阶层性开始瓦解，朝向平民化与大众化。

（2）后福特主义（Post－fordism）时期。从20世纪70年代开始，由于大众消费市场渐趋饱和，“大量生产及消费形式”的福特主义经济生产体制快速瓦解，走向后福特主义的经济生产模式。后福特主义是指以满足个性化需求为目的，以信息和通信技术为基础，生产过程和劳动关系都具有灵活性（弹性）的生产模式。其中精益生产模式逐渐成为占主导地位的生产方式，大企业的垂直管理被水平管理所代替，此时的产业结构转向高科技与服务业，企业不但要不断地运用先进的科技知识去创造新产品和新产业，而且要坚持不懈地进行创新速度的革命。随着经济的发展和收入的提高，人们对各种不同类型产品和服务的社会需求日益增大，开启新的经济市场与经济文化。1980年代，在格兰特伦敦议会（Granter London Council）上提出新文化理论如下：a、新文化策略是拒绝固有的“文化精英论”，在高级文化和流行文化上有明显的分界；b、新文化策略为质疑单一国家文化论，而是欢迎多元相对的文化和少数民族文化；c、新的文化理念放宽包含新的技术和新的文化形式，如电影、电视等。新的文化产业开始形塑，鼓励符合文化需求之市场产业发展[1]。

（3）后现代主义时期。20世纪60年代，欧美国家出现一种反叛现代主义的文化思潮，即所谓的“后现代主义”。现代主义认为，世界是客观的，可以进行研究，且通过科学的研究能够理解和把握综合的平衡。而后现代主义认为，客观性是不可靠的，世界极度复杂和混乱，变化不是规则和进化的，而是断裂的，从来没有平衡，永远也达不到平衡（比如生态平衡）。后现代主义社会常常也被称为消费社会、媒介社会、信息社会、电子社会和“高技术社会”等等；后现代主

1　杨敏芝著：《创意空间：文化创意产业园区的理论与实践》，台湾五南图书出版股份有限公司2009年出版P.14。

义社会的消费渐渐从大量生产、标准化的产品形式朝向流行、设计产品形式，另艺术生产已被整合在普遍的产品生产中，赋予艺术创新实验一个基本结构功能和位置，并促使大众消费主义成为一种生活方式。在此一期间，西方经济发达国家兴起了以文化政策主导的都市再生策略，文化政策包括长置性及暂时性的艺术、休闲、及博物馆等复合型设施开发，以及文化庆典活动及壮观活动事件，还伴随着后现代建筑及环境开发等。概言之，后现代主义是一种复杂、对立和混乱的连结：一方面是全球化过程及相关的相互依赖性；另一方面是区域形式与认同的无法逃脱性与特殊性。

（4）全球化时代。由于全球资本流动加速，跨国企业、金融机构以及资讯网络的成长，高科技产业、文化产业及生产服务业的发展，造成经济结构、社会文化的剧烈变迁。尤其是文化产业跨越国界、疆界与时空，正以全球性的规模彼此沟通、竞争、对照与冲突着，如全球性经济活动、商品销售、观光和移民人口的增加，使社会文化生活呈现“国际都会文化”和跨域文化所造成的普遍人性。从20世纪末英国文化政策的两个向度观察：一是以“都市再生”为主导的文化旗舰产业开发与文化专区创建等，来提升经济的竞争力；另一是以本土文化特殊性的建构及保存为主导的“地方文化产业”开发，来对抗全球性的跨国同质化过程。

综合上述时代发展脉络，可知文化创意产业的发展轨迹：文化本身成为一种独立的产业形态及财富的资源，还蕴含着巨大的经济价值；文化创意产业成为产业结构转型的战略抉择是历史发展的必然选择，且已形成沛然莫之能御的发展趋势。

3. 文化大众化的思维

1979年，当代美国学者和思想家丹尼尔·贝尔（Daniel Bell）提出“文化大众”（Cultural Mass）的概念，认为在后现代消费思潮的影响下，文化赋予社会经济新的意义。贝尔所说的“文化大众”，不是指文化的创造者，而是那些为文化提供市场的人们，包括大学、出版、杂志、广播电视媒体、剧院、电影、绘画艺术、文化机构、广告公司和传播产业等，在这些范围内影响和形成文化产

品的普及，同时为更多的文化受众生产通俗的产品。不难看出，贝尔所谓的“文化大众”，属于“社会的知识和传播行业中新兴的知识分子阶层”，他们代表的是整个中产阶级的文化趣味。

大众文化是一种通俗的文化，英国文化批评家雷蒙·威廉斯（Raymond Williams）曾对其归纳出四个定义：一是为大多数人所广泛喜欢的文化；二是确定了高雅文化之后所剩余的文化，即次级的作品；三是有商业文化色彩的、可以迎合大众口味的文化产品；四是为人民的文化，这里强调是“人民”自己创造的文化。大众文化理论滋养的土壤是现代工业社会高度发达的市场经济，伴随高科技生产而呈现纷繁的物质文化消费。威廉斯始终以一种动态的、发展的目光关注适应时代的、新的文化特质的出现，认为大众的含义是民有、民丰，为民喜闻乐见，它更现代的意义是为许多人所喜爱，确立了“文化是普通的”这一立论。

1993年，国际知名文化研究学者约翰·斯道雷 （John Storey）则针对不同部门对于文化的不同理解与态度，将大众文化分为六种：一是广受欢迎及众人喜好的文化；二是高雅文化的剩余部分；三是群众文化，是为了大量消费而量产的文化；四是庶民文化，是接近人民的底层文化；五是统治阶级的收编力量和被统治阶级的对抗力量相互斗争较劲的场域；六是社会大众在商品消费中实践了大众文化。现代流行文化是与资本主义的发展紧密相关的社会文化现象，是构成现代文化之重要部分，而流行文化的基本特征在于流行化，具有实践性、群众性、日常生活性、技术复制性、浮动性、非理性等特征[1]。

概而言之，流行是利益驱动的策略，大众流行文化能带动消费市场，而文化就是商品化承载的对象，商品便是体现流行文化意识而被理性化具体建构出来的“物”。

4. 文化商品化与消费性的思维

当代文化产业的发展，是资本势力延伸至精神文化领域，并使精神产物商品

1　高宜扬：《流行文化社会学》，台北杨智文化2002年出版P.86-137。

化的结果[1]。文化可以创造价值，也可以产生情感的连结与认同。罗夫钱森（Rolf Jensen）提出“购买感情”的说法[2]，意思是当人们购物时，事实上是在商品内寻找故事、友情、关怀、生活方式和品行。联合国教科文组织提出：文化产品一般是指传播思想、符号和生活方式的消费品，它能够提供信息和娱乐，进而形成群体认同并影响文化行为。基于个人和集体创作成果的文化商品，在产业化和在世界范围内销售的过程中，被不断复制并附加了新的价值。由图书、杂志、多媒体产品、软件、录音（像）带、电影、视听节目、手工艺和时装设计等组成了多种多样的文化商品。文化商品和其他商品一样，必须运用全球化经济体制的运行而强化其商品流动，但同时亦必须保存其在地性文化特质，才能拓展其文化商品化价值。“文化商品化”和“商品文化化”是推动相关文化创意产业再造的重要政策概念。

消费本质上是文化的，人们不仅消费“物”的实用价值，也在消费附着于这些“物”之上的“符号和意义”。随着消费行为越来越具有现代化和后现代化意义，消费主义成为这个时代的典型逻辑，文化消费则成为消费时代的重要主题旨。在现今的消费市场中，越来越多的行销沟通不再谈商品，而是从生活出发，谈的是消费过程中一个完整的经验。关于体验行销的概念：体验提供感官知觉的、情感的、认知的、行为的以及关联的价值来取代商品功能的价值。关于空间体验行销的概念：则是借由地域空间情景的塑造，如文化特色、历史意涵、空间形式与尺寸等等因子的综合考量，来驱动消费者的消费欲望。未来应掌握次文化消费性趋势，建构完整的体验行销策略，强化空间体验行销等诸多方面的经济效益。

5. 新市场结构的思维

文化创意产业经由上游的文化导入、创意设计研发，中游之制造生产，及下游的行销展售的完整流程，其生产、制造、研发、创新、符号意向等各向度，

---

1 詹明信、陈清侨等译：《晚期资本主义的文化逻辑》，生活、读书、新知三联书店1997年出版P.484。

2 冯九玲著：《文化是好生意》，台湾脸谱出版社2002年出版P.63。

都是销售市场的一部分。换言之，文化创意产业市场将朝向一体化的动态结构，始可达成其文化经济效益。相关研究也指出，基于文化创意产业趋向小规模个体化，在人才资源、行销通路、销售、创新研发、资金等方面常常缺乏完整的支撑，此外因其生命周期短、消费者偏好不稳定、就业轨迹易动性等特质，也增大了文化创意产业的风险。特殊的市场结构及强烈的风险问题，以及风险社会下的信赖制度的建构，都成为投入文化创意产业的重要策略指标。

6. 都市再生的思维

大卫·哈维（David Harvy）于1989年提出都市“财富创造”的概念，认为文化政策是解决都市普遍问题的主要策略。进入20世纪90年代，随着地方制造业的衰退，在可持续发展理念和“人本主义”思想影响下，城市开发更加强调综合和整体发展战略，文化作为一种重新定义的资源，已不仅仅是文化，亦是一种经济力量，逐渐被用来作为解决政治、社会、经济等城市各方面问题的手段。文化因素成为都市再生的驱动力，由文化创意产业引导城市再生在一些发达国家应运而生，尤其对老工业城区的再生具有突出的现实意义。

基于人文资本的集聚对地区经济成长的关键作用，文化成为城市重要的经济基础，文化消费（如艺术、服饰、流行产品、音乐、旅游观光等）带动了城市的“象征经济”。文化创意产业的地方生产策略，是通过文化的产业化与商品市场机制，拓展文化的在地消费，进而输出成为国家层级的消费，以吸引内部投资潜能，创造更多的就业机会，延续城市的文脉，活化城市的社会与文化，提升城市的竞争力。综观目前世界上许多国家在拓展地方意象行销及城市竞争策略中，特殊灵活的文化创意产业都成为带动都市更新、增强地方经济竞争力的主要元素。

7. “创意阶级”的思维

2002年，理查德·佛罗里达（Richard Florida）在其《创意新贵》一书中提出“创意阶级”概念，其定义：新经济条件下，经济发展对于创意的渴求，从而衍生出来的一个新的阶层；他们的工作涉及制造新理念、新科技、新内容，包括了所有从事工程、科学、建筑、设计、教育、音乐、文学艺术以及娱乐等行业的工作者。根据该书对美国城市的观察，发现有些城市的繁荣与没落，关键就在于能否留住“创意阶级”。“创意阶级”具有创新精神，注重工作独创性、个人意愿的表达以及对不断创新的渴求，能为一个城市创造更加开放、更有活力、个性化、专业化的环境，使这个城市拥有更高的创意密度，而这样的环境又会吸引更多的创意人才，随之而来的还有商业和资本、更强大的生产力优势、规模经济和“文化溢价”。

创意时代促进文化创意产业的发展潮流，文化创意产业已成为都市再生的主要动力。对于追求创意的地区和城市而言，顺应21世纪的全球化经济情势，提供文化创意产业发展的空间，创造条件吸引“创意阶级”的投入与进驻，是促进经济繁荣和增长的必然抉择。

三、文化创意产业的社会意涵

放眼世界，随着“知识经济”和“创意经济”的兴起，文化创意已成为各国比拼竞争力的核心策略，文化创意产业则成为推动经济再生的主力产业，它的成效主要借由创造力的运用，对地区和城市的经济及创造新的工作机会产生显著的提升效果。

社会发展到一定程度之后，人们在物质使用上达到了一个极致，开始追求更上一层的非物质性的产业活动，它是一个累进的过程。随着经济结构的变迁，社会的生产模式已从追求大规模、标准化转向以资讯科技为基础，通过弹性积累和产品的大量客制化来满足个性化需求的生产模式，不仅生产要素从土地、劳力、资本等传统有形资产，转变为知识与创新主导的无形资产，企业经营的主轴也从制造导向与功能导向，转变为客户导向与个性导向，知识和文化在经济发展中的地位日益增强。文化创意产业的兴起与经济发展方式的转变有着天然耦合，文化创意驱动也就成为转变经济发展方式、实现经济持续健康增长的新源泉。

文化创意产业是一种对人文主义精神回归与再强调的新兴产业，其发展本质是以人类智慧与创造力为基础，结合商业经营与产制思维，以提升非物质形式的文化与创意方面的价值。目前，学术界与产业界一般咸认，文化创意产业除了可直接表现经济的实质收益，还可因其所开拓的文化活动，而衍生出如下的其他价值：（1）增加文化产业的附加价值及文化消费效益；（2）促进文化生产者之间的交流，提升生产与行销效益；（3）带动都市或地方社区基础设计建设的更新与发展；（4）加强地方意象的行销，其满足的是精神方面的需求，而非是衣食住行等基本物质需求；（5）带动和活络其他相关产业的商业活动；（6）吸引创意人才和中产阶级回流地方与参与地方发展；（7）增加在地居民的荣耀感，并强化他们维护环境品质的认同感。总而言之，创意经济理论反映了新经济竞争优势的来源和竞争方式正在发生的重要转变，文化创意产业就是以知识及创意为本的产业形态，确实能为一个地区带来经济发展的潜力与就业机会，亦被视为未来地方性与区域性产业结构转型与经济发展的新契机。

文化创意产业的发展有着复杂的社会意涵。参照马克思主义的观点，文化创意产业作为一个生产体系，有着独特的双重属性。从表意层面观察，文化创意产业的产出涉及历史、文学、艺术、教育、出版、风俗习惯等各个领域，自然与属于社会“上层建筑”的政治律法、价值信念、文化成规、还有社会意识形态等，都有着既张弛又呼应的辩证关系；但从生产实践层面来看，文化创意产业有原创开发、生产制作、发行销售到集体消费，需要庞大资金的运转、复杂的人员投入、相关产业的分工，以及地缘产销位置等，都有着密切的关联，显然是社会总体生产体系的一个部分，并且有着特殊的生产模式，可以说也是社会“下层基础”的一环。

在文化创意产业领域中，文化本身所代表的便是人们的生活方式，甚至是人们的生理与心理的活动；文化产业是通过产业化的经营思维，提升文化的价值层次，使之得以永续。而创意的特殊性在于，由于价值的非异化特性引起生产及组织的有机、复归的特性，创意越来越成为创新的内在活力源泉所在。文化与创意两者的结合赋予了文化创意产业独特的新样貌，它特别突出了社会、文化环境中包容、信任、同情性的一面，强调了社会和文化对经济活动的重要性。

文化创意产业的出现，使文化正从经济发展的边缘向核心位置转移。文化资本居于经济资本和社会资本之间，一方面，文化资本的显性作用可以直接通过教育、出版、销售转化为经济资本；另一方面，文化资本的隐性作用可以通过知识和培训转化成为社会资本，建构以信任、规范、网络互动为基础的良好投资环境。文化与创意的理念融入学习后，兼具创造力教育的意涵必将使文化真正成为职场学习的基石，使创意真正成为社会发展的活水，共同营造双赢的学习新动力。

文化创意产业作为具有经济价值的无烟囱产业，已在全球形成方兴未艾的发展趋势。在这股文创洪流的庞大商机驱动下，知识、专业、服务等成为齐聚于国际化队伍的国家或地区的主要竞争力，“创新”则是赢得胜利的关键。

第二节　文化创意产业的发展与政策综览

始于20世纪尾期，西方发达国家如英国、美国、新西兰、加拿大、芬兰等都积极运用自身的文化资源，以发挥创造力为主轴，开发创新的物品，借助文化创意产业以提升国家竞争力。在新兴开发国家中则以韩国最为积极，在1997年亚洲金融风暴中受害最深的韩国，思索了另一条开启经济大门的出路，推出“文化产业振兴五年计划”、提升文化观光部的预算、成立“游戏振兴研究院”，正式以“韩流”为名，倾全国之力推动文化内容产业发展壮大，并组成“国家形象管理委员会”，进行国家形象设计、宣传和追踪调查，也成为韩国走向文化强国的发

端[1]。形成这股潮流背后的原因，最重要的就是文化创意产业中所蕴含的新经济的无限潜能。随着国家社会与产业结构的改变，对内部文化与创意力的重视，以及新科技的发展，文化创意产业已经成为21世纪的新兴经济与产业模式。

在过去的这十多年间，文化创业产业确实为许多国家与地区在推动经济结构转型与经济发展带来正面的效益，刺激了这些国家与地区投注更多的心力制定相关的发展政策，以创造文化创意产业的经济力量来提升竞争优势。本节就此方面作简单的勾勒。

一、文化创意产业发展的策略与政策

文化创业产业是“源自创意或文化积累，透过知识财产的形成与运用，具有创造财富与就业机会潜力，并促进整体生活环境提升的行业”，因此，发展文化创业产业的真正核心问题是“创造力”，离开了创造力的释放，文化创业产业就难以发展。创造力有两个层面的含义：一是原创性；另一是创新性。因此，创意人才的聚集与个人创造力的解放才是文化创意以产业发展的前提条件与基础。所以，政策支持、管理体制、产业价值链等都是发展文化创意产业的关键，而其发展与突破首要在于政策。

这里所谓的政策，不应是简单的地方政策或区域政策，而是国家整体文化战略。对于文化创意产业发展而言，一个健全的生态体系与缜密的发展措施是至关重要的。总结许多学者的研究，有这样一个共识：自英国率先针对“创意产业”制定明确的发展政策之后，其他国家和地区也都开始制定相关的文化政策与策略。综观世界各国发展文化创意产业的策略与政策，分列出以下类型与特征。

1. 策略与政策的拟定仰赖扎实的基础研究

1　詹明信、陈清侨等译：《晚期资本主义的文化逻辑》，生活、读书、新知三联书店1997年出版P.484。

作为文化创意产业的前锋，英国文化创意产业的成功并非偶然，扎扎实实的基础研究工作是拟定和推动文化创意产业规划与政策的重要依据。1997年，英国成立了文化传媒教育部（The Department for Culture Media and Sport, 以下简称DCMS）致力于推动文化创意产业。从1998年开始，DCMS便陆续出版了《创意产业图录报告》、《出口：我们蕴藏的潜力》、《文化与创意：未来十年》等研究与报告。《创意产业图录报告》是针对个别产业的竞争潜力、发展趋势进行的研究，以作为政策推动的基础依据；《出口：我们蕴藏的潜力》则是针对英国创意产业的国际竞争潜力、出口政策与执行方向的分析与评估；而《文化与创意：未来十年》则是将研究焦点放置在人才的培养与养成面，从教育着手开发与培养人民的创造力，并拓大相关公共资源，如图书馆、美术馆与画廊等的运用[1]。2001年，英国界定出该国文化创意产业的范畴。2007年，DCMS在《2007年文化与创造力》报告中便陈述，过去十年间英国在文化艺术领域的预算投入增加了73%，从1997年的1870亿英镑升至2007年的4120亿英镑，并以具体政策培养具创造力的文化创意产业人才。2008年，DCMS发表《创意英国：新经济的新天赋》的创意经济发展政策计划。在此计划指导下成立了“英国文化创意技能学院”，其宗旨在于负责文化与创意专业人才的训练。

整体观之，完善的产业基础研究与分析是英国成功发展文化创意产业的关键。上文所述的研究报告与相关的建议，通过了解英国文化创业产业在国际市场上的竞争优势，再从整体产业的发展策略到各行业的重点领域，以及相关资源的使用权、公民的创造力以及创意人才的培训等面向都进行详细的分析，为制定文化创意产业政策和建设产业生态系统提供扎实的基础依据。

2. 以科学技术来引领文化创意产业

澳大利亚在文化创业产业推动的政策执行上，除了依据基础研究作为了解国内外资源与市场之外，更关键的是以先进的科学技术来引领文化创意产业。如通

1 冯九玲著：《文化是好生意》，台湾脸谱出版社2002年出版P.63。

过产、官、学三方的通力合作，建构一个具有竞争力的产业发展环境，并通过一个全国性的生产和创新网络连接企业，借由专注的创新、创意和卓越品质的实际协助，让文化创意企业变得更加强大。

1994年，澳大利亚推出“创意国家：公民文化政策”计划，强调重视资讯科技对文化创意产业的作用；2001年，由“传播、资讯科技暨艺术部”与“资讯经济国家办公室”共同开辟三阶段的“创意产业群聚研究”：第一阶段，除了研究通过产业群聚的方式发展新的商业模式之外，更主要是评估将数字技术内容应用于文化创意产业的依据，为文化创意产业与数字技术产业之间绘制一个互动与连结的图像。第二阶段，主要针对电子技术与互动游戏、互动多媒体、广告、教育内容等四个文化创意产业中个人企业的价值链研究。第三阶段，主要从六个方面，为政府提出政策建议：一是研究数字软件与硬件的发展典范；二是创意数字产业统计资料的需求与收集方式；三是政府在创意数字产业市场中的角色定位；四是创意数字产业的业者与文化数字化以及收藏机构的合作；五是网络行销对创意数字产品的影响；六是开拓创意数字产业的海外市场。

此外，与学界合作亦是澳大利亚政府推动文化创意产业政策的重要一环。如2004年在澳洲昆士兰科技大学设置“创意产业园区”、2005年成立“澳洲国家研究委员会创意产业与创新卓越中心”（简称CCI）。CCI认定，文化创意产业是致力于扩张与发扬象征性文化产品或提供对经济的符号及咨询服务的载体，且文化创意产业包含了应用创意与想象力去创造和传递独特和客制化的产品。目前，CCI已是全球公认的新兴产业研究的领导者，研究的领域横跨媒体、文化与传播、法律、教育、经济、商业和资讯科技等，研究领域广泛且具国际视野，为澳洲、亚洲地区乃至于全球发展文化创业产业，提出问题与机会的关键理论支撑。

由上可知，澳洲通过跨学科和跨机构组织，提供科学技术以引领文化创意产业并提升其附加价值，同时确保其所做的应用研究在社会、经济和文化上的利益。

3. 极具文化创意产业的独特性表征

自20世纪90年代以来，日本经济处于长期低速徘徊，促使日本政府把文化和经济结合起来，于1995年确立了进入21世纪的文化立国方略。为把文化立国战略落到实处，日本政府通过设立战略会议、恳谈会、幕僚会议、审议会等形式，研究商讨具体对策，推动文化创意产业发展。迄今，日本的文化创意产业已在全球范围内居于领先地位，尤其是在动漫和工业设计上表现出非凡的创造力。总结日本的经验，主要是以“文化”、“内容”为基础，以“知识财产权益”为依归，并因应资讯科技的发展，推动文化创意产业相关的施政策略与方针，呈现四大特点：第一，凡是可以市场化的文化，都应通过市场运作方式来发展，这是日本促进文化产业发展的重要经验。日本漫画学院院长木村忠夫就指出，“漫画文化是一个国家创造出来的本土文化，只有在自己的土壤中，它才能够生根、开花、结果”，日本的动漫产业发展完全来自民间的推动力，国民喜欢动漫，艺术家根据国民的喜好进行创作，就像“买卖关系”一样[1]。第二，企业是文化创意产业发展的主体。在日本，不仅大型文化活动要靠企业的参与和赞助，最重要的是，日本拥有一支成熟的知名文化企业队伍。第三，突出发挥自律性组织或机构的作用。在日本，几乎文化创意产业的每一个行当都有自律性的组织或文化行业协会，这些行业协会都是社团法人，负责制定行业规则，维护会员的合法权益，同时进行行业统计，被看做是政府职能的延伸。如公司、基金会、个人的商业性赞助和公益性的捐助是文化艺术团体经费的主要来源，其数额是高于各级政府的资助和拨款的；日本文化产品的审查，通常不是由政府直接负责，而是由行业协会把关。第四，发展文化创意产业的政策主要依据是《知识财产基本法》与《文化艺术振兴基本法》。如主要依据《形成高度情报通讯网络社会基本法》（简称《IT基本法》）与《文化艺术振兴基本法》，日本制定了“知识财富立国”的《知识财产基本法》、《e-Japan重点计划——2003》（强化日本资讯科技发展）、《内容

1 “日本的文化产业政策及运作”：见 http://www.bisenet.com/Article/200707/29440.html。

的创造、保护与活用促进法》（内容为产业振兴政策）等。依据《IT基本法》的目的是要提升网络情报内容，加强网络内容人员的能力，以促进网络的商务活动，强化与国际间的联系与合作；《文化艺术振兴基本法》则是针对艺术（文学、音乐、戏剧等）、 媒体艺术（漫画、映画等）、传统艺能（雅乐、能乐、歌舞伎等）的传承与发展，艺能（落语、浪曲、讲谈等）的振兴，推广生活文化（茶道、书道等）与国民娱乐，出版相关刊物、“文化才”的保存与应用，振兴地方文化艺术、促进国际交流、人才培育等为政策方针[1]。

2002年8月，日本经产省与文部省联手促成建立了民间的“内容产品海外流通促进机构”，并拨专款支持该机构在海外市场开展文化贸易与维权活动。该机构由17个社会团体和19家文化企业组成，代表日本文化产业界参加国际知识产权保护论坛，以及海外市场的诉讼关联活动，主要目的是促进日本文化产品的出口，管理海外市场的反盗版活动。

4. 由政府“看得见的手”全方位助力的成功经验

在亚洲地区，韩流的兴起甚至打破日本流行文化的统治，韩国在发展文化创意产业名利双收的成功经验，彰显韩国政府全方位助力的关键作用。

首先，战略重视。1997年亚洲金融危机使韩国经济受到重挫，为了尽快走出经济困境，寻求新的经济增长点，韩国政府体认到国家经济除通过工业来支撑外，也能通过知识型产业来提升国家竞争力。因此，1998年正式提出“文化立国”战略，在1999年制定《文化产业振兴基本法》，并于2001年成立“韩国文化内容振兴院”，全力支持韩国文化创意产业的发展。其次，制定发展策略。韩国提出了《文化产业发展五年计划》、《前景二十一》等发展规划与策略。《文化产业发展五年计划》是指从1999至2003年分三阶段达成以下目标：第一阶段：建立发展文化创意产业的基础环境，包括法律的制定、资金、人才与组织等方面；

1 李天铎编著：《文化创意产业读本：创意管理与文化经济》，台湾远流出版事业2011年出版P.41。

第二阶段：开发可供对外输出的文化产品，以开拓国际市场；第三阶段：集中规模化的产业经营，建设韩国的文化创意产业园区。而《前景二十一》是将数字内容产业列为韩国的重点发展产业，规划让韩国发展成为数字文化内容的生产国家。如政府引进荷兰ING集团与霸菱银行多媒体部门投资双向宽频的基础建设，使韩国一跃成为亚洲宽频技术王国。2007年的统计显示，韩国家庭拥有的电脑比率是88%、固定上网的达80%，两项数据都是全球排名第一[1]。再者，政府部门直接介入建立完善的文化管理机制。除了上述的“韩国文化内容振兴院”全力支持韩国文化创意产业的发展之外，由隶属于韩国文化观光部的文化产业局负责文化创意产业发展政策，以及著作权、影视产业、游戏产业、文化技术与动画音像等文化创业产业经营业务。政府的各项财政、基金扶持以及灵活的投资体制也是保障，韩国政府对文化事业及相关产业的财政支持分三个方面：一是中央政府直接提供赞助、补助和奖金等；二是行政支持，如地方政府都设立支持文化事业发展的财政预算；三是政府通过文化登记制度、税收减免制度等扶持措施，鼓励企业对文化产业的投入。

此外，韩国政府在强调自身文化的传承与发扬之外，相当重视媒体科技在文化创意产业中的影响性，通过政策支持将两者结合形成韩国独特的“文化科技”特色。从成效来看，韩国的数字内容在文化创意如游戏、传播、教育、音乐与电子书等相关行业中都取得相当丰硕的成长，预期从2008到2012年，韩国的数字内容产业都将维持10%的成长率[2]。

5. 着眼文化保存的跨国联盟

对于拥有丰富文化资源的欧盟国家而言，其文化经济的发展潜能不容小觑。观察欧盟的文化政策，其核心是确保多元性文化的发展、整合欧洲文化的认同、

1 郭希诚：“韩港台分居全球电脑拥有及使用率前三名”，中广新闻网。http://news.yam.com/bcc/life/200710/20071011848310.html

2 周能传：《2008年度专案计划报告：台日韩数字内容国际论坛参访团》，台湾“行政院文化建设委员会”，2008。

促进共同体内部产业提升竞争力。欧盟最新的“文化计划（2007—2013）”，强调欧盟成员间的相互理解、激发出创意新源泉和培育丰富新文化。为此，制定了三项主要目标：一是支持文化部门工作者的跨国化流动；二是鼓励文化与艺术作品跨国交流；三是促进不同文化间的对话。

2007年，欧盟首次拟定文化创意产业执行策略，提出“全球化世界中的欧洲文化事务”政策，有三个目标：首先，让不同的文化能彼此交流、对话与理解，以确保成员国间的文化多样性；其次，协助中小企业运作创新的潜能，开发高品质的商品；再者，让文化成为欧盟发展对外国际关系的重要元素与桥梁。

二、发展文化创意产业的价值与意义

随着社会结构和产业形态的转变，今日的世界体系逐渐发展出一种独特的经济形态，即通过经济与文化新思维的糅合，而产生新时代的经济力量。具体而言，是以人类知识、创造力为基础，辅以时代科技的进步，与国家或城市的独特性，发展出一种以文化与创意为载体的新兴产业形态。文化创意产业以其能耗低、污染低、成本低，产业关联效益大、成长潜力大、受众群体大，原创性高、创新性高、附加价值高的“三低、三大、三高”特性形成的文化经济现象，更可视为是工业革命之后，对于人本文化精神的回归，成为21世纪的文化复兴运动。再从现今国际市场层面来看，国与国之间，甚至是企业体之间的竞争，也随着日趋齐头的科学技术、知识教育等愈趋激烈，唯此，知识、专业、服务等都成为参与国际化竞争的重要力量，“创新”则成为赢得胜利的关键。

文化创意产业的发展潜力与重要性不言而喻。在今日，以数字技术为载体的信息革命，使电视传媒一跃成为人类政治、经济、文化、生活的主宰，形成一种视觉经济理念。所谓 “视觉经济”不是指纯粹的经济模式，而是指以电视等传媒为载体，提供丰富、有竞争力的节目吸引广告商的投入，而获取直接的经济利润和间接的文化经济收益；若从企业发展来讲，则站在产品的视觉、渠道的视觉、品牌传播的视觉重新定位企业的品牌策略、营销策略，就会发现全新的视角。视觉经济时代的到来，正是顺应了技术进步、市场经济快速发展所带来的竞争格局和竞争模式的变化，同时意味着观众已从传播媒介的被动受众转变成为主体之一。在20世纪80年代，世界商业媒体市场就已经形成，三四十家跨国传媒公司凭借强大的经济实力，占据了世界传媒业的主导地位。实践证明，在全球化扩张的过程中，视觉经济很难分得清楚国家和民族的界限，文化与创意形成的流行时尚既影响人们的生活方式，又能在商业运作及营销传播中充分体现视觉经济的重要价值，蕴含着无法估量的经济效益。

文化创意首先具有某种符号价值，而符号价值是相对于产品的功能价值或使用价值而言的。各区域的文化是以符号形态通过视觉影像流动于世界，而视觉影像成为地球村居民认识彼此的中介。于此，对于“品牌符号”的重视与“行销策略”的推崇，成为这个消费时代的特征。如前文所提，商品的符号与象征价值的重要性已逐渐超越了其使用价值，品牌符号光晕的建构除一般市场交易法则下的商品外，在全球化的竞争中，国家或城市的意象亦已成为对外宣传与吸引外来者的重要建制。影视文化商品在文化创意产业中重要性和核心价值亦在于此[1]。与媒体相关的产业，无论是电影、戏剧、动漫、电玩等，除了在制作过程中需投入大量资金外，商品从完成并展开商业行销的那一刻起，业者所回收的便是知识经济所带来的效益。例如，在20世纪90年代中期，韩国打破了财团独占的影音行业，并立法刺激电视剧制作外包给独立的公司，因而制造了“韩流”，在掌握文化商品的有形与无形特质，发挥文化经济的潜力方面突显韩国的特色。韩国文化创意业者将传统文化、生活风格、国产科技等融入其所制作的戏剧内容中，像《冬季恋歌》、《大长今》或《浪漫满屋》等韩剧带动，“韩流”不断创汇，同时还将

---

1 李天铎编著：《文化创意产业读本：创意管理与文化经济》，台湾远流出版事业2011年出版P.48。

拍摄场景设为观光景点，号召旅游行程，让影视文化产品又成为带动地方观光经济的有效助力。

进一步说，文化力也是国力，不仅能提高生活质量，更能创造巨大的附加价值。在文化创意产业中，文化本身所代表的是人们的生活方式，甚至是人们生理与心理的活动，是通过产业化的经营思维，来提升文化的价值层次，使之得以永续。创意是一种创造有意义的新样态的能力，是文化企业获得竞争优势的决定性来源。文化创意产品，就是文化精神的物化，具备文化的核心价值。在文化创意产业的生产链中，从创意、构思想法、生产、销售、交换到消费的全过程，每个环节都是相互依赖且互动的，即文化创意必须和生产链连结，生产链则是实现文化创意的重要平台。换言之，文化创意产业的盈利模式不一定是“1+1=2”，而是“道生一，一生二，二生三，三生万物”，一二三之间的质与量并无太大的本质区别，但这样一个过程非常重要，如果没有这一过程就无法衍生出万物，也就无法体现文化创意所承载的功能价值与经济价值。

还应特别强调的是，一个好的文化创意可以“一意多用”与“多次反复使用”，而且所用的次数越多，所产生的价值也越大。也就是说，文化产品不同于传统商品，它所带来的投资回报不会逐渐递减，只会日益增加；同时，创意之间还可以互相叠加和影响，除了实现产业内部有效的拓展整合，还可实现文化产业跨行业、跨地域的“跨界”整合。因此可以说，文化创意产业具备持久的生命力。

文化创意产业是一种运用知识和技能创造产值的过程，它与信息技术、传播技术和自动化技术等新兴高科技产业的广泛应用密切相关，是一个将源于个人创造力与技能通过知识财产权的生成和运用创造财富的部门，是将抽象文化转化为具有高度经济价值的“精致产业”。 文化创意产业正以其高知识性、智能化、强融合性等特性成为一股巨大的经济浪潮，席卷着新世纪中的世界各国，构成一国经济结构转型和经济增长不可或缺的助推力。

三、文化创意产业发展的反思

“创意经济”与“软实力”的概念相关， 20世纪90年代初，原美国国防部部长助理、哈佛大学肯尼迪政治学院院长约瑟夫·奈提出“软实力”一词，指“一国通过吸引和说服别国服从你的目标从而使你得到自己想要的东西的能力”，认为一个国家的软实力主要存在于三种资源之中：文化（在能对他国产生吸引力的地方起作用）、政治价值观（当这个国家在国内外努力实践这些价值观时）及外交政策（当政策需被认为合法且具有道德威信时），成为继政治、经济、军事之后的“第四种”战略力量，一种在世界和平发展年代最重要的“核心竞争力”，被社会各界热捧。美国媒体曾宣称：“一个好莱坞能顶几个第一机械化步兵师”，显示美国输出其文化价值意识的咄咄逼人。回顾2010年上海世博会，美国馆就设有“美国精神”的章节，馆外的广告宣杨“强大的国家、多元的国家、成功的国家”，在馆内短片则展示“创意、合作、互助”等，自信之态溢于言表，认为美国能以“软实力”吸引、感召、影响他人。

党的十七届五中全会指出，“文化是一个民族的精神和灵魂，是国家发展和民族振兴的强大力量”。其任务是：要推动文化大发展和大繁荣，提升国家文化软实力，必须坚持社会主义先进文化前进方向，提高全民族的文明素质，推进文化创新，深化文化体制改革，繁荣发展文化事业和文化产业，满足人民群众不断增长的精神文化需求，弘扬中华文化，建设和谐文化，充分发挥文化引导社会、教育人民、推动发展的功能，建设中华民族共有精神家园，增强民族凝聚力和创造力。彰显党和国家已经把提升“文化软实力”作为实现中华民族伟大复兴的战略着眼点。目标是：从“十一五”开始，用10年的时间，即到“十二五”末“基本建成公共文化服务体系”与“推动文化产业成为国民经济支柱型产业”两大目标。

锁定上述两大目标，需要在文化自信基础上的审时度势，以及居安思危的忧患意识。因为，对于跻身国际大国、志向世界强国的中国，始终将文化振兴与中华民族的伟大复兴紧密相连，而文化内涵中的民族整体性、凝聚力和创造力，预示着中国模式的水准与中国的“软实力”。中华民族需要文化撑起一份自信，从而展示自身文明的价值；需要一批有灵魂与脊梁的杰出人才，向世界传播代表优秀传统与现代文明的“中国精神”。

保障两大目标的实现，务必以“提过国家文化软实力，加强社会主义核心价值体系建设”为指针，以“丰富人民群众精神文化生活，增强人民精神力量”为出发点与落脚点，在文化自觉基础上，把握真实的文化消费这个第一资源，进行科学运筹，推动“公共文化服务体系”与“文化产业”的改革及创新，促进文化生产力的真正释放，实现文化大发展和大繁荣、满足人民群众不断增长的文化需求、提升国家文化软实力的社会效果。

保障两大目标的实现，还需要在文化自强基础上优化文化产业的成长环境与内涵的活力。党的十七届五中全会关于推进文化创新、深化文化体制改革等新提法，具有强烈的手段、方法、路径和任务感，即“创新文化生产方式，培育新的文化业态，加快建设传输快捷、覆盖广泛的文化传播体系”，正如当时的总书记胡锦涛指出的“创立构建充满活力、富有效率、更加开放、有利于文化科学发展的体制机制”。

从某种意义上说，经济发展方式的转变可以理解为：在相同的条件下对产业附加价值的提升和观念价值的挖掘，文化创意产业是产业高附加价值的来源，也是产业观念价值的创造者。文化创意产业促进经济发展方式转变有四条途径，包括：资源转化、价值提升、结构优化和市场扩张。通过发展文化创意，可充分挖掘中华民族历史文化内涵，结合自然、人文资源，以无限的创意突破有限的资源约束，促进经济增长方式向软驱动方式转变[1]。为此，还必须切忌指导思想上的物化量化之风，要有尊重社会生产力主体的文化自觉；切忌一味对存量运转的惯性现象，要有转变发展方式的战略性文化见识；切忌“自己人”识别区的狭隘，要

1　厉无畏：“创意产业是产业高附加价值的来源”，《文化产业导刊》2011年第7期。

有包容“社会主义建设者”的文化自豪；切忌衷情于“做菜”的项目癖，要有统观运筹价值链的文化经济运作能力；切忌心存好大喜功的形象诉求，要有创建强势产品与服务的文化自信[1]。

总而言之，通过文化自信、自觉、自强战略思想的启迪，让文化创意产业成为中国文化产业新目标所期待的产业新业态与产业转型的新动力；让文化创意产业成为中国综合国力的重要因素与经济社会发展的重要支撑；让文化创意产业成为体现“中国精神”的核心竞争力。

第三节　本书的组织架构与主要内容

观察文化创意产业的相关研究，在西方的学术脉络中，最早是由媒体与传播学门的相关研究人员进行探索，随后延伸到文化政策与文化研究的领域。这些部门的研究主要侧重于文化创意产业如何地产出、社会如何地接受以及各界的反应；在文化经济学领域的研究，则试图将论述的焦点局限于传统的经济学当中，对文化产品的认知难以摆脱一般的正面产品的范畴。近年来，有许多基于地理学、社会学、管理学，以及组织学等领域对文化创意产业的研究，不同学科间的观点交错指涉，这就让文化创意产业的研究形成非常跨学科的领域，令人眼花缭乱。这是组织本书的一项难点。

有鉴于前述分析，文化创意产业在不同的社会情境中有着复杂的概念，在国外热炒已逾十五载，在国内也有将近十载，并已将文化创意产业列入国家发展计划之中，尤其是台湾在2002年就将文化创意产业列为“台湾发展重要计划”，并于2011年完成“文化创意产业发展法”，是本书聚焦的要点。

1　沈望舒：“谋划‘十二五’文化建设者数忌”，《文化产业导刊》2011年第1期。

台湾经济发展已陷入依靠自身力量无法突破的瓶颈，最核心的关键是如何破釜沉舟，转型再升级，大陆对台湾经济的影响已经是有形且强劲的“正能量”，加速实现两岸经济全方位、深层次的合作，是改变台湾经济不确定环境的一个最有效方法。文化具有强烈的地域性，两岸同文同种，具相同的文化、语言的背景，当文化创意产业在大陆各地正以拔空而起的速度增长之时，可为台湾文创业者提供广大的市场规模，通过两岸文化创意产业的合作，可创造互利双赢的新局面，更是台湾目前尚有优势的文化创意产业走向国际的捷径。这是本书论析的重点。

本书的组织架构及主要内容如下：

第一章：导论。对文化创意产业的相关概念及理论思潮作出梳理；对当前文化创意产业的发展与政策精要作出提纲挈领式的总览；对各章节的主要内容作出概述与分析。

第二章：文化创意产业颠覆了传统的价值增值和产业划分标准，将“创新”引入了生产函数，使得高新的数字网络技术融合到传统产业中，创造出新的价值增值源泉。在现阶段产业发展层面，与文化创意产业概念所对应的具体产业门类有所虚化，概念也走向泛化，因为创意逐渐被认为是知识经济时代产业发展的基本要素。本章接着将讨论：文化创意产业独特的管理优势，乃至于其“创新”的组织文化。在过往的商业发展与文化政策的研究论述中，此种管理的优势尚未被充分认识，而未来的挑战，在于如何辨识并认可创意产业中的管理文化，并将规范性的组织管理模式背后的价值思维，予以重组改造，如此一来，必定有助于让创意产业的组织与管理文化作为未来相关研究的重要领域。关键是在文化创意产业的管理实务上，应考量组织的多元性与复杂性，视其为一个有机的生命系统。并总结指出：未来文化创意经济政策与文化管理的更进一步目标是：为文化和创意产业政策提供一个比市场失灵理论或社会福利观点更好的分析架构。

第三章：文化创意产业园区的兴起，不啻是在地文化创意产业升级发展，焕发新商机和新潜能的重要策略。实践也已证明，文化创意产业园区在吸引人力资源取代传统的土地及自然资源、提升地区的产业转型发展、社会文化氛围的提升及民众生活形态的改变，以及解决失业与社会问题等方面，均具有关键性的影响。本章以文化创意产业园区为整体论述的内容，依文化创意产业园区理论思潮、发展模式、政策措施、实践案例等作分节论析，说明文化创意产业园区已是一种新的空间经济政策，即经由一定规模文创产业链聚集效应的文化策略与政策，达到区域环境和基础设施建设、保存文化传统价值、带动关联的上下游产业及商业活动、吸引创意阶层聚集城市、及强化城市意象、提升市民荣耀感之功效。

第四章：文化创意产业已经成21世纪世界经济中活力十足的朝阳产业，能够体现世界各地区的活力、吸引力、创造力以及对世界各地区文化和人才的开放性，刺激越来越多国家和地区都将其作为整体经济与社会的发展方略，学术界和企业体更对之投掷极大的热情与心力。更不可忽视的潮流是，随着数字科技的快速发展，文化创意产业与数字内容产业的合流亦成为世界各国发展文化创意产业必须面对的全球浪潮，除希望通过新兴的数字科技让文化创意产业得以跨越发展之外，更重要的是文化创意产业背后新经济模式的无限潜能。欧洲、北美与亚洲并称全球文化创意产业的三大热点地区，本章综览这三大地区主要国家文化创意产业的发展并作出简要评析。因为文化创意产业具有独特的空间性，在地理上的分布并不均匀，在现实或是概念架构上处于流变之中，在产业链中的一些环节会聚积成聚落，可提供给我们许多的鲜活案例，让我们探讨当代文化与经济的融合关系，也牵引出在其发展中经常会遇到的问题，值得我们研究与借鉴，以利于我们后进者建构一套新颖的理论，并与时俱进地更新修正。

第五章：中国大陆地区对文化创意产业的接受度极高，尤其在沿海地区与大城市。伴随着国务院《文化产业振兴规划》、九部委《关于金融支持文化产业振兴和发展繁荣的指导意见》等一系列文件出台，文化产业发展已提升到国家发展的战略层面。尤其是“文化创意产业”的兴起，承载着丰富的政治、经济、和社会文化内涵，得到各地各级政府产业政策的大力支持，不论中央或地方都卯足全

力推动，将其作为新时期促进经济发展方式的转变，以及提升国家经济硬实力与实施软实力的重要途径，成为新世纪中华民族文化复兴高歌中的嘹亮强音。本章解读我国文化产业发展的背景、坚实的基础、新的目标、政策创新内涵、自身发展亟待突破的瓶颈、可持续发展的保障等，进行论析并反思。

第六章："生活即文化，文化即生活"。近年来，台湾地区以思考产业转型为基点、产业智慧与文化人力转化为主题，咸认台湾产业要走出自己的一片天，必须让台湾产业与文化创意结合，运用"地、景、人、文、产"等五种资源分类向度归纳文化创意产业内涵，拓展实质经济效益，并认为台湾地区可以发展成为文化创意产业的沃土，而结合同文同种的祖国大陆市场，是台湾文化创意产业走向国际的捷径。本章通过台湾文化创意产业发展的沿革、发展现状与特点的阐述，让有心者了解台湾文化创意产业发展的多样性，以及未来面临的问题与前瞻观点；并通过部分案例资料的收集，勾勒出台湾近十多年来有别于科技创新系统的"人文创新体系"的文化创意产业聚落发展形态，主要体现出民间的力量，这股力量或将成为下一波台湾经济成长的动力，引导读者进入台湾文化创意产业发展的现实场景。

第七章：人类历史发展是一种连续性的行为，所以只要是人类生活的地方，一定会存在较古老的一面，也会有较新鲜的一面。文化遗产是属于古老的一面，但它却是人类集体智慧的结晶，是一种无价之物，是可以被不断激活的意义源泉。文化遗产是一个民族、一个国家或地区极为重要的文化资源和文化竞争力的构成部分，21世纪将是中国踏上"文艺复兴"的时代，我们不要辜负文化遗产的宝物和考古学家的恩惠。海峡两岸同根同源，共同拥有中华民族数千年集体智慧结晶的文化遗产，蕴含着中华民族特有的精神价值、思维方式、想象力，体现着中华民族的生命力和创造力，如何让中华文化遗产有效地保存与经营管理，甚至与地方的发展相结合，既是文化大繁荣大发展时期一个非常重要的课题，也是海峡两岸文化创意产业交流与合作的应有之意。在文化创意的视角下，文化遗产既有打动人类心灵、触动人类情感的一面，又蕴含着巨大的经济价值。本章通过对大陆地区与台湾地区文化遗产保护管理与经营的情势，以及不仅为了延续历史、留根后代，更靠这些“旧”而源源不断创“新”的盎然事业与经营开发情况的阐析，提出海峡两岸亟待加强共同探索的议题，包括：（1）探讨增进两岸文化遗产法律制度的相互了解、两岸文化遗产法律规则的对接和互补、寻找两岸合力保护文化遗产的具体方法；（2）空间信息技术和数字技术对文化遗产保护的应用研究；（3）文化创意对文化遗产保护管理和产业化经营的探索研究；（4）文化遗产产业和旅游业等社会关联度高、影响面广的综合性产业的管理、组织、沟通和协调，统一认识、统一方向、统一步调；（5）开展更多如“守望精神家园——两岸非物质文化遗产月”这样两岸共同参与保护和传承中华民族文化遗产的有意义的活动。

第八章：21世纪是一个文化争雄的世纪，文化力作为软实力的核心，正在被世界各国普遍接受和认识。对于一个国家或地区来说，文化力对内是未来经济力与国民创造力成长以及生活品质改善的基础，对外则是国家形象的延伸。这就需要研究这种力量与其他力量的相互关系，以及怎样通过这些相互关系作用于经济的发展与社会的进步。认为两岸共同拥有从未间断的中华文化优良传统，通过携手传递善良的生活价值，提供迷人的文化生活经验，除了可持续发展的经济事务之外，还可探索合作展示中华民族文化底蕴与发展潜力，创造对当代中国人文化更深远的影响力，都非常值得探索者的深入研究，以及阅读者的细细品味。本章通过对文化力概念与作用的论析，概括指出软实力的主要内涵，即政治导航力、社会文化力、民众精神力、制度约束力、外交决策力，在在均以文化力为基础。向文化力要生产力，是维持经济社会可持续发展，以及提升国家影响力的正能量，而通过文化创意产业化的发展，是解放和发展文化生产力必由途径。进而通过“韩流”现象，从学理上分析韩国依靠文化力“拼经济”显著成效，并总结其值得借鉴的启示。最后通过态势分析法又称为SWOT分析法，对海峡两岸的文化创意产业进行比较与分析，指出海峡两岸同文同种，共同维护着中华民族的文化传统，两岸携手合作，将两地文化创意产业的“生产技术与市场规模”整合、“艺术精巧与制造能力”对接、“文创设计与消费市场”叠加，共同制定拓展国际市场的规制，定能挖掘出更多中华文化的奥妙，融入更多中华民族的生活经验、传递良善的生活价值，创造出当代中华文化更深远的影响力。

第九章：当今世界，文化与经济和政治相互融合，综合国力竞争不仅是经济、政治和军事的竞争，而且是文化力量的竞争。而文化力的精髓就是创新和发展，要在软实力输出方面有所作为，对中国而言，就是凝练更具广泛共识的东方文化主流价值，扩大中华文化的国际影响力。令人鼓舞的“中国梦”的提出，更让我们感觉到应从战略上思考和谋划中国“文化与创意”经济的提升，需要两岸民众“心往一处想，劲往一处使”。本章通过论析两岸共同面对的经济全球化发展规律，揭示两岸在文化产业合作方面，从民间起步到地方政府之间合作易形成一定规模，但两岸文化产业合作发展落后于实体经济的合作发展，在预期与现实之间仍存在明显的落差。两岸签署ECFA以来，经济合作更加广化与深化，加强两岸文化创意产业合作正适逢天时地利人和的历史性机遇，期许两岸能通过文化前瞻论坛，共同探索文化创意经济的发展战略，推动两岸文化创意产业相互学习、各取所长的携手合作，经由中华文化丰厚的底蕴与现实的精彩结合，以时尚性和大众性来构筑中国文化形象，创造出兼具民族特色和国际影响的文化品牌，必将爆发出更大的能量。为此，提出两岸文化创意产业融合共荣的方法与途径，即通过文化创新、文化创业、文化创意人才等方面的交融与合作，以“共同缔造”（即共同发展、共同繁荣、共创双赢、共促振兴、共议统一）的融合思维，重建中华民族文化软实力，让全世界都能直观地感知中华文明的核心、内涵与魅力，并逐步通过“华流”向外推广话语权，引领世界文化潮流的走向。并且预见，随着两岸文化深度与产业活力相融的风生水起，挥洒出一片文化创意的天空，必将成为中华文化百花齐放中争奇斗艳的一枝奇葩。

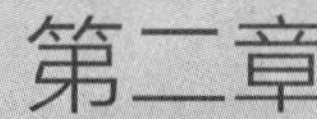

第二章

创意产业的组织文化与文化管理

DI ER ZHANG

CHUANGYI CHANYE DE ZUZHI WENHUA YU WENHUA GUANLI

第二章

创意产业的组织文化与文化管理

文化创意产业作为当代社会一个影响广泛的关键词，有着非常丰富的内涵，其外延也不断延伸，已经成为一个多维度、多层次、富于包容力的综合概念。从文化创意产业的定义可以发现，其颠覆了传统的价值增值和产业划分标准，将“创新”引入了生产函数，使得高新的数字网络技术融合到传统产业中，创造出新的价值增值源泉。基于对创造力与文化产品的特殊需求，文化创意产业已发展出独特的经营文化。在现阶段产业发展层面，与文化创意产业所对应的具体产业门类有所虚化，概念也走向泛化，因为创意逐渐被认为是知识经济时代产业发展的基本要素。本章接着将讨论：文化创意产业独特的管理优势，乃至于其“创新”的组织文化。在过往的商业发展与文化政策的研究论述中，此种管理的优势尚未被充分认识，而未来的挑战，在于如何辨识并认可创意产业中的管理文化，并将规范性的组织管理模式背后的价值思维，予以重组改造，如此一来，必定有助于让创意产业的组织与管理文化作为未来相关研究的重要领域。

第一节　创意产业的组织文化

所谓组织文化，就是这个组织在长期的发展中形成的、并且为大家普遍认可和遵守的、具有本组织特色的价值观念、团队意识、工作作风、行为规范和思维方式等群体意识的总称，已经成为管理学的重要研究领域。总结国际间关于组织文化的研究：有论者援引人类学的研究方法，指出组织文化乃是了解组织行为的关键；有学者分门别类，企图将国家文化与其对组织文化的影响进行论析，挑战英美的商业模式；更有人主张，那些显现于民俗传说、神话、故事里的象征性内涵，比起外在的经营策略、政策，对组织文化而言可能更重要[1]。后面的这个说法确认了一个事实：在创意产业的管理事务上应该考虑组织的多元性与复杂性，将其视为一个有机的生命系统。

虽然，组织文化往往被认为是治理与问责机制下相沿成习的传统规范，公部门机构才是组织文化之丰富所在，要在极为多元且个人化，又以文化为商品的文化创意产业中找到共同的基础并不容易。但是，我们相信，通过创造力与创意工作的学术理论探讨，通过管理者对于创意经济冲击的不断适应与矫治，仍能观察出创意产业中“组织文化”的普遍性，可以发展出一套策略模式，供文创产业发展作为参考或借鉴。

一、创意产业的组织模式研究

任何一种产业都有其特定的生产组织形式，并随着产业本身的发展不断演进。

1　沈望舒：“谋划‘十二五’文化建设者数忌”，《文化产业导刊》2011年第1期。

鉴于文化创意产业应运而生并得到迅速发展，尤其是国家软实力的体现与经济增长新模式的不断涌现，正确理解和把握创意产业的组织模式，则成为指导政策前行的关键与前提，对创意产业组织模式的研究更是推动创意产业发展的理论支持。

1. 创意价值链视角的创意产业组织模式

价值链在经济活动中无处不在，价值链上的每一项价值活动都会对企业最终能够实现的价值造成影响，更关乎产业发展的前景。哈佛大学教授迈克尔·波特最早提出价值链的概念，他是从企业的角度来阐述：价值链是由企业内部后勤、生产作业、外部后勤、市场和销售、服务及采购、技术开发、人力资源管理和企业基础设施等，互不相同但又相互关联的生产经营活动构成的一个创造价值的动态过程。在此欲阐述的价值链是指产业价值链，其定义为：是厂商内部和厂商之间为生产最终交易的产品或服务，所经历的增加价值的活动过程。而创意价值链（Crearive Value Chain，简称CVC），是指从创意源到创意成果产业化的过程中，由创意主体通过系列创意活动形成增值链条的集合体。创意价值链是一个复杂的网络系统，企业、文化机构、研发机构、大学、投资机构（包括公共部门和私人投资机构）、政府、中介机构、推广机构等若干创意主体，在创意价值链的构建中分别承担着不同的功能。借鉴相关研究，依据创意主体在CVC系统中的不同作用和地位，我们从逻辑上可以把创意价值链分解成创意源、原创构想、方案设计、试验模型、初步市场化以及创意产业化等六类，具有不同创意功能的组织节点。组织节点则是指CVC系统中相互独立、相互联系的各个活动主体，这些组织节点可以是一个独立的法人实体，也可以是同一创意组织内部不同的功能实体[1]。在CVC系统构建中，各类组织节点具有不同的创意功能，所起的作用也各不相同，具有不可替代性。一般来说，创意主体融入CVC系统越紧密，其创意功能就越强。参见表2-1。

1　刘友金、赵瑞霞、胡黎明："创意产业组织模式研究——基于创意价值链的视角"，见《中国工业经济》2009年12期。

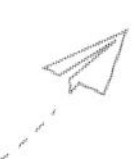

表2-1　CVC系统各类组织节点的主要创意功能及其特征

组织节点	主要创意功能	阶段性成果形态	主要创意主体
创意源（H）	创意的基础（即起始点）	新思想、新知识、新需求等	大学、文化或研发机构等
原创构想（O）	从（H）到文艺作品的转折点	各类知识产权	大学、文化机构、设计中心
方案设计（D）	（O）的技术设计	可操作的创意设计方案	大学、文化机构、设计中心、投资机构等
试验模式（M）	（D）的产品化	有市场前景的创意产品	设计中心、投资机构、企业
初步市场化（P）	创意产品的市场试销	小规模、小品种的创意产品	投资机构、企业等
创意产业化（I）	创意新产品的市场推广	具市占率的系列创意产品	投资机构、企业等

创意价值链系统的最大特点，是将创意源到产业化开发的全过程，视为多元化的创意主体以利益为纽带组成的组织节点链条的集合体。在这一过程中，一方面是文化创意化、创意技术化、技术产业化的过程，它集中地体现了创意产业是文化、技术、经济相结合的产物；另一方面是艺术家、创意设计者、企业家相互合作协调的过程，它集中体现了创意产业以创意阶层为核心要素这一本质属性[①]。通过创意价值链系统的上、中、下游所有组织节点的紧密合作，促成创意价值链网络系统迅速而高效地达到：降低交易费用、提高专业化水平、增强协同创新效率、加快创意成果转化的功能，从而集合成文化创意产业的核心竞争力。

整体而言，创意产业化、产业创意化及城市创意化这三者是相互联系、层层深化、梯度推进的。具体分析：创意产业化是以创意价值链为基础的产业自我拓展，它是创意价值链价值拓展的核心；产业创意化是创意价值链在产业层面的拓展，它反映创意产业对其他实体产业的渗透与对整个经济系统的影响；城市创意化是指创意价值链的空间拓展，它反映的是创意产业对区域经济乃至整个经济社会的全方位拉动作用。因此，在一个特定的时期内，创意产业组织模式是多元化的。从创意价值链系统的扩张与价值增值角度来看，应该以创意产业化为核心，以产业创意化为手段，以城市创意化为目标来构建区域创新系统。基于创意价值链的创意产业组织模式的比较，参见表2-2。

表2-2　　创意产业组织模式比较

<table>
<tr><th colspan="2">创意产业组织模式类型</th><th>基本组织单元结构</th><th>关联的创意环</th><th>创意产业链分工</th><th>创意产业链的网络类型</th><th>创意能力</th></tr>
<tr><td rowspan="3">单环组织模式</td><td>艺术家主导</td><td>H-O</td><td>A原始创意环</td><td>专注于A</td><td rowspan="3">中小企业园区联盟网络、企业间网络组织</td><td>较强</td></tr>
<tr><td>创意设计家主导</td><td>O-D、D-M</td><td>B孵化创意环</td><td>专注于B</td><td>中等</td></tr>
<tr><td>企业家主导</td><td>M-P、P-I</td><td>C产业创意环</td><td>专注于C</td><td>一般</td></tr>
<tr><td rowspan="3">双环组合模式</td><td>艺术家+创意设计家</td><td>H-O、O-D、D-M</td><td>A+B</td><td>专注于A+B</td><td rowspan="3">地区性联盟网络、企业间网络组织</td><td rowspan="3">较强</td></tr>
<tr><td>艺术家+企业家</td><td>H-O、O-D、D-M M-P、P-I</td><td>A+C</td><td>专注于A+C</td></tr>
<tr><td>创意设计家+企业家</td><td>H-O、O-D、D-M M-P、P-I</td><td>A+B+C</td><td>专注于B+C</td></tr>
<tr><td colspan="2">三环联动组织模式</td><td>H-O、O-D、D-M M-P、P-I</td><td>A+B+C</td><td>具有行业核心领导地位，原创、孵化与市场纵向一体化</td><td>以企业内网络运行为主的全国性网络</td><td>综合集成，创新能力强</td></tr>
</table>

注：H（创意源），O（原创构想），D（方案设计），M（试验模式），P（初步市场化），I（创意产业化）。资料来源：参见《中国软科学》2009年第1期，刘友金，胡

黎明，赵瑞霞：“创意产业与城市发展的互动关系及其耦合演化过程研究”。

2. 创意产业价值链知识整合与运作模式研究

作为一种全新的经济形态，创意产业的发展是知识经济时代科技与文化高度交融的产物，创意产业强调产业的价值源于文化积累和科技发展所激发的创意，重视创意向形成知识产权的成果转化。创意产业价值链实现的本质是知识整合与创新的过程，其中包括知识的社会化、外部化、组合化和内部化相互转化，故创意产业的价值链是以信息化为纽带。简言之，打造以信息化为纽带的创意产业价值链，就是要使无限的、有效的“创意”在信息化的条件下产业化，并形成完整、良性的产业价值链[1]。

关于创意产业价值链的运作模式。首先，创意产业价值链的主要环节。从上文的组织模式可知，创意产品在由“内容创意——生产制造——营销推广——传播分销——消费交换”的路径形成过程中，完成了创意产品“价值创造——价值开发——价值捕捉——价值挖掘——价值增值——价值实现”的整个价值传递过程。换一种说法是：创意者以产品及服务为载体，通过创意的开发、生产制造、利用市场营销和渠道销售而进入消费环节；而消费者则通过直接进行消费体验，或者进入衍生创意产品市场来进行消费交易。

其次，创意产业价值链的支持体系。包括如下四个方面：

一是文化支持。创意产业以一定的文化为产业支撑，为产品和服务注入新的文化要素，不仅具有商业价值，还具有知识与观念价值，为消费者提供与众不同的新体验。

二是技术支持。创意产业的开发主要表现在技术内容的创新，体现在信息技术及网络技术在制造环节及分销环节的渗透带动作用。也就是说，是将高科技融入消费体验过程，以增加创意产品科技含量及服务水平来吸引消费者。

三是资金支持。资金是支持创意产业发展的基础条件，同时也成为制约创意

1　作者汪礼俊，见www.people.com.cn 2006年05月16日。

产业发展的要素，因此亟须完善创意产业的投融资机制。

四是产业支持。创意产业具有较强的产业关联性，其发展与前向产业及后向产业间的投入和产出都关系密切。因此，创意产业的发展需要相关产业的支持。

再者，创意产业价值链运作模式。创意产业价值链运作模式的关键是：在基本价值链完整构建的基础上，挖掘价值链增值的核心环节，进而对价值链进行延伸及整合，完善价值链衔接机制，优化价值实现的路径，形成产业的良性循环。创意产业价值链的核心增值环节，主要包括下列四个方面[1]：

一是内容创意的关键性。处在创意产业价值链前端的内容创意，不仅是整个产业的关键环节，同时也是整个产业链运作的核心环节。

二是创意人才的关键性。创意人才是创意开发、创意活动的重要生产因素，创意人才主要包括产业前端的文化创意提供者，如设计师、艺术家等，以及生产环节的技术开发、营销推广人才和产业推广环节的经营管理人才等。

三是渠道营销的重要性。传播推广是促成消费交换，实现创意价值的重要环节。也就是说，利用网络技术及通信技术、综合市场推广渠道以及媒体中介等途径，来丰富创意产品及服务形式，形成产品多元化经营，实现创意产品的价值向消费者延伸。

四是版权的贸易性。创意的实质就是知识，版权构成了文化创意产业的核心部分。创意产业是具有自主知识产权的高附加值产业，版权的贸易处于文化创意产业价值链的末端环节，也是构成文化创意产业价值链不可或缺的关键节点。

3. 关于创意产业价值创造机制与产业组织模式

商品价值由使用价值和观念价值两个部分组成。使用价值由科技创造而成，是商品的物质基础；观念价值因创意渗透而生，是附加的文化价值。随着经济发展和收入水平的不断提高，促进商品价值增殖的基本趋势是沿着功能价值到观念价值的路径展开，正是人类需要的层次决定了消费者的需求有不同的层次。美国

1 见《中国集体经济》2012年第7期 发布日期： 2012-11-20 来源： www.xzbu.com ，转自中国论文网：http://www.xzbu.com/2/view-3673884.htm。

社会心理学家、人格理论家和比较心理学家亚伯拉罕·马斯洛（Abraham Harold Maslow）提出，人有一系列复杂的需要，按其优先次序可以由低到高排成梯式的层次，即生理需求、安全需求、社交需求（爱与归属的需求）、尊重需求和自我实现需求五类，当低层次的需要获得相对的满足后，下一个需要就占据了主导地位，成为驱动行为的主要动力。从生产者的角度看，在知识经济时代，创意资本已经代替传统的物质资本、技术资本、人力资本，成为推动生产效率提升的主导生产要素，以及提高产业附加价值和竞争力的引擎。从消费者的角度看，创意产业满足了消费者精神文化等更高层次的需求，为消费者创造了观念价值，契合了消费结构的升级。从价值实现角度看，创意商品的价值需要传播媒体的推介才能充分挖掘出来。

比尔·盖茨则如此解释创意："创意具有裂变效应，一盎司创意能够带来无以数计的商业利益、商业奇迹。"随着价值创造的基本思维不断突破，产业链不断分解整合，创意产业组织模式也在不断地演变。其主要组织模式有如下数端：

第一，中小企业在空间上集聚、相互协作的链式产业组织模式。创意产业的活力正是在于充分发挥各个环节的创新能力，为最终产品的市场与客户的需求创造价值。因此面对一些更加复杂、个性化更强的创意产品，需要对链式的组织模式进行分解和重构，把它们重新组合成以客户和市场为中心的价值网络。在创意产业的企业模式中，中小企业占了绝大多数，正是依靠这些小型企业在空间上的集聚、相互分工协作实现不同项目之间的承接，从而形成特有的产业链。这种价值创造模式使得创意产业中的创造性得以用相对较低的生产成本实现品牌化，表现为企业内部关系的网络化和外部关系的网络化，这种创意产业的价值网络模式已成为一种效率较高的创新模式。

第二、价值星系组织模式[1]。价值星系组织模式是一种结构更为复杂、包含多个产业的价值星系，使市场从一个价值交换场所蜕变成价值星系中各交互往来的对话论坛，开拓出企业源源不绝的创造性与活力。所谓价值星系是指若干个企业

1 "星系"一词来源于天文学，是指由恒星、行星与其卫星构成的一个系统。拿太阳系来说，九大行星围绕太阳公转，同时它们又各自能够自转。行星与其卫星又构成一个充满活力的子系统。在这个星系中，有两种力在起作用：一种力是吸引力，另一种力是逃逸力。只有在这两种力处于均衡态的时候，行星才能既围绕太阳运转又能自转。

相互联系的中间组织，是一个企业引力集合创造价值的系统，这个系统的成员，包括作为“恒星”的企业，和众多联盟企业，如模块生产企业、供货商、经销商、合伙人、顾客等，通过“成员组合”方式进行角色与关系的重塑，经由新的角色，以新的协同关系再植，达到共同“合作创造”价值。在价值星系中，“恒星”企业有能力控制价值流路径的信息和资源，能够起到帮助其他企业建立联结桥梁的焦点作用，而星和系的成员都是具有自主组织特性能力的要素模块，这些能力要素互补、互嵌的相互合作，共同降低生产、交易以及市场认知等方面的不确定性，并支持“恒星”企业创新的实现。随着“行星”企业的急剧增长，价值星系的价值创造能力呈几何级数增长。从全球范围看，美国的迪斯尼无疑是这种组织模式最成功的案例，它构建了包含多个产业的价值星系模块。

第三，创意产业集聚区组织生态系统。创意产业集群作为一个复杂的经济系统，是一种开放的组织系统，其创新发展是经济、文化、社会等众多因素共同作用的结果。创意产业集聚区组织生态系统是指由创意产业的各个行为主体，如创意企业、设计中心、大学及科研机构、金融机构、政府及公共部门、中介组织等，在交互作用和协同创新的过程中，彼此间建立起各种相对稳定的、能够促进创新的正式或非正式关系,形成多维发散的网络结构。通过这样一种创意产业集群网络组织所形成的、旨在优化创意产品的制度结构，便于集聚区内的信息、人员交流和创意的产业化和商品化，同时也有利于促使产业聚集区内部形成完整的业态并构成产业链。实践的经验显示，创意产业的网络结构系统是多层次的、形式高度发展的网络结构，不仅能为创意产业提供公共设施和知识，还成为其认同感和灵感的来源。网络结构中创新的参与者，特别是文化创意企业会依据不同层次、不同方面的信息和技术进行分析、处理，作出创新决策，然后通过合作进行资源的有效整合与配置，并通过网络进行效益的扩散与外溢。

简言之，当某一新观念、新技术或需求的信息在网络某一结点产生之后，就会沿着关系链条在整个网络中传递、反馈、交互循环、反复流动，在产生共享效应和互生效应的同时，可以获得外部经济和规模经济的双重效果。也可以说，通过集聚区的制度安排，既有利于集聚区内企业协同创新和保持不断持续发展的活力，更有利于区域竞争力的提升。当然，创意产业集群的创新发展，除了依赖于系统组织体内部各经济主体的互动作用和协同创新效应外，在很大程度上还依赖于促进其发展的外部动力要素，这些动力要素构成了促进创意产业集群发展的生态环境。总结促成其发展的外部环境因素主要有：地方文化资源、创意氛围、信息和技术资源，柔性的劳动力市场，以及制度的创新与激励。

概而言之，文化创意产业独特的管理优势，乃在于其“创新”的管理方式，组织文化的研究也就成为重要的研究主题。上文所析，是总结创意人对创意组织文化特性的观察与管理的策略模式，可供借鉴。而未来的挑战，在于如何辨析并将这些管理模式“最佳务实准则”背后的价值思维，予以重组改造。就此而言，关键是在文化创意产业的管理实务上，应考量组织的多元性与复杂性，视其为一个有机的生命系统。

第二节　创意产业的文化组织

我们接着研究文化创意产业的相关组织，涉及创意文化组织的形态分析、组织的知识管理、关键绩效指标的运用以及学习型组织的经营等议题。

一、创意产业文化组织的形态

1. 文化创意组织之类型

首先，依照组织文化的内向、外向与结构弹性、控制两构面之不同，将组织文化区分为共式文化、阶层文化、发展文化和理性文化四种[1]：

一是共式文化。此为组织关怀员工的一种内部组织文化，内向且弹性，重视组织成员人际关系和凝聚力，让员工有身处大家庭的感觉。二是阶层文化。此为组织内部稳定和控制的需要，重视组织的标准化作业，有标准的架构、体系、工作流程，内向且控制，让员工有建立于权力与控制力之上的感觉。三是发展文化。此为组织关怀员工的一种外部组织文化，形式较为开放，重视创新与发展，可以接受较大的风险和改革，弹性且外向，让员工倾向于创新追求成长的感觉。四是理性文化。此为组织高度控制和强调外部活动的组织文化，强调员工相互之间的绩效，外向且控制，让员工以绩效为主，重视工作的效率和成就的表现。

其次，从学理分析，一个文化创意产业组织，应具备几个经营的层面[2]：

一是感性的经营层面。文创创意组织与文化氛围有很强的关联性，无论是组

1　赖钰城、李隆、林香君、郭佩轩："台湾电信产业的购并研究"，见台湾《台湾经济论衡》2012年第10卷第8期。

2　廖世璋著：《文化创意产业》，台湾巨流图书股份有限公司2011年出版P.322。

织本身受到外在文化的影响，还是组织自身发展的管理，其在市场上推出的产品或所塑造的品牌，都与文化息息相关。二是理性的经营层面。如何有效地降低经营成本与风险、增加经营的效率与收益，都是文化创意产业相关组织发展的重点之一。三是知识的经营层面。文化创意产业组织应该是相关知识的生产、创作及运用的机构，对创意或知识财产权的经营与管理是一项关键要素。四是成长的经营层面。文化创意产业组织相当重视创意、创新、创作等各项工作，应该是一种学习型的组织。

创意产业文化组织的单位组成可分为几种不同的经营形态，参见表2-3。

表2-3　文化创意产业组织的类型与相关的单位

经营型态	组织机构	涵盖的文化机构形态
第一部分	公部门文化机构	中央或地方的文化单位、文化中心、博物馆、美术馆、地方文化馆等
第二部分	文化团体	艺术及文化协会或学会、艺术及文化基金会、艺术文化社会团体、社区艺文团体、非营利的工作室、地方艺文合作社等相关文化团体等
第三部分	私部门文化企业	一是文创产业相关领域的股份有限公司（如产品设计公司、传播公司、媒体公司、广告行销公司、公关公司等）；二是事务所（如设计事务所、建筑师事务所等）；三是工作室（如摄影工作室、设计工作室、表演工作室、艺术工作室等）

表三列举的三个不同形态的文化组织都可以发展自己的文化创意产业内容，不过发展的重点有所不同而已。例如第一部分的公部门文化机构，其应站在协助政府建立法规、制度及引导文化创意产业发展的立场，或是协助民间创建或完善

更好的文化创意产业发展环境为主要经营对象，而不是仅仅关注文化市场的经济价值。第二部分的相关文化团体组织，其是发展文化创意产业的实体事业，更需要强调地方文化认同、文化关怀、社会企业等功能，而不是仅仅以盈利为主要目的。严格地说，第三部分是相当实际的文化创意企业组织，其存在的价值来自于文化艺术价值与市场相互结合产生的经济效果，是为了获得更大的文化经济利益，因此，需要完全考虑市场及盈利，商业化是其经营的重要项目之一。

2. 组织的生命周期及团队的分工角色

在文化创意产业中，组织形塑属于特有的组织文化，是相当关键的问题，但在组织面临不同的生命周期时，应该有不同的团队角色及功能，组成截长补短的分工组合模式。以下，先就组织需要经历的发展阶段作出分析[1]：

（1）成军期。成军期是指文创团队刚刚组建，组织内成员会有不安的感觉，需要花时间相互了解，因此需要领导人给予方向。所以在此一阶段，领导人必须订定团队的目标，并说明对成员要求、规范、绩效标准及发展的期限等。

（2）风暴期。期间，组织内成员之间开始出现争执，争论的问题：如应优先处理的事情、任务的重要性、责任归属及作业方式等等。所以在这一阶段，领导人必须排除成员间的纷争及情绪问题，澄清并解释任务的运作始末与方式，并以同理心来处理排斥与抗拒等。

（3）规范期。经过前述两个阶段的磨合之后，组织内成员开始合作并接纳彼此的优缺点，他们会遵循规范及绩效标准。所以在这一阶段，领导人可以退居幕后，配合组织成员共同协商修订更适合的各种规范及标准，鼓励相互协调与相互支援。

（4）表现期。期间，组织内成员在任务上有具体成果，能通力合作来共同解决问题，整个团队逐渐稳定且受到瞩目。所以在这一阶段，领导人需要肯定团队的成熟表现，鼓励团队成员加强自我管理及自我决策的能力。

---

1 凯特·威廉斯、包柏·强森著，高子梅译：《管理在管什么——管人、管作业、管资讯、管资源》，台湾脸谱文化出版社2008年出版P.121-124。

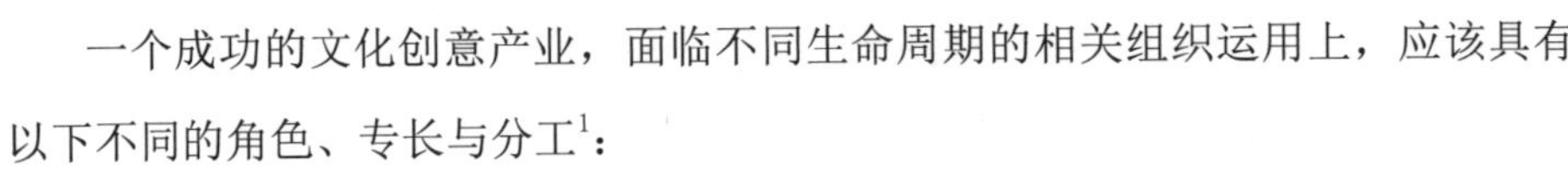

一个成功的文化创意产业，面临不同生命周期的相关组织运用上，应该具有以下不同的角色、专长与分工[1]：

一是领导者：提出主张、文化氛围、文化价值、文化风格等的榜样，发挥领导的功能与相关专案任务的引导作用。二是协调者：从事不同部门或各成员之间对于组织文化的凝聚、专案任务运作的协调等工作。三是塑造者：设计各种任务的策略，将组织所需要发展的文化，在各种场合中逐渐塑造出来，达成组织朝向此一目标发展之目的。四是团队工作者：正式执行该组织文化工作任务的相关成员。五是创新者：对于文化如何凝聚及认同的工作，提出创新想法的成员。六是执行者：负责文化专案执行的工作，像是文化讨论会、读书会、讨论等相关专案活动的执行成员。七是收尾者：专案执行后的成果验收人员等。八是监督者：组织文化专案任务在工作过程中的监督、提醒、考核等成员。九是资源调查者：对于组织本身的文化盘点，像是组织成员本身的文化特质、组织过去的发展经验、品牌的知名度及品牌形象等，执行组织所有文化资本的盘点调查及分析工作之成员。十是专家：在塑造组织文化过程中所需要的各相关领域之专家，如市场分析的行销专家、文化现象分析专家、知识管理专家、组织管理专家、专案管理专家、人力资源管理专家等。

3. 组织领导方式

下面分析几种不同文化组织的领导方式及权力来源。组织领导的基础是需要通过各种策略，让成员能够认同或是维持在同一个中心的目标，并一起朝此目标共同前进。从组织的上层到下层，可区分为以下几种领导方式。

（1）命令领导。命令领导为完全由上而下的领导方式，领导者风格强烈，领导的权力来自于成员的强烈服从意愿。适用于强领导人及弱组织成员的境况，也适用于小型的团体组织。以文化创意产业为例，通常在少数的政府文化部门，或以文化明星为组织领导人的类型，或是像传统艺术相关的师徒制传承方式，会出

1　凯特・威廉斯、包柏・强森著，高子梅译：《管理在管什么——管人、管作业、管资讯、管资源》，台湾脸谱文化出版社2008年出版P.126-127。

现命令式领导。此领导方式具有工作效率高及迅速处理面对危机的能力，但其风险在于领导人的武断、组织成员的服从意愿，以及组织的接班问题等。

（2）**告知领导。**类似于命令领导，同样将构思、想法与执行任务二者分离，有关组织的未来愿景、各项决策都由领导人自行决定，任务则交付其他下属完成，比较像军事化的团队领导方式。此类型组织领导方式，适用于处理危机、紧急且变动性大的事件，如市场波动性大、交易迅速、需要快速反应或是前端执行作业简单等工作模式，主要是领导人本身个人的魅力、特质或能力的强势展现。以文化创意产业为例，现场的市场问卷调查、门市、生产线等文创企业等最常行使这种领导方式。

（3）**咨询领导。**此组织领导方式，是将一般组织经营与专案任务经营的二者结合，且构思、决策工作与执行工作不完全的区分，也就是说，执行者也参与构想及决策的过程，并接着一起执行后续的工作。文化创意产业有许多不同的专业领域，且专业的差异性很高，需要更多专业咨询对象。咨询领导是目前文化创意相关组织最常使用的领导方式，专案经理人将会针对专案任务去组成工作成员及顾问，一起构思并分工执行每一项专案任务。在此方式中，各部门之专业精英或是外聘专家学者顾问等角色，仅仅提供相关的咨询建议作为决策之参考，真正决策及执行工作还是需要原本内部成员自行完成。这种领导方式的优点在于，能听取及借助相关领域专家的创新意见，缺点是外面的专家需要对于组织或专案本身能相当进入状态，否则所提意见反而导致不当的发展。

（4）**参与式领导。**此领导方式，是组织本身或项目专案的领导人，归纳出工作成员对专案性质讨论后所表示的意见，并形成共识后再进行裁示，后续工作则交由各参与意见的成员共同执行，并将执行过程中所遇到的问题，通过再一次的共同讨论来加以解决。此为参与式的领导方式，也是合作式的领导方式，一方面组织的成员可以从企划构思开始到任务完成的整个过程中扮演比较完整的角色，另一方面每个成员的创造力获得提升后，可以集结形成新的能量，也可以用来作为组织培训成员时期的教育方式。此种组织方式重视成员的角色作用，重视成员能力的成熟与外显，对于培养人才是相当好的方式。我们鼓励文化创意产业能以参与式的方式进行组织之运作，重视并考虑成员的知识结构与能力。

（5）成员共同领导。顾名思义，成员共同领导除了由组织成员一起构思及执行相关工作，也由成员共同决定未来，打破了组织的阶级领导制度。例如，许多地方文化创意产业合作社，通过成员的充分参与而达成共识；或是某一些集体的艺术创作，也是由艺术家成员们共同领导的方式完成作品。然而，这种成员一起领导的方式，是一种理想的文化公民概念，组织成员的文化素养及能力素质要十分成熟，通过彼此的相互碰撞，进而产出创新的能量。但是，因为文化创意的相关业者本身都有自己的想法或坚持的特质，要完全做到一种理想的整合是不容易的，何况若长期使用此工作模式，可能会面临成员间由于彼此过于熟悉，而无法再产生更多创新火花，或是成员需要花费更多时间来达成共识，以致工作过于冗长而缺少经营效率。是故，只有在成熟的成员之先决条件下，可以一起构思及执行相关工作。由组织成员共同领导方式，可能比较实用于小型的文化创意组织，或是一些文化创意专案的工作方式，或者还比较适合用在创新研发时期的工作特性。

二、关键绩效指标概念及操作方法

1.关键绩效指标的基本概念

关键绩效指标（Key Performance Indicator，简称KPI），是用于衡量工作人员工作绩效表现的量化指标，是绩效计划的重要组成部分，以此为基础，可以使组织内各部门的主管明确其部门的主要责任。KPI不是由上级强行确定下发的，也不是由本职职位自行制定的，它的制定过程由上级与员工共同参与完成，是双方所达成的一致意见的体现。对于文化创意产业而言，有助于相关组织的经营及执行工作，即可以让经营者更能够掌握工作的全局，让执行者更清楚自己执行的重点进而增加工作效率。

KPI是对重点经营活动的衡量，其内容必须要符合关键性、指标性、明确性、可度量性、可实践性，具时限性、价值牵引和导向性等要素。KPI指标的形成：首先，需全面化的系统体系，找出组织中各部门主要的关键指标；其次，由组织的每一个分部门针对整体的关键绩效指标，以系统性、全面性的方式制定部门的个别性关键绩效指标；再者，同时安排有效完成执行各种工作、步骤、时间等具体的流程及计划。

以下以权重方式来分析KPI订定的原则：

一是组织定位相关原则：越能接近组织定位，正相关愈大者的权重愈大。二是价值引导原则：文化价值与市场价值可以分开订定权重，正相关愈大者的权重愈大。三是职位权重分配原则：依照指标的性质来看不同的部门、职位高低、工作性质等权重，但每一个分类的权重宜合计为1。四是指标权重分配原则：根据最关键指标、次关键指标、一般指标进行权重分配，各项权重分配加总应合计为1。五是考核客观公正原则：一种方式是组织中的每一成员有好几项不同的指标，另一种方式是不同的指标有不同的权重配比，可以依照工作的性质进行调配，不过，这些指标在某一成员身上应合计为1，以作为整体共同评估。六是鼓励与考核兼具原则：奖励或鼓励性质的指标，可以作为所有权重项目（合计为1）以外的加分指标。

2. 关键绩效指标之类型

因为文化创意产业的特质，对于文化或创意相关的关键绩效指标的评量方式，无法全部使用量化指标，需要用许多质化的指标来弥补量化指标的不足，所以，运用在文化创意相关产业的关键绩效指标之类型分析如下[1]。

首先，关于在文化创意产业中的文化指标类型，至少包括：

（1）多元文化指标：指文创组织成员的文化背景是否具有多元性，因为多元文化背景者聚在一起，通过不同文化的涵养及风格的接触，将有助于并发出更多的创作能量。

（2）文化资本指标：组织成员个人拥有的文化素养、教育程度、文化或艺术

1　廖世璋著：《文化创意产业》，台湾巨流图书股份有限公司2011年出版P.335—338。

相关的各种专长、研发能力等，是组织的文化特色与优势，共同成为组织特有的文化资本。值得一提的是，若政府能健全与文化创意产业人才相关的专业证照制度，则可以统计组织成员中的证照数量，并作为组织发展的关键指标之一，因为专业证照可以累积组织本身整体的文化资本及发展优势。

（3）**跨艺术文化指标**：文化创意产业的相关领域涉及众多门类，跨界合作是文化创意产业重要的工作之一，所以组织成员跨不同的领域类型，有助于组织发展的广度，以及提升跨界合作更多的可能性。

（4）**文化参与指标**：组织成员对于内部所办理的各项艺术文化活动的参与程度，或是参与外界与组织发展、品牌策划、或产品生产相关活动的程度，都将有助于组织累积更多的创作灵感或各种想法，将有助于生产工作。

（5）**文化特质指标**：通过该指标能提醒组织成员，珍惜并善待原本的文化原料，通过自己的设计促使原有的文化特质更加明确，而不是模糊了原本重要的文化独特性，甚至因为自己的过渡的创意，而让原本的文化特质消失殆尽。

（6）**文化调查指标**：做好文化调查工作，有助于深刻了解此领域文化特质及关键因素，发掘文化深层的底蕴内涵，提升文创产品本身的品质，而不是企划或设计出肤浅不当的表面创意。

（7）**创新文化潮流指标**：本指标并非只是计算创造出多少创新文化产品的数量，更重要的是应该分析及策划各项能形成流行文化的机会。该指标能提醒组织成员在设计产品时，不只是去发现产品的创新程度，更重要的是带动文化潮流，尤其是能创造出带动目标市场对象追求的文化风潮，形成无限的商机。此外，运用历史文化元素创造的文创产品，亦应考虑本项创新文化潮流指标。

（8）**艺术文化人才培育指标**：本项指标与文化参与指标相近，但其表示组织的各个部门对于成员的栽培更加积极，唯有好的人才培养才能创造出好的作品。因此应创造各种机会让组织成员提升业务水平，或是协助培训及取得文化中介人才之相关证照等。

其次，有关创意方面的相关指标，至少包括以下逐项：

（1）产品设计或产品策划指标：包括各类的有形文创产品及无形文创产品之规划、策划、设计等实际工作方案的类型与件数等，作为该组织部门的生产数量指标。

（2）创意方案指标：该指标是指属于创意的产品构思与设计方案、创意的计划、创意的经营方案、创意的营造方案等，或是属于整体组织解决现况危机、或未来发展的相关创意等方案。

（3）知识财产权指标：依照国内外相关规定进行申请登记，以及获得国内及世界各国相关知识财产权保护文创产品的件数及类型。在相关法规的保护及认可之下，可以进一步评估产品的市场，及后续是否投入产品开发等规划或生产工作。

（4）创意人才培育指标：包括组织各部门有效、有计划的培养内部成员的创意理论、技术、思维方法、创意设计、创意制造、创意行销、创意贩售等相关的教育训练，甚至短期或长期的创意培训课程，该指标将有助于组织整体创意能量的提升。

概而言之，文化创意产业与其他一般产业不同之处，在于更少应用生产线之工作模式，文化创意产业的组织成员主要是人员，即便是有形的文化创意产品，除了部分产品在制造时使用机器与生产线之外，在研发、设计与市场销售，都需要大量使用人力，而在无形文化创意产品方面，更是通过人力资源而不是运用机器及生产线的工作模式。因此，文化创意产业在追求绩效时，不可能跟一般产业发展那样通过增加生产线及24小时全天候生产来达成。正因为文化创意产业主要生产方式为人而非机器的特性，所以，对于组织成员的激励，要讲求工作绩效更为复杂，需要一套人性化的经营与管理方式，而感动是相当重要的工作。

3. 关键绩效指标之功能及问题

作为文化组织发展战略目标的分解，KPI的制定有力地推动了公司战略在各单位或部门的执行，确保各层各类人员努力方向的一致性；KPI为绩效管理提供了透明、客观、可衡量的基础，帮助各职位员工集中精力处理对公司战略有最大驱动力的方面；通过定期计算和回顾KPI执行结果，管理人员能清晰了解经营领域中的关键绩效参数，并及时诊断存在的问题，采取行动予以改进。有关运用关键绩效指标之功效，包括：第一，可以全面了解组织营运之状况；第二，可以让组织各部门或成员们共同朝既定目标前进；第三，有利于架构出组织整体发展的重点，让组织部门分工更加效率化；第四，可以动态修正工作中出现的问题；第五，可以提供组织更为客观的决策参考依据；第六，可以作为对各部门或组织成员一段时间内的评价，以及奖惩或处罚的依据。

研究者指出，在研订KPI时可能会出现以下问题，必须加以留意并尽量避免其发生，包括：第一，组织目标不明确造成指标无法研订；第二，所完成的指标却不具有关键性；第三，指标无法周延互斥及具系统性；第四，各分部门过于消极造成指标不具前瞻性；第五，各部门本位主义，促使指标片段不完成或过于琐碎；第六，关键绩效指标过于严苛或僵化，缺少弹性而不利于文化创意的创作及发展等问题；第七，KPI如在研订阶段就产生问题，将不利于KPI的后续执行工作[1]。

在推进文化创意产业发展的过程中，政策的制定是前提条件，但执行是否到位，效用是否到位，才能真正衡量公共管理与服务的水平，这也正是公共政策的绩效评估需要普遍实践的原因。不过，我们也要注意文化创意产业本身非常讲究创造的特性，文化创意产业在使用KPI时需要留意基于“自由度”的弹性空间，操作不当容易产生过于僵化或形式化，缺少灵活度会妨碍文化创意产业的发展，尤其是面对强调研发、构思、设计的文创相关部门。有关运用KPI在执行时可能出现的问题，则包括：第一，过多及严格的指标将失去意义；第二，指标缺少弹性不利创作或无法因应工作现况；第三，量化指标定义不明确造成执行上的困扰；第四，质化指标在工作上无法落实或是检定等问题，在执行KPI的相关工作时，应注意避免产生上述一些相关问题。

文化创意产业的绩效是经营而来，通过KPI有效地串连整个组织的运作，通过经营流程化的程序化工作、流程指标化的分化工作、指标阶层化的明确化工作、

1　廖世璋著：《文化创意产业》，台湾巨流图书股份有限公司2011年出版P.334。

阶层分工合作的落实化工作、成果绩效化的检讨工作、绩效经营化的人性化工作等六个阶段的工作，并为因应组织外在环境的动态变化，协助做好更为关键性、全面性、系统性及准确性的与时俱进的调整工作，便能一方面回馈、修正在各阶段工作过程中不适宜的绩效指标，又能修正原本工作的目标及任务。

三、组织的知识管理

知识管理并不是全新的理论，它只是给多年以来组织从事的管理工作冠予一个全新的较确切的名称。21世纪是知识经济时代，在知识经济环境下，高新技术企业最先使知识的增值变得如此炫目，并成为知识管理活动在经济社会扩散的载体，高新技术企业的创造力能让人们深切地感受到知识的力量，人们日益认识到知识管理的重要性。这或许意味着知识管理含义的最新诠释是与高新技术产业的出现息息相关的，谁能创新知识和善用知识，谁就能制胜，就能获得较大的利益。

1. 知识类型及文创产业的知识领域

我们依照形式可将知识分为显性知识与隐性知识两种。首先，显性知识。指的是可以被文件化、系统化、标准化的知识，使用广且可被重复使用，使用时不需要与创造者接触；其次，隐性知识。为复杂且无法用文字描述的经验性知识，不容易被文件化与标准化的独特性知识，或是需经由人际互动产生共识的组织知识。从另一方面来说，知识也可以分为概念性知识与实用性知识，或是心智模式型、巧艺型、理论型、操作手册型等[1]。

若依照一个完整的文化创意产业所需的功能来区分知识领域，则包括：构思的知识、设计的知识、生产制造的知识、演出或展示的知识、行销及销售的知识等等。或者可以说，文化创意产业所需的两种知识体系，包括：文创产业创造领域（研发、设计、制造、行销等）知识，以及文创产业经营管理（人、事、物及

1　邱子恒著：《知识管理与组织管理》，台湾文华2006年出版P.5-6。

组织经营管理）的行政知识等。通过以上的知识分类，可以让我们更加了解文化创意产业组织内部的各个知识领域，有助于文化创意产业的组织经营与管理。参见表4。

表4　组织知识类型及知识的来源表

	显性知识		**隐性知识**
内部知识	依部门分	以文件类型分	业务销售人员、市场行销人员、公共关系人员、采购人员、制造/工程人员、研发人员、人资人员、财务人员、公司图书馆
	生产、销售、行销、研发、人、事、财务、采购/会计、管理	操作文件、规划文件、资讯文件	
外部知识	依资料类型分	依视角分	顾客、供应商、经销商、代理商、同业或产业工会、银行家、财务分析师、律师、广告商、政府官员、新闻记者、主编、管理顾问等
	图书资料、期刊、报纸、名录、企业资料、统计资料、法规、政府公报、贸易资料、专利/商标/标准、商情资料库	外界对文创企业的看法、该企业组织对自己的看法、政府对该企业的看法	

2. 组织的知识管理

组织的知识管理就是在组织中建构一个量化与质化的知识系统。相较于项目的知识管理与个人的知识管理，组织的知识管理更加关注整体能力的提升，更加重视组织规章制度、方针原则的制定。组织的知识管理是把知识（信息）作为最重要的资源，把知识和知识活动作为企业的财富和核心，对信息的获取和传播、知识的学习和运用、知识的创新、知识的交换，以及企业内部知识的共享和共享的结构、知识水平的提高来进行管理，发挥员工和集体的智慧，在知识创新中谋求生存和发展。通过这些途径，使得组织成员都能按照要求来处理问题，进而形成团队合力，提高整个组织的协作能力和项目管理水平。

组织知识管理有如下特点及要求：

（1）**成本高。**知识管理必须要以大量的资金和人才投入为前提。知识管理要求组织必须要有先进完善的计算机和通信系统用于知识的收集、传输和处理，而且还要有各类专业技术人才，并充分发挥其才能去开发和利用知识。

（2）**高度市场化。**知识管理强调应用性和实用化，并将知识运用于价值创造中，从而使知识的市场价值最大化。

（3）**企业员工间需要相互信任。**进行知识管理，要求组织成员必须积极协作、充分信任，营造良好的环境，在保守企业秘密的前提下促进组织内实现知识共享与创新的互动。

（4）**需要人员和技术的高度耦合。**组织知识管理重点在于共享，组织内的系统知识平台应全天候地开放。即需要充分发挥人的主观能动性，使人和技术有机地结合起来，进行有效的开发、创新，才能产出最大效益。

知识管理的基本职能有四个，分别是外化、内化、中介和认知过程。知识管理把对企业发展有用的各种知识收集存储于知识库中，供员工进行各种类型的学习，提高他们的学习效率。知识管理只有通过组织知识的学习，让这些知识转化为员工工作的力量，让知识真正成为企业最重要的资源并发挥作用。在此，我们不能忽视，个人知识管理是组织知识管理的基础，要推行组织知识管理，必须先实施有效的个人知识管理。因为个人知识管理，靠的是个人发展的需要所产生的强烈推动力，涉及的东西比较少，实施起来比较简单和容易操作，可以将个人知识管理作为企业实施组织知识管理的一个突破口。当组织内的大部分人理解并实施了个人知识管理，那么组织整体知识管理的实施就可以摆上日程了。

3. 关于学习型组织

学习型组织是一方面组织进行学习，另一方面组织促进学习。学习型组织具有加强个体以及团体的学习气氛，采取有效的策略促进个人在组织整体的目标下

达成持续的学习，使个人可以不断的进步，同时组织的功能、结构及文化等也不断的创造与成长，促使组织与成员同步的发展[1]。足见，知识管理和组织学习是相辅相成、相互促进的，知识管理对于发展学习型组织具有如下的启示：一是组织学习必须因应知识经济与知识管理时代的来临；二是塑造适合组织学习的知识分享机制；三是组织应成为创造知识的组织；四是组织内应有负责知识管理的专门人员；五是必须创建组织的继续学习文化。

组织学习可被分为以下三类：

一是显性知识的学习。文化创意产业的组织机构可以通过对这部分知识的学习，并把它应用到生产实践活动中去，提升组织中部门核心能力。如过程学习（即从实践中学习），在经营活动中学习得到的经验教训大部分是方法类的知识，属于组织核心能力的范畴，能够让组织在以后类似的经营活动中获得竞争优势。二是隐性知识的学习。主要表现为员工之间的相互学习，通过内部学习来扩大核心能力发挥作用的范围。如过程学习中获得的隐性知识，通过知识管理工作来集成这些隐性知识，并把它存储于组织的知识库中，而知识管理又为组织学习提供各种合适知识的源泉和一个方便的工具。三是学习型组织的三个层次内涵。即在组织结构上属于层次扁平化；在信息分享上属于组织咨询化；在组织形态上属于系统开放化。

下面进一步分析，文化创意产业相关组织适应学习型组织的运作概念：

（1）“推力”及“拉力”的运作方式

文化创意产业学习型组织的“推力”方面：让组织成员在职场上的工作更为丰富化；扩大组织成员的工作范围；让组织成员进行论辩，产生更多的互动机会。

文化创意产业学习型组织的“拉力”方面：运用组织原有的相关成员，对新进成员进行上对下的教导；运用成员之间彼此对于某些事物或专案的分享等平行

1 黄抚顺：“学习型组织的缘气、意义、特性与实施”，见《台湾教育》2000年第593期。

方式，成为组织成员自我学习、自我提升的重要管道和力量。

（2）“内部”与“外部”的运作方式

可以利用组织内部及外部的力量，来进行文化创意产业组织的运作工作，其中包括：内部对内部的工作；内部对外部工作；外部对内部工作等类型，并将其安排在年度的组织学习计划之中。

（3）“四共四有”的运作方式

在“四共四有”运作方式中，“四共”各自对应着“四有”的工作项目[1]：

一是“共同”目标，“有系统”的做法：前者是组织长期经营目标、阶段性经营目标与针对专案工作的目标；后者是系统整合目标的各项工作、组织学习目标的系统架构、因应课题的各层级策略发展系统、研订全面且分期的系统性学习目标。二是“共享”成果，“有分权”的做法：前者是设计在各种的机会及场合中进行知识的分享活动；后者是组织本身必须有清楚“分权”，可以让成员们独立自主地进行思考及运作。三是“共享”知识，“有分享”的做法：要培养出内部成员之间，或内部成员与外部之间彼此相互学习的氛围，其对应的相关做法是强调分享的重要性，可设计以读书会、研讨会、成果发布会等活动、计划或工作程序等方式，来建立能相互分享的相关机制。四是“共创”未来，“有行动”的做法：在组织成员们凝聚有共同、系统的目标等前提之下，逐步行动实践完成各阶段的学习计划及工作任务，一起创造成为一个永续学习的组织。

总而言之，在学习型组织中建立知识管理系统，进行知识管理，使组织成员能够方便、迅速、准确地获得各种资讯，是建立学习型组织的一项目标与任务；培养成员养成一再学习的习惯，是学习型组织应具备的特质之一；可以将组织学习的相关知识，运用科学的方式进行资料储存、读取、搜寻及转用等，以便于文化创意产业的组织成员们进行再次的学习与经验分享，使学习型组织的组织学习，成为动态持续及无终止的过程。

1　廖世璋著：《文化创意产业》，台湾巨流图书股份有限公司2011年出版P.365-366。

第三节　文化政策与文化管理

回顾过去30多年，全球资本主义生产体系的结构极速从工业化转移到后工业化的形态，在这个移转的过程中，人类传统的文化意涵与表征实践，也急遽地向文化经济的范畴挪移，纳入理性化与系统化的产业运作，形塑出一种文化创意的生产关系与价值体认。20世纪末以降，许多国家或地区推动“文化产业”或“创意产业”的政策就是顺应潮势而衍生的，文化创意产业中的文化管理因此成为文化政策关切的焦点。

一、文化领域的管理与文化创意产业

政府对文化管理的介入，通常由“文化政策”与“经济发展”这两个独立的策略方针所主导，呈现以下两种文化管理方式。

首先，“新公共管理”与管制松绑的“新自由主义”

所谓“新公共管理”是一种强调公部门的控管与问责制，其特征是：在量化目标上着力较深，却对文化工作中无法量化的质性层面缺乏了解[1]。文化发展机构在地方、国家与区域层级，均引进许多新措施来改进文化管理的品质。一般认为，这些文化政策的介入是为了因应经济转型发展的趋势，使公部门对消费者与市场更负起责任。

用文化创意产业发展先驱的英国为例，在20世纪90年代，英国“文化政策”

1　李天铎编著：《文化创意产业读本：创意管理与文化经济》，台湾远流出版实业股份有限公司2011年5月出版P.145。

与“经济发展”的策略方针，分别以英国的文化传媒体育部与贸易工业部为代表，由这两部门不断强调公部门的责任机制与资源的效率运用，并以其设定及监控的目标为基础，借着由上而下的拨款制度进行运作。从研究者的观察角度分析，“新公共管理”的政策方针，使英国的文化创意产业因为受制于公部门资助机构的桂冠，受指示要遵从官僚、公共部门的管理方式。其结果，一方面是许多成立已久的文化机构仍被“新公共管理政策”的控管、问责机制所牵制，缺乏精力与资源，无法大刀阔斧地推动改革；另一方面公部门中增加了管理行为与管理者的数量，进而也助长了官僚式的管理方法，品质却乏善可陈。

所谓管制松绑的“新自由主义”政策则发展的较晚，它是让商业机构介入来扶植文化创意产业中的新兴企业。政策制定者开始将目标锁定在文化创意产业的商业潜力上，视其为全球经济中一块新兴的、蓬勃发展的商机。区域开发机构的说辞是：“新的人才、新的商业活动聚落将能重振区域经济”，施政方向是针对文创新兴企业提供更多商业咨询服务。以下还以英国为例，此政策观点可追溯到1997年，刚赢得执政权的英国工党当局在该年成立了“创意产业工作小组”，提出的经济发展政策则重新调整文化创意产业的定位，改变过去文化政策将艺术文化视为被动、防御性的角色，认为它们无关市场、甚至反市场的定位，积极抢攻竞争日趋激烈的休闲市场。1998年，英国文化传媒教育部出版了《创意产业图录报告》，文化部门在区域性及地方性层级上提供的企业支援，转向注重在增加创意、业务扩张与就业的机会。相较于此前文化政策经营逻辑强调控管与问责机制的“新公共管理”，英国政府此时的文化政策已转向信仰市场、企业、管理松绑的新自由主义。

上述两种文化管理政策，前者强调政府的控管和问责制，后者则立基于新商业架构与企业之上，但两者的政策措施并无法解释在文化创意产业商场上文化与管理所产生的质变，因为两者不仅无法形成通合的政策，更可能互相排挤。文化创意产业有其特殊的管理方式，必须洞悉其明显的特质，作为未来文化政策制定与管理的参考。

其次，文化政策与文化创意产业

不可否认，文化创意产业承载着丰富的政治、经济和社会文化内涵，尤其是继科技创新之后在创造产值、带动就业等方面的重要性日益提高，成为世界各国竞相投入的新领域，也得到文化政策的大力支持。综观文化发展机构在地方、国家与区域等层级，均引进许多改进文化管理品质的政策，一般认为，这些政策的介入是为了因应发展趋势，使公部门对消费者与市场负起更多责任。以下就文化创意产业政策与管理面的含意作出分析。

从政策观点来看，文化创意产业的管理需要一套新的方案与介入机制。基于文化创意产业本身特性和区域特性，为各个国家或地区的文化政策创新提供了方向。综观我国各地区提出的经济发展策略，创意产业成为文化政策制定与完善国家科技创新体系考虑的重要方面，主要有以下几种类型：

一是依据文化创意产业发展的阶段要求来制定发展的策略与政策。文化创意产业主要历经三个阶段，即自发集聚萌芽阶段、跃进式发展阶段和政府引导调控阶段，根据不同阶段的产业特征来制定区域文化发展策略与政策，包括产业定义、发展内容、加强组织保障、加大财政投入、促进自主创新、培育产业主体、鼓励拓展市场、构建服务平台、拓宽投融资渠道、优化发展环境等十个方面的政策保障。二是以文化与创意融合的政策创新定位。即根据文创产业与空间共生的政策创新过程，以及经济与社会协调的政策创新目标，来构成文化创意产业政策的创新内涵。三是把各种政策和机制资源组合起来，形成综合性的创新优势。根据地方文化资源特点，产业链发展现状与文化创意产业发展机制结合考量，为拓展文化产业链条、形成综合性创新优势的可持续发展，提供相应的政策建议。

从经济学角度来看，创意产业可归纳出以下特点，即：创意产业的创意者十分关注自己的产品，特别关注自身的独特性和差异性；创意产品不是单一要素的产品，具有需求的不确定性，注重纵向区分的技巧，完成其需要多种技能；创意产品的存续具有持久性与营利的长期性，时间因素对于一个创意产品的传播销售具有重大意义等等。正是因为创意产业的核心是创意，创意是以人类学科交叉为前提的，孤立的学科姿态不可能产生持续的创意，创意产业的根本观念是通过“跨界”促成不同行业、不同领域的重组与合作，所以，制定创意产业的文化政策，既不能沿用其他产业的政策，也不能盲目模仿其他地区，必须探讨自己的创新内涵，来寻找新的经济增长点，来适应发展文化创意产业社会机制的改革创新。

从国外的经验观察，以全球最早提出“创意产业”的英国来看，他们将文化创意产业作为国家重要产业加以重点政策支持，提出把文化创意产业作为英国振兴经济的聚焦点，而英国对文化创意产业所采取的一种分权式的管理方法，值得研究与镜鉴。具体而言，英国文化创意产业发展的独特之处在于：首先，虽然英国政府对文化创意产业有资金支持，但是政府只起到引导的作用，管理的职责则由准官方组织承担，即由准官方组织来经营文化机构；其次，大多数文化机构，不论是全国性的还是地方性的，都采取自负盈亏、自主经营的方式创收；第三，非政府公共组织是介乎政府与具体文化单位之间的一级中介机构，各类中介非政府公共文化机构则通过具体分配拨款的形式，负责资助和联系全国各个文化领域的文化艺术团体、机构和个人，形成全社会文化事业管理的网络体系。

二、文化管理与文化创意产业

上文的研究指明，文化创意产业已发展出特质鲜明的组织模式。为了使政府的文化政策的介入更为有效，必须深入了解管理文化创造的过程、创意人、创造力与创意产品的本质及特殊的挑战。

1. 文化创意产业的自营管理

文化创意产业中的许多项目，并非交付组织负责，而是由志趣相投的个人松散地结盟，组成暂时的团队或伙伴关系，在一件件承接的个案中加以完成，这一特性已促使更多人开始关心在地的次文化，与热门创意据点中形成的“圈子”。也就是说，高度自营的微型企业是文化创意产业的特征，全职员工少于10人的企业甚至个体户是文化创意商品生产的过程中典型的工作模式；另一方面，知识产权系统运作，逻辑上大多源自于非正式人脉、独资商号、非正式伙伴专业微型企业所构成的无形领域。

因此，在实务上，文化创意产业已发展出一种“自营管理”的运作模式，其经营是建构在小型企业或个体户的脉络上，往往是管理和业务的工作重叠。所以相较于传统的产业组织结构，文化创意产业的角色通常划分松散、阶级平等，且常常一人兼任多种职务与责任。而当代的创意理论指出，此种多重职务与责任的文化也是一种高度的创新。根据心理学与社会学理论对创造力的讨论，创作的过程需要多方智慧的激荡，必须在不同甚至矛盾的思维框架间转变自如，要能够切换于“歧出”与“聚合”的思考模式之间。创意人游刃于不同思考模式，并在不同观察方式与观点之间切换，这种能力使其能顺利解决问题。因此，身兼多职与自营管理，即可视为一种创新的个人选择，也是组织中结构性的意外结果[1]。的确，这种能够身兼多职、多功能的营运管理能力，比起对技术或艺术技能的掌握，是更为可靠的创新潜能指标。对于文化创意企业而言，在多元人才团队中统整万般事务的本领，其重要性并不亚于个人成员的技术能力或艺术天分，更有可能创造出理想的成果。

对这一特质的认识在文化政策面的意义，在于：第一，“身兼多职的文化”不仅是管理文化创意产业组织的必需条件，也是发挥其创意潜能不可或缺的一环。文化政策必须注重保障管理人与创意人之间宽松的伙伴关系，保持直接亲密、一对一沟通的畅通无阻，以及资讯传递的横向流通。第二，在区域经济发展中，不能直接将大型企业的管理模式套用在现今大多为微型规模的文化创意产业上，盲目的鼓励企业扩大其规模，是行不通的，达不到如传统产业般的规模经营之功效。

2. 重新整合产业的价值链

在理论上，艺术家和文化经营者的分别在于：前者主要专注于文化活动，后者的活动领域则延伸到价值链上的发行端。也就是说，文化经营者认为艺术并非是自给自足的领域，他们不因文化生产的内容就感到满足，更企图参与市场营

1　李天铎编著：《文化创意产业读本：创意管理与文化经济》，台湾远流出版实业股份有限公司2011年5月出版P.147。

销，利用其生产的内容来营利。但观察现实，我们可以发现，文化经营的概念已经以惊人的声势，成为当代文化生产中的主要模式，更确切的表述，就是艺术家要能够辨识出自己作品的商业潜力，才能获得文化政策和文化产业的扶持及肯定。也就是说，在今日的创意经济里，没有艺术家可以对商业市场视而不见，且在文化政策的论述中，所有的艺术家在某种程度上都是文化经营者。

文化经营者的行为挑战了管理理论中产业价值链的古典概念，即文化经营者并非“位于”价值链的特定部分，而是分布在价值链的各个环节，其产品的生产与发行过程可能重叠并互相牵连。此种同时涵纳生产与发行的能力，呼应了上文所提出的“多重职务与责任”的文创产业的组织文化。而文化创意在产业价值链上的延伸，也弭平了原本“创意”与“管理”之间对立的鸿沟。文化经营者负责文创产业价值链的两端，从事创意内容的研发、产出成果的管理及运用。从这个视角来看文创产业里的文化营运：即许多文创企业多种职务与责任的运作，成功地统合了产业价值链的各个异质环节，文化经营者不仅“位于”文创产业价值链的特定部分，而是分布于产业链的各个环节，其产品与发行过程可能重叠并相牵连。这些企业和经营者不仅专攻生产过程中的特定阶段，而是更精通诸多领域，全方位地掌控其工作范围，从组织、开发、落实到生产、及行销，无所不包，此特性既是一种经营方法，也属于传统产业链定义中横跨多阶段的创作过程。为此，文化的管理者必须认知，狭隘的专殊化经营未必适用于文化创意产业，弹性地针对不同产品与方案的组合，是创意产业中经营与创新文化不可或缺的部分，唯此，更能有效地提升文创产业面对不可预测性的风险。

综上所析，文化创意产业的经营形态挑战了产业价值链的线性模式，文创企业通常将触角延伸至公司之外，水平横向或垂直纵向地跨越价值链中的各个环节，其仰赖的不是单一的价值活动，而是由内容创作者的横向合作、供应商及发行商的纵向结盟，交织出的价值系统。创意产业中的组织，更像是一个瞬息变换的交流机制，而非固定不变的机构。因此，文化政策的制定者必须追踪这个不断变化的目标，必须注重介入文创产业的政策措施，不能轻忽该产业对网络的依赖

度，更应注意不能破坏此网络的组成，而应设法因应创意产业的此一特性，找出商业活动的聚点与枢纽，来扶持并延续文化创意产业的运作。

3. 动力与核心价值。

概言之，文化创意产业的经营活动是一种混合型的活动，它将竞争以及不同传统和先决条件之间的矛盾，并行不悖地糅合在一起。因此，在文化创意产业个人化的组织结构中，对自身核心动力与价值统合的形成更显复杂，文化组织与创意公司多以微型著称，其任务的执行多仰赖精通各项技艺的独立人员，在特定专案中合作而完成。对个人而言，内在动机（达成任务的个人成就感）的重要性可能更胜于外在回报（如酬劳、外部认同等）。因此，个人思维、信仰和抱负往往成为工作或专案执行过程的动力，即便他们不怎么认同自己的工作，但仍会被某些复杂的个人动机所驱动。所以，文化管理者必须调和商业性的目标，以及非业性的艺术、社会和个人的需求，想办法把不同的个人诱因串联起来，将其转化为一致的方向与目标。学者经由观察，认为可延伸出以下三个方面[1]：

（1）文化创意产业的策略擘划。往往依循加拿大麦吉尔大学明兹伯格教授的“变形虫组织[2]”模式来产生应变策略，而非依据美国波特教授所思考的分析方法。

（2）非商业的企图与活动，以及个人的创意与理想，提供了文化创意产业重要的动力。这种凡事无条理、明显不经计划的特质，是许多文化创意企业必须作出的折中让步。

（3）创意工作具不可预测性。一个在专业管理顾问的理性眼光中看是毫无

1　李天铎编著：《文化创意产业读本：创意管理与文化经济》，台湾远流出版实业股份有限公司2011年5月出版P.151-152。

2　变形虫组织(the amoeba organization)是加拿大麦吉尔大学（McGill University）的明兹伯格（Henry Mintzberg）沿续领导大师沃伦·贝尼斯（Warren Bennis）的创建而发展的。从字面上来看，变形虫组织是仿效变形虫的特性所设计出来的一种组织型态，有随着环境不同而迅速调整本身形状与功能的特性，运用此一特性于组织设计当中，就称为变形虫组织。变形虫组织打破传统金字塔由上而下的组织型态，可以配合环境需求，进行组织重整，在企业界组织改造的努力当中，已经发展出菱形、镜型、倒金字塔、棒球式、矩阵式以及变形虫等革新的组织型态。变形虫组织具非常弹性、灵活，主要的方式是组成项目小组，对市场做出快速反应，以因应瞬息万变的商机。这是一种弹性化的组织设计方式，目的在提高组织对于环境变化的适应与反应力。

商业意义的作品，或许会在市场上炙手可热，而极度商业化的产品，却也可能无人问津。非商业的企图与活动、个人创作专案或自我放纵，不仅是文化生产者的推动力，也是可供消费者“消费”的商品。

如前文所述，文化创意产业是一种相互合作的网络关系，由横向的同侪群体、纵向的供应及发行通路所构成。这种合作关系通常仍坐落在面对面接触的实体社群中，消费者也是这些在地文化社群的一部分。用地理经济学家的认识，创意产业的文化亦可能是具备特定的地缘面向，是一种平日细琐生活延伸的一部分。

三、政策与管理面的含意

文化创意管理的特色是什么？本质上是具备了经营精神及个人主义，在多元随机的流程中形成一致的策略与商业模式，借此来应对风险及不可预测性。对于管理者而言，首先必须灵活变通、善于发挥；其次，必须扮演多重角色，并能包容、激励创意团体形成兼掌多职的文化；再者，必须摆脱经济诱因的理性逻辑；最后必须能区分永续发展与扩张的不同。进一步来说，一方面是管理者必须顺应文化创意组织内外价值概念的变动，懂得适时改变其产品与服务，按照预先设想的固定模式操作，往往不会是成功的策略；另一方面必须了解，创意和革新并不等同于企业扩张，而投机取巧、无计划的成长，将可能破坏一个企业的创新能力。评估创意经济成长的有效方法，并非以个别公司为分析单位，而应该去衡量该公司背后网络体系的规模及幅广，文化创意产业整体基础建设的成长也是创意经济永续发展的真正指标。

如今，管理学已开始改写管理的相关准则，在其中融入许多典型的创意概念，譬如后现代的组织与管理理论的阐述：规范、指导式的管理方法只是一种语言游戏，它其实是将某种固定法则套在管理的对象之上，却不愿承认管理风格本身就应该是多样繁复的；文化经营者自认无法胜任管理者的情况，也已随之改变。对文化创意产业而言，通过实务，已逐渐演化出一套行之有效的管理方式，

既能处理无形的资产、个人化组织与知识财产，以及变化莫测的异动，又涵纳新形态的工作模式与生产力。而未来的挑战在于，此种文化管理方式的优势尚未在研究中受到特殊的重视，如何辨识并认可文化创意产业特殊的管理文化，并将“最佳事务准则”这种规范性管理模式背后的价值思维予以改造。检视文化创意经济经营的三个面向，即自我管理和经营精神、价值链的重组及非商业价值的影响，借此回应创意人的需求，成为未来相关研究的重要领域。

欲提升文化创意经济的竞争力，文化管理者的策略应聚焦在两个层面：首先追究的是整体产业的运作，是否能形成完整的产业链；其次是整体社会情境（外部条件）应如何凝定，并研究世界潮流的发展策略，重整规则与管理机制，以健全产业的发展条件。如完善产业结构链的建立与产品品牌形象的树立，其中应如何呈现创意、如何制作与流通发行内容、如何把握各种内容形式转换、累积为有形与无形的财富、如何构建创意与产业之间的精巧连接等等，都是必须持续关注的课题。

未来文化创意经济政策与文化管理的更进一步目标是：为文化和创意产业政策提供一个比市场失灵理论或社会福利观点更好的分析架构，因为人文艺术的进化可以让社会和经济、个人与整体同时受益。可以假设，我们所处的后工业经济时代，最高的价值将出现在人类的科学和社会条件改变速度达到巅峰之时，若将此观点当作分析经济发展和政策制定的核心，文化创意产业则可能是走出目前困境不可或缺的一种解决途径。

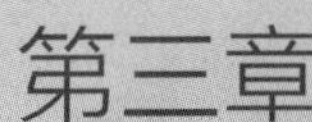

第三章 文化创意产业园区的理论与实践

DI SAN ZHANG

WEN HUA CHUANG YI
CHANG YE YUAN QU
DE LI LUN YU SHI JIAN

第三章

文化创意产业园区的理论与实践

毋庸置疑，文化创意产业已经成为世界上最具活力的经济领域之一，构成一国经济增长不可或缺的巨大助推力。文化创意产业园区也因此成为一种新的空间文化策略与经济政策，即经由一定规模文创产业链的聚集效应，达成区域环境和基础设施建设、保存文化传统价值、带动关联的上下游产业及商业活动、吸引创意阶层聚集城市、强化城市意象，以及提升市民荣耀感之目标。文化创意产业园区的实践也已证明，其对吸引人力资源取代传统的土地及自然资源、提升地区的产业转型发展、社会文化氛围的提升及民众生活形态的改变，以及解决失业与社会问题等方面，均具有积极的作用。本章以文化创意产业园区为整体论述的内容，依文化创意产业园区理论思潮、发展模式、政策措施、实践案例等作分节论析。

第一节　文化创意产业园区理论思潮与发展脉络

文化创意产业的理论思潮可追溯到“文化产业”的理论与发展意涵，前面章节已从宏观之视角、整体之层面，对孕育文化创意产业的脉络作出论析，使我们对文化创意产业的理论思潮与发展有了更深一层了解。全球化竞争进入新世纪的当下，影响文化创意产业发展最重要关键是：交互性、合作性与聚集性，以及商品化、产业化与网络化，文化创意产业园区的兴起，不啻是在地经济结构转型升级、焕发新商机和新潜能的重要途径。

一、文化创意产业园区的理论思潮

文化政策介于国家经济社会发展策略与文化议题之间，其制定、实施与变迁则随着国家立场、经济情势、社会风气以及时空背景而与时俱进，其理论思潮的演进亦然。关于文化创意产业园区理论思潮，可从以下几个向度观察之。

1. 文化政策的三个转变过程

依据学者戴维·施罗斯比（David Throsby）在其《Economics and Culture（文化经济学）》一书中，归结出战后西方文化政策的三个转变过程：一是通过联合国教科文组织于1988年发表的《世界文化十年宣言》中，确认四个文化政策发展目标：“将文化置于发展核心；确立且强化认同；让参与文化生活更普及；推广国际间的文化合作”。二是通过1998年4月联合国教科文组织在斯德哥尔摩以文化政策为主题的会议中，确立文化政策的基本目标：“设定目标，建立建构，并且努力取得适当的资源以创造一个环境协助满足人类的需求”；同时建议所有国家加强五项指标："文化政策视为发展策略的关键之一；鼓励创造力与促进文化生活的参与；强化政策与实践以推广文化产业，并且保护和提高文化遗产的价值；在当前的资讯社会里，为了资讯社会的发展，推广文化和语言的多样性；增加文化发展上能运用的人力和财务资源"。三是联合国教科文组织于2003年重新阐述"文化产业"理念，指出"结合创作、生产与商业的内容，同时这内容在本质上是具有无形资产与文化概念的特性，并获得知识财产权的保护，而以商品或服务的形式来呈现。从内容上看，文化产业也可以被视为创意产业；或在经济领域中，称之为未来性产业；或在科技领域中，称之为内容产业"。虽然上述说法未见官方的正式定义与范畴，但表达了"文化产业"在世界推动现况的说明与介绍。也就是说，通过世界性的文化产业潮流，西方工业化国家已逐渐将文化与经济贸易接轨，进而带动"文化产业"成为国际间重要的文化经济贸易指标，促动各国开始重视文化政策的经济导向。

2. 文化创意产业园概念的探讨

工业化先进国家的经验显示，城市文化产业发展的重要途径是设立文化产业园区。早在20世纪80年代，美国建筑师Snedcof 曾在其著作《都市文化空间之整体营造》（1986）中介绍了以美国城市作为个案开发的公共艺术环境，这种"空间混合使用开发"的观念逐渐被视为城市开发与再造的首选，当时，在美国的匹兹堡、马萨诸塞联邦、列克星敦等地区就已经出现创设文化园区的做法。随着文化与创意产业园区在城市的发展，越来越多的专家学者投入相关方面的研究。综合西方学者对文化创意园区概念的论述，均将文化创意产业园定义为一个空间有限和具有明显地理区域，文化产业和设施高度集中的地方，其特征有五：第一，指一个明显且有限的特定地理空间；第二，文化创意产业的孵化器；第三，兼具文化与消费功能；第四，保持空间内具有文化特色，并通过文化创意园区的创建使都市活化；第五，产生有助于文化创意产业发展的经济规模。

关于文化创意园区之定义，汇总列于表3-1。

表3-1　文化创意园区之定义综述列表

研究学者	名　称	定义内容简要
Snedcof	文化园区	一个具有某项文化特色的地区，地方公共政策亦以保持与继续发展此一特色为目的。文化艺术特区与历史古迹特区的不同之处在于，前者还具备经济性功能。
Hilary Anne Frost-Kumpf	文化区	在都市中具有完善的组织、明确的标示、文化设施高度集中的区域；此区域有完整的地理界定，并可供多元混合使用且延长使用时间，因此创造出吸引力。
Montgomery	文化园区	是艺术与创意活动被生产与消费、人们（包括艺术家与消费者）被教育和娱乐的地方；这里的空间氛围让人们可以轻松恣意走动和自由的浏览。
Moss	文化园区	在一个明确的区域内兼具文化生产与消费，涵盖混合不同的用途（工作休闲、居住空间、必要的服务）使用，混合不同时间的活动，创造出24小时的城市生活。
Wynne	文化园区	特定的区域内体现多项使用功能，包括工作、休闲与居住的结合；文化生产与消费的结合。
Nolapot Pumhiran	文化园区	与城市其他地区对照，在一个空间有限和明显地理区域（或面积）的地方，文化产业与设施高度集中于此，文化实验有中小文化企业和侏儒艺术家、文化生产者等一些自由经营和自由创作的个体组成。
Wansborough&Mageean	文化园区	提供都市再生孵化器的区域，其特征包括：位于市中心；经常临近零售或商业区；具有文化生产与消费的跨界；公共艺术集中于建筑环境中等。

资料来源：本研究根据图书资料与网络上收集的资讯整理。

此外，学者李察·佛多里达（Richard Florida）在其著作《创意新贵》中提出创意资本理论，认为“创意人掌握创意资本，他们对于地点的选择，往往会带动经济成长，而他们比较偏好投资多元化、包容力大、对新观念开放的地点”。

上述文化园区概念与“创意资本”的概念，大致说明了文化产业聚集区与“创意中心”在欧美城市兴起的原因，以及可预见未来的发展趋势。在我国，由于文化创意产业园区出现较晚，对文化创意产业园区的研究也显滞后，主要是针对一些文化产业集群的界定，与文化创意产业园相关的概念则有艺术园区、文化产业园区、创意产业园区等等，但迄今尚无对文化创意产业园概念提出统一的定义，主要借鉴群聚理论的观点。

产业群聚是指一群公司或企业，基于地理接近而呈现集中的情形，这些企业生产互补性的产品，或彼此具有上下游的关系，还包括了研究机构及大学、制定标准的组织、质询中心、贸易组织等其他机构，且依循市场或非市场机制相互连结，具有群体竞争优势和聚集发展的规模效应。产业聚集区是产业发展适应经济全球化和竞争日益激烈的新趋势的一种空间组织形式，具以下特性：

一是共生性。从市场结构之需求面来看，厂商的空间聚集现象，是为了共享具创新能力的劳动市场，降低员工寻找工作与雇主寻找专业员工的搜寻成本，取得在地市场优势。所以，成功的群聚内部包含着更开放、更愿意接受改革的想法、资讯与知识，且从事信任互动关系的行动者。二是互动性。群聚的关系是一种动态的供应链，有很强的自发性与互动关系，发展产业群聚必须依据产业特性与区位条件，必需尊重市场规律、市场竞争的比较优势。试图通过政策创造一个产业集群是不可能的，因此，政府最好是以间接参与产业群聚的建置过程，而非以主动的方式来促成产业群聚；另一种较佳的方式是政府政策的重心放在促进企业之间、企业与大学、研究机构、社会机构之间的合作之上，并且为这些互动与合作创造必要的条件和良好的环境。三是柔韧性。产业群聚的抗风险能力与一般企业不同。对小企业而言，将经营地点设立在群聚的空间内，不但能降低找寻顾客的成本，也能提高本身在市场中的能见度，提升抵抗外在环境冲击的能力。从供给面来看，由于产业群聚地点附近的相关基础设施与产业的供应链较为完善，可以大幅降低物流和生产成本，而更大利益还来自产业知识的外溢效果。所以，自20世纪90年代中期以来，许多国家的地方政府都把公共政策转向促进地方产业群聚的培育和升级，其核心是通过区域治理，增强本地生产系统的内力和利用国际资源相结合。

所谓文化产业集群，是指在地理空间上相对集中，由众多独立而又互相关联的文化企业，以及相关支撑机构（包括研究机构、中介机构、金融机构等），根据协作关系在一定区域内形成的专业分工、互补与合作的文化企业群落与产业组合。构成文化产业集群需要累积以下条件，包括：文化资源禀赋、文化人力资源、文化组织经营者的素质与修养、文化产业的成长空间、内容创新的文化环境、文化消费的水平层次等。文化产业集群形成之后，将发挥以下功能，包括：资源重组功能、孵化效应和整体辐射功能、产业规模放大功能、技术竞争功能和人才聚集功能。

联系产业经济学、制度经济学等相关理论的研究发现，文化创意产业集群的形成并不一定在文化创意产业园区内，文化创意产业园区的建设也并不一定能自动带来文化创意产业集群的形成与发展，只是提供了发展文化集群的可能。如何创建以集聚功能为导向的文化创意产业园区，就成为论析文化创意产业园区理论的重点议题。

二、文化创意产业园区群聚特性及类别

1. 文化创意产业之产业链及群聚特性分析

文化创意产业在其发展过程中，同样受到供求机制、价格机制和竞争机制的制约，以市场为基本取向，通过市场来调节文化创意产业各项资源的配置，是价值规律作用于文创产业的基本形式。但不可否认，文化创意产业除了与一般产业的共同属性之外，又有其明显的特性，其产业链的基本形态表现为：上游的

原创研发、中游的生产制造以及下游的销售发行，在这条产业链上传递的是文化创意产业所特有的知识产权（或称为版权）的价值，即围绕着知识产权的形成、发展、保护、升值及转化，构成了文化创意产业的生命周期，体现了文化创意产业独特的增值魅力。基于这一认识，分析文化创意产业链与别的产业链的不同主要在两个方面：一是需求大的特性。人们对文化创意产品的需求并非别的物品所能取代，就是说这种需求具有排他性的同时还具有无限性；二是高附加价值的特性。文化创意产业的价值评估，不在于其产业本体，而在于其整体的产业链圈域所体现的总体效益。就是说文化创意产业的高附加价值体现在内容特质，以及产业链形态的延伸价值。综合言之，通过产业群聚能赋予文化创意产业之间的交互效益，更能强化产业的整体结盟效益。

文化创意产业群聚的关系形态主要可分为下列三种：

（1）供需两者之间的关系

供应商与消费者之间的依存关系为文化创意产业群聚现象中最典型的例子。例如，上游的原料商提供原料给下游厂商，同时也提供给消费者使用。

（2）竞争者与合作者之间的关系

文化创意产业的地理群聚，由生产或提供相同或相似产品及服务的合作者（厂商）所组成，竞争者则为监视对手的举动或分享市场、生产、创新的相关资讯，两者容易以策略联盟的方式聚集在一起。

（3）共同分享资源的关系

此种关系是指群聚在一起的不同或相关文化创意产业的公司或企业，仰赖相同的资源、相同的原料、科技、专业人才、市场或资讯，利用这些资源来生产不同产品或提供服务，进入不同的市场。

若按经济学理念的七点特性来区分文化创意产业的群聚类型，主要有四种类态。七点特性包括：一是厂商的规模大小；二是产业群聚的范围，以及供应商与顾客在群聚中的网络关系；三是产业群居的导向（内需导向或向外扩张）；四是群聚经济的集中程度；五是劳动力市场的流动性；六是新兴产业的形成状况；七是商业公会的密度。依此理念确定，文化创意产业群聚主要有下述四种类型：

（1）传统群聚产业区

这种类型群聚主要是由众多的小型厂商所构成。其特点是：充分利用地区的某种优势，通常是在拥有大量廉价劳动力地区、原材料集中地区、市场集中区或交通枢纽节点而形成的产业（企业）群体。此群聚类型的实验方式相对简单，小型公司通过在产业区的聚集效应，可获得大量的替代性劳工、特殊原料供应、丰富的专业知识等外部经济效益，相关产业的厂商从回馈机制中得到高质量、高品质的讯息，相互之间可获得互补的资讯、资源与资产，借此来完成预定的目标。简言之，一方面区位优势因素作为某种重要指向让群聚得以快速成长；另一方面可以激励厂商追逐市场趋势勇于创新。

（2）中心辐射产业区

这种类型群聚结构通常以一个或数个主要企业为中心而形成的。其特点是：产业群聚里头的集中程度相当不均，依靠中心大型厂商的状况决定有效的经济范围与聚集规模。也就是说，整个群聚呈现高度经济集中现象，以顾客需求导向为主，或倾向于特定的、固定的产业为主，它不仅包括生产同类产品的企业从分散地区向集聚地区移转，还包括相关专业性外部服务业和配套设施的转移。鉴于厂商之间的资讯外溢效果是随着专业劳动力市场流通，所以特别注意专业化的劳动力市场，通过这种劳动力市场流通模式，在聚集机制的作用下，可让几个松散的产业网络聚集在一起，或者不同城镇之间通过产业关联和其他一些经济联系而集聚成群。这种产业聚集区的形成不但能带来外部规模经济、创造社会价值，而且还能增加更多的就业机会。

（3）卫星平台产业区

这种类型是政府利用租税诱因将彼此相关联的产业聚集在一个地理空间。其特点：一是政府扮演重要角色，提供良好的基础设施、租税减免与其他有利于商业活动进行的政策；二是规模较小、力量薄弱的商业公会是其主要特色，通过掌握主要的竞争优势与创新技术来维持群聚的稳定成长；三是群聚中的大型企业，以渐进方式提高其规模经济水准。

（4）政府创办的产业区

这种类型主要是由政府支持的产业聚集在一起。其特点是：将规模较大的政府组织放在中心点，同时将受保护的产业聚集在一起，譬如政府部门、综合大学、受保护的农业等。此种类型的产业聚集区正逐渐在世界各地形成，且一旦开始运行就会与中心辐射群聚的产业区相类似。

2.文化创意产业园区之类别

缘起于1980年代欧美国家之都市再生空间政策，及以艺术主导之都市发展政策，他们皆以文化创意产业园区为据点，以智慧资本拓展为经济资本，将城市塑造成为革新和创新中心，以及创意阶层的培育中心，并以优惠租税或补助政策、奖励赞助文化企业等措施，鼓励艺文组织、产业工坊、特色产业联盟进驻园区，再以创新革新的定位作为周边创意产业的培育基地。也就是说，文化创意产业园区是“创意”要素集聚的空间载体，并赋予其实现城市产业结构调整之功能，达到城市活化并强化地方认同感。

观察世界各国文化创意产业园区划设的模式，大致涵纳以下四种类型：

（1）文化园区（Cultural Quarter）

基本上可称之为“文化育成区”的概念，即在城市内寻找一些闲置或废弃的小空间，通过引入文化及艺术部门进驻，并引入文化生产与消费的网络，强化地方文化产业部门的互动发展。此一文化园区模式的作为与趋势，主要以“闲置空间再利用”或“工业遗址再利用”的观念，通过传承去完成文化园区之开发，进而活化周边住宅与商业环境，复苏地方经济。20世纪90年代之后，欧洲各国开始有此类文化空间产生。如爱尔兰都柏林的坦伯巴区（Temple Bar area）、曼彻斯特的北区（Northern Quarter，NQ）、伯明翰的卡斯得工厂区（Custard Factory）、伦敦著名的科芬园（Covent Garden）和雪菲尔德文化产业园区（Sheffield Cultural Industry Quarter）等等，其开发方式大部分由政府或公私合伙的方式进行。

（2）文化产业专区（Cultural Industry District）

文化产业专区通常具有一定的空间范畴，是运用都市规划项目划定特定文化产业专区的形式。此种产业专区开发的目的通常着重于“产业”面向，致力于研究园区的产业链、产业群聚及产业网络的经济效益。如英国利物浦艾伯特港区（Albert Dock）计划、葛兰湖岛园区（Granville Island）、法国拉费胥艺文特区等。这些都是欧美国家推动新的“文化产业”策略，扩大文化产业的范畴，鼓励符合文化市场需求的多元产业类型，来取代传统以政府补助为主的文化设施，而孕育形成新的文化产业专区。

（3）文化旗舰开发案（Cultural Flagship Development）

文化旗舰开发是英国在20世纪80年代带动城市经济复苏的主要策略，其主要模式是由中央政府与地方政府合作，运用“遗产乐透基金（The Heritage Lottery Fund）”及“千禧年委员会（The Millennium Commisson）”的赞助，建设大型的文化旗舰设施，带动城市活力。在当时的西欧，所谓城市复兴，是指因传统产业的没落，社会、经济、环境和社区邻里因此受到损失的城市，通过采取一系列的再生策略，使其在空间、社会、经济、环境和文化等方面得到全面改善，重新焕发出经济活力。所谓文化旗舰开发案，是指通过文化旗舰设施建设、举办大型旗舰活动、旅游、体育赛事等策略，提升老工业城市的经济，让已衰落的城市形象复苏。

（4）社区艺术（Community Arts）

社区艺术政策是在“市民振兴主义”观念的激励下，根源于地方行销策略，成为地方经济成长的动力。“市民振兴主义”观念是M. Boyleyu 1997年提出的，其意涵是借由培育市民对其地域的认同感与荣耀感，或凝聚力与地方性意识，进而激发市民动力，并促进市民动力与地方文化庆典活动相结合，达到振兴地方经济之目标。其运行方式是：地方政府以艺术文化为主导的地方环境政策，强化公司部门的合作机制，达到加强社区与地方认同等观念，进而建构团体认同与归属感。

三、文化创意产业园区的发展定位

关于文化创意产业的主体产业定位，主要有如下几项思考：一是核心关键产业之确立与强化；二是对核心文化创意产业之产业链效益及关联产业市场的研究分析；三是扶植关键文创产业发展与强化创意人力资本；四是创意共鸣的形成：一个文化创意园区的发展需要有配套的整合，要有改造的想法与计划同步执行，才会产生创意共鸣的效应。

从上文专家学者对“文化产业园区”概念的综析中，我们可以体会到：文化创意产业园区作为具体的在地文化景观，是通过“地方-国家”的机制来促进地区文化的建设，并成为地方经济发展的主要策略；文化产业政策落实于强化地方艺术或特殊少数民族文化，也可视为一种社会福利策略。从实践情况来看：首先，文化创意产业园区主要开发方式，大多以“闲置空间再利用”或“工业遗址再利用”为宗旨，去完成文化创意园区之划设；其次，文化创意产业园区开发的主要目标，是为提升文化生活素质、凝聚社区意识、增强地方文化共识、带动观光经济发展，并促进相关产业共同进步，带动经济结构转型；再者，增加文化生产者之间的交流与互动效益，包括文化交流与行销地方意象、意象重建，促进都市与城市更新，运用文化产业开发来强化城市的经济实力，以吸引国内及国际的观光旅客，并提升其与其他城市吸引投资之竞争能力[1]。

国内学者的研究指出：每个地方都是社会关系的独特混合点，它能够提供社会建构、文化记忆和价值认同，具有个性化和独特性的地方现象，可以成为意义的对象，是一个能够吸引人注意的固定目标[2]。为此，坐落于某个地方的文化创意产业园区必定是吸引人们注意的一个焦点，因为它融合当地的历史文化与自然风光，并将这些独特的景观资源凝聚到文化创意园区中，通过各种现代的手段加以

1 杨敏芝著：《创意空间：文化创意产业园区的理论与实践》，台湾五南图书出版公司2009年出版P.104-105。

2 邵培仁、杨丽萍著：《媒介地理学：媒介作为文化图景的研究》，中国传媒大学出版社2010年版P.97-98。

呈现。文化创意产业园区的形象可以代表地方形象，在园区内的体验可促进人们对在地文化的认同，最终产生对当地的喜爱感。因此，当人们通过文化创意产业园区认识了某个具体的地方，实质上也就认识了这个国家及社会文化特质；参与地方的社会建构并了解地方的文化价值，由此将触及并体验所谓的国家文化。一个抽象的国家与民族文化，必须通过一个个具体的地方文化而得以存在，就文化本质而言，可以说越是地方的，就越是国家的。

第二节　文化创意产业园区发展政策透视

文化创意产业带给在地经济发展直接且显著的贡献，使得学者与政策决策者高度关注这一发展趋势。成功地吸引了都市与区域研究者对其所坐落的都市或城市的聚焦是文化创意产业园区一项明显的特质。延续此论点，让决策者对于如何吸引、培育与发展在地的文化创意产业园区倍感兴趣，并以产业政策来促进都市或城市的区域创造此类聚集，以带动在地经济发展，并据此研究制定未来的相关文化产业政策。

一、重视文化创意产业园区的理论化

从上文的分析可以了解，传统的产业聚集或产业园区理论，并不能完全适用于文化创意产业的群聚或文化创意产业园区的创建，从认识论或本体论来检视，彼此仍有重大的差异。大体而言，传统的产业群聚或产业园区理论未将生产与消费整合讨论，欠缺对文化创意产业的组织结构、独特生产过程的分析，以及文化创意产业的分布与形式特色的适切研究。总括而言，文化创意产业的创立不能依循传统的“产业群聚典范”，尤其是地方政府创建文化创意产业园区的决策不宜

套用传统群聚理论，而必须重视文化创意产业园区实践经验的总结，并组织对文化创意产业园区的理论进行探索。

1. 解释文化创意产业发展动态的两个当代理论：从生产或消费的角度切入

生产分析理论认为，文化创意产业也像其他产业一样，因追求聚集经济而倾向在地化。消费理论则认为，文化群聚可能以两种方式产生间接的经济效益：一是吸引关键工作者；二是吸引观光客。但以上两个命题都有其不足之处：一是文化创意产业包含了无数的科技、版权、实质商品的生产与流程，并涉及尖端的技术；二是相对于分别关注“技术文化”和“网络文化”而言，科技与文化垮业融合关系可能更为重要，尤其值得注意的是物质文化在传播上的持久性与转变；三是无论此过程发生于单一或跨时空，我们都应同时从文化创意产业的组织与生产、消费过程来解释此产业的在地化与文化创意产业园区的群聚发展。

下面我们讨论适合于文化创意产业园区的理论架构：

首先，探讨各种以消费为客体的文化专区观点。主要有三个方面：

（1）属于生产主义者论，即重点在一般性的经济策略，认为文化创意产业园区与其他产业有类似的逻辑，重视企业群聚文献的研究。在这一种观点里，可能因扮演支持非商业艺术形式的要角，而忽视了对文化创意从业人员的关照。

（2）企图描绘并解释文化专区的发展，特别是有资产保护面向的工艺和旅游活动，侧重于消费的间接影响。在这一类观点里，主要的工具主义模式是以经济与消费为重心，并与特定的环境建构有着关联，他们关切的文化活动中，消费所扮演的是次要或间接的角色。

（3）广泛涵括各种以消费为客体的文化专区概念：

一是试图辨识文化创意活动的区位本质，绝大部分关注的是在地遗产，像是建筑物或博物馆等。这方面研究主要是文化资产管理（维护或保存）的手段之一，然而这种管理常被简略为观光的促销，而地点通常是“文化观光业”的策略重点。

二是文化社邻的概念，重视社会学与人类学的社区概念，相关文献也证实文化专区能有效创造或扶持当地社会团结。延伸此概念：通过参与艺术和运动活动，能创造社会包容性的环境。但以此切入的问题是，文化计划的评估常着眼于其功能目的，而非实质的文化目的，评估者试图探索其生产的文化价值时，往往失望而归。

三是将文化的概念延展，当成其他观光和消费活动的“香饵”。从历史观点来看，文化所建构的形式和社会环境，在地方性行销上扮演着重要的角色。许多城市急着盖高楼、歌剧院、音乐厅和现代艺廊，以彰显其独特性，目的就是要吸引流动性投资与消费者前来。这一类观点有两个分支论点：一是以人力资本理论假说为基础，强调受过高等教育的劳动人力与创新、经济成长之间的正向关系。因为仅局限在从消费面解释，教育与职位在此论述中仅为相互关联而非因果关系，号称具社会多样性的“创意城市”只是消费型的词汇，用来吸引创意阶层，并再诱使想要雇用他们的公司组织进驻，这样的过程造成了经济成长[1]。第二个分支论点则利用祖京（Sharon Zukin）对纽约阁楼市场的观察分析，认为艺术工作者为了寻求廉价空间，占用了内城区废弃的工业区用地，此举似乎加速了这种历史建筑缙绅化的速度，满足了土地的“文化缙绅化”循环。因为房地产价格上涨，艺廊的需求增加，之后新的住户进驻地产，这让全世界的房地产开发商都注意到，艺术工作者往往是“土地缙绅化”的前导者。今天，在没有政府支出的情形下，利用“土地缙神化”来提升土地价值，在城市再造中似乎已成常态[2]。旧城空间的衰落，大量资本的注入及在改造过程中对“高尚阶层”的吸引策略，其进一步表现出：商业性“怀旧”与生俱来的“缙绅化”倾向对历史空间“在地化”

1　李天铎编著：《文化创意产业读本：创意管理与文化经济》，台湾远流事业股份有限公司2011年 P.179。

2　1990年代以来，欧美都市规划者与研究者警觉到历史建筑保存与都市缙绅化的关联性。由于后现代消费偏好转向对符号与象征的消费，文化、艺术与历史成了绝佳的商业化标的，成为吸引中产阶级休闲与观光的新产品。同时，也由于过去都市更新对社会较弱势阶级的逐出已经恶名昭彰，房地产开发业者又发现历史袭产的保存其实更容易让地价飙高，历史空间的保存因此成为建商养地护盘的绝妙办法。

的席卷与解构，此仅根源于消费服务和房地产价值，而非基于文化从业者的生产者角色价值，在这一复杂的政治、经济、文化等因素交互作用的资本营运过程中，从事文化实务者则可能是“土地缙神化”的输家。

其次，讨论以生产为基础的模式，来解释或讨论文化群聚概念，主要有三组理论源流。

（1）源于英国著名经济学家、新古典学派创始人马歇尔（Alfred Marshall）的理论。他的研究焦点放在内部交易的半成品益处，能促进竞争型经济活动与创新的隐形知识，与劳动力汇聚的效果；描述了某些城市的邻近地区，存在着特定行业的专门化分工和群聚现象。20世纪末，新古典经济学家一连串的论点皆强调贸易所扮演的角色，他们特别关注：当临界量达成时的可能因果累积形式，其所产生的都市化和聚集化所带来的独占优势，能促进“规模经济”和生产要素专业化，专业和技术的“外溢效果”即是此类优势[1]。也就是说，该城市或地区在特定贸易上的竞争优势与专业化，是其净效益。

（2）源于波特的企业群聚理论。波特的群聚概念是指相互关联的产业组合。他用价值链的观念，说明由生产过程所产生的相互连结，其中心概念在于某产业由于四种交互相关的张力而得以在特定国家中拥有竞争优势，即生产要素、企业策略（结构和竞争态势）、需求要素、上下游相关产业。以此，波特学派主张三种可应用组合的策略：即产品与服务的差异性、成本领导及专注于市场区隔与以期达成理想的竞争结构。但波特学派的观念或策略，是以企业而非以地方为基础，将分析的重心放在企业与其竞争力上，至于企业群聚所坐落的地方所获得的企业群聚结果，仅是企业采取此种策略的副产品。此一理论概念除了明显的新古典主义影响之外，借用了其他演化经济论或制度经济轮的一些观点。

（3）源于演化论的解释。演化论跳脱了新古典主义，将新古典主义主张的外部性内化，尤其是知识与技术。演化论学派相当关注由技术或机构促成的发展路

1 李天铎编著：《文化创意产业读本：创意管理与文化经济》，台湾远流事业股份有限公司2011年 P.180。

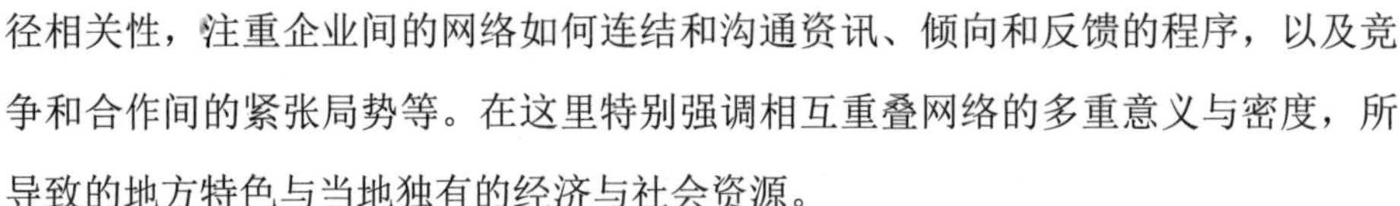

径相关性，注重企业间的网络如何连结和沟通资讯、倾向和反馈的程序，以及竞争和合作间的紧张局势等。在这里特别强调相互重叠网络的多重意义与密度，所导致的地方特色与当地独有的经济与社会资源。

总之，以生产为中心的切入点的概念，主要与共地性有关，而非交互作用，对文化创意产业群聚所牵涉的范围解释不明，因此减弱了在应用上的解释能力。

2. 产业群聚观念的关键性议题

（1）产业群聚理论的范围载体。关于“群聚的范围“可分为两部分：时空层面与社会经济层面。因为企业群聚需要结构性见解与时空观念，以及两者的结合。重要的经济文献几乎都认定：决定企业群聚的变数，若不是绝对距离就是运输成本。时空是具体的概念，其本身即隐含了特定背景的参照，我们应将运输成本概念拓宽为更普遍的时空问题，有利于讨论。也就是说，将文化创意产业群聚视为开放体，而非封闭体系的讨论，共地性的概念多少解释临近群聚现象，但时空若被单元化，会缺少社会或是时空的丰富连结想象，因为许多研究认为，跨地方性生产联系相当重要。不过，运输成本的假设也存在以下疑虑：以距离为全范围交易的代理人或代替品，其支出会随距离递增而损耗聚集的优势。

（2）产业群聚理论的普遍性载体。基本上，群聚理论假设普遍性存在于时间与空间中，以进化理论观点观察组织上或技术上带来的长期改变，或许能解释群聚并非随处可见，而仅出现在特定的时空。我们可以认为，对特定的产业而言，在特定的时空里，群聚十分重要，而在其他的时空则否。但对于不同的产业应有不同的结果，除了技术之外，生产组织、其对应的地方架构、临近性的意义都是重点。

（3）产业群聚理论的因果性载体。如何应用因果论来分析群聚的叙述，并进一步从中判断什么才是最适宜检验与评估此概念的工具。一般的经验论者与实践论者，在因果论上仅提供有限的实体论解析与提出简单的线性承续概念，倾向利用容易测量与量化的资讯，此类分析结果往往有所偏颇。从上述的分析来看，“空间”是形成群聚的重点，从距离中可以“理解”交易成本，可适当地解释群聚化现象；将组织与社会议题加入考虑，公司中的外部交流即构成了分析的内容范围，能处理辨识跨地区的群聚；此外，利用政策也造成企业的群聚，等等。也就是说，通过这些议题的因果讨论，我们才能更适当地解析文化创意产业的群聚化现象。

（4）**产业群聚理论的生产与消费载体。**此一载体讨论文化创意产业群聚中生产与消费的关系。检视这一领域的群聚理论，不仅要讨论生产概念或商品链的普遍问题，甚至将两者并列检视。其中心思想则应扩增到更广的概念：如文化产品的“生命周期”及其空间、社会经济轨迹与其流动的本质、价值和方向，技术与生产组织的功能性连结等等的精准分析，对于文化创意产业的群聚研究都至关重要。

概而述之，首先，文化创意园区的基本概念多是强调文化创意产业在空间上的聚集，因为共享基础设施、技术劳力与资源、减低生产与交易成本，或进一步更便于企业互动、促进企业间形成合作组织、维系人际间互动关系，以及加速知识扩散与信息流通的地理基础。其次，社会经济网络对于文化创意产业的影响远大于其他产业，因为这是文化产品的本质，需要一定社会基础建设，将其在关键时刻带到市场上。再者，文化创意产业的专案与自由雇佣工的特性，强烈地需要细致的信息交换，不论是在工作机会、潮流、市场和名声等方面，这类资讯交换都必须面对面交易才能有效取得，正是此特性与“吸力”促成文化创意企业的群聚，而非传统产业考量的交易与不动产成本。基于此，社会经济学理论用以分析文化创意产业园区较为适宜，因为其方法能描绘文化创意产业的实体经济过程，并能检视其特别的生产组织、文化产品特性与劳动过程；其论析体系能考虑到文化创意产业的例外，掌握文化部门中各子产业的差异，解释其分布与形式特色，并捕捉到此产业的生产过程镶嵌于特定社会经济的坐落特质[1]。若从文化创意产业的“生态系统”来看，无论文化产品生产与产业的群聚，其资源有一部分是人地连结的，故应该从群聚管理层面的方法来解释较为合适，并据此来研究制定文化

1 李天铎编著：《文化创意产业读本：创意管理与文化经济》，台湾远流事业股份有限公司2011年 P.190。

创意产业园区的相关发展策略与政策。

二、文化创意产业园区建制的功能定位与政策规划

依文化创意产业园区发展模式的分析，可总结出其功能定位。不论是何种文化创意园区的发展模式，其园区空间的开发多是以艺术主导的形式，通常是利用城市的工业遗址或闲置空间，以保存再利用的方式配置，实施带动都市经济复苏之策略。而土地使用通常为混合开发方式，配合文化设施和商业设施、办公空间之混合使用开发方式，扮演文化观光经济的主要资产。借由文化创意园区的建置，吸引多元的创意人才聚集于此，其核心价值在于尝试找到自身的发展潜能，并结合当地文化资产及地方特色，打造创意经济，借以提升城市的竞争力。

文化创意产业园区的规划与立项需要系统思维，即对产业园区所在区域、地域及城市的风土人文、经济命脉，产业布局，文化形态，空间形态作一番调研，然后对文化创意园区进行理念设计，找出自身的优势特色，把握园区内文化创意产业的发展大势。也就是说，要找准园区内文化创意产业的神韵，再借用群聚理论，使文化创意产业园区的规划有所依据，如通过应用“盘活文化存量资源或资产、形成具规模的产业链与关联产业的功能互补、增强文化企业的竞争力、形成文化专业人才市场、激发文化创意的社会网络和氛围”等概念，有助于各级政府的科学规划及相关政策的制定。

当下，我国各地的文化创意产业园区进入高速发展期，在这一过程中有许多问题值得关注，其核心集中在政府、企业和公民对文化创意产业园区功能定位的期望与反思，以及如何厘清政府角色、调整和完善文化创意产业园区的规划和相关政策等。在中国创意经济崛起的进程中，文化创意产业园区应是一种催化剂，它最大的社会功能是作为调整产业结构与发展环境的驱动杠杆。是故，如何以全新的定位找准对接点、占据制高点，通过各要素的梳理整合、内引外联、虚实结合，搭建起运作平台；还应思考市场化定位、文化品牌塑造、无形资产提升以及

消费取向与区域经济的竞合，达成建设创新型社会之功效。也就是说，要从宏观视野，文化规划和经济规划三个层面创建并开发文化创意产业园区的各项潜能，使文化创意产业园区的使命提升到文化、社会和产业环境等层面。

为了支持和鼓励文化创意产业园区的建置或发展，政府的政策支持很重要。综观各地的文化创意园区初建之时，政府基本会依循上述的思维模式推出扶持政策，常用的扶持措施或政策工具有：设立专项基金、完善园区的基础设置建设、为园区提供税项和租金优惠、搭建公共服务平台等相关措施，促进文化创意产业园区成为文化产业的中心区。譬如，北京政府曾设立两个专项资金，分别是“文化创意产业发展专项资金”与“文化创意产业聚集区基础设施专项资金”。前者是每年拨款5亿元人民币，用作贷款贴息、项目补贴、政府重点采购、后期购买和后期奖励等支持文化创意产业；后者是每3年投入5亿元，用作优化文化产业聚集区环境、基础设施和建设公共服务平台等工程。再如，上海黄浦区设专项发展基金扶植文化创意产业园区的创建与发展；卢湾区政府则提供入住文化创意产业园区的企业享受租税减免，对在园区创意孵化基地注册的企业，则根据企业项目开发及经营情况，将其缴纳地方税的30%-50%奖励给企业[1]。

当然，文化创意产业园区不应该只为政府支持的企业而设，而完全依赖政府支持的文创产业也不可能在高度竞争的市场中成长。对于决策者而言，下列现象应提醒关注并避免。譬如，因为各项优惠政策衍生的“候鸟现象”，即一些企业享受完了初期的优惠政策后，就移转搬去其他的产业园区，导致文化创意产业园区刚开园红火过后空置率增加。再如，在文化创意产业园区实际运作过程中，政府的角色并不清晰、不懂行和不尊重市场规律，致使一些优惠政策未能真正落到实处。还如，相关政策应视产业结构和不同发展阶段而与时俱进地调整，并且定期就文化创意产业园区整体效益和企业效益进行评估，注重落户区内的企业能产生辐射效益，能为园区以致外围地区创造经济价值与就业机会。

1　祁述裕主编：《中国文化产业发展战略研究》，社会科学文献出版社2008年出版P.212。

三、文化创意产业园区政策推动的比较研析

观察世界各地的文化创意产业园区，皆以引入“文化创意产业”为核心，并注入相关联产业及附属之商业服务设施，以强化各文化创意产业部门之互动及群聚经济效益。相较于欧美国家无围墙的小城镇开发或一条街形式、专栋建筑开发，以及偏重于以民间做主导的多元开发，中国目前的文化创意产业园区大致可分为五大类，即产业型、混合型、艺术型、休闲娱乐型和地方特色型。产业型的文化创意产业园区重在产业链的开发，进一步可将其划分为独立型和依托型两类：独立型园区拥有大批富有创造性的创意人才，以此为基础形成较为成熟的产业集群，园区的产业链相对完整，具有规模效应；依托型园区则依托周边的高校科研资源，形成了科技含量较高的产业链。混合型的文化创意产业园区则以科技园为依托，结合园区内的优势产业同步发展文化产业，因此，并未形成完整的文化创意产业的相关产业链，以企业化和市场化的运作模式推动园区内文化创意企业发展。艺术型的文化创意产业园区则以创意人才为基础，但文艺作品的产业化程度不高。休闲娱乐型的文化创意产业园区旨在满足人们的文化消费需求，此类园区与当地的物质生活水平密切相关，因此落户在物质生活水平达到较高程度的地方。地方特色型文化创意产业园区所在的地区有一个共同的特点，即当地拥有悠久深厚的历史文化底蕴或者秀美的自然风光，主要依赖于当地特有的文化历史资源，借助民俗风情、自然景观发展文化创意产业。

回顾上文所析，文化创意产业园区已经成为各国城市再生的主要力量，尤其是进入后工业化时代的西方发达国家，无不以新的空间经济政策，运用文化创意产业群聚及产业链形构来达成社会和文化的延续与创新。文化创意产业园区真正可以成功的关键在于后续的经营管理成效，它必须建构完整的制度环境。如提供良好的文化艺术资源链接；文化创意人才培训制度；保护创意、艺术、艺术教育和知识产权；建置政策支持及高效率的协调机制以及完整的法规制度等。所以，文化创意产业园区规划以及政策措施是亟待深思的课题，不仅是文化资产保护、艺术行政、商品设计、行销4P等老一套，而是要细究文化创意产业园区赖以实践的经济基础，即生产条件、组织机构、地缘网络等议题，以及复杂的政治、经济、文化等因素交互作用的资本营运过程。

第三节　文化创意产业园区的相关案例

概而言之，世界各国文化创意产业园区的分类架构主要有以下类型：文化创意产业专区、无围墙园区（包括以都市小城区为范围的园区和以都市一条街为范围的园区）和专栋建筑开发形式的园区等。下文选取欧美与东亚地区较为合适的案例，分别作出简要介绍，以说明并分析文化创意产业园区对地域经济发展所发挥的作用。

一、欧、美地区的案例

1. 划定文化创意产业专区形式

（1）英国利物浦艾伯特海港园区（Albert Dock in Liverpool）。昔日的利物浦是英国制造业的中心和港口城市，码头区则是利物浦历史的中心，曾被封为“海上贸易之城”。进入后工业时代，由于港口产业的没落，1972年港区正式关闭。但那些不同世代留下的珍贵航海遗产，充分体现出欧洲工业文化的发展脉络。英国政府通过文化创意的规划与政策支持，结合艾伯特海港园区传统和现代创意文化，以文化产业专区形式强化休闲旅游的体验价值，使没落的港区获得新生。如今的艾伯特海港园区已成为英国除了伦敦以外最具吸引力的文化观光景点，带动了地方的旅游与经济发展。

（2）加拿大葛兰湖岛创意园区（Granville Island）。葛兰湖岛创意园区位于温哥华中心的南侧，原来是聚集着铁工、锯木业等大型厂房的工业用地，20世纪70年代因区域污染、衰败而停工。经过温哥华的都市发展计划，结合自然与人文生态，通过文化艺术、教育培养和商业机制的导入，促成了多元文化生产与消费的创意场域，展现文化经济效益。

（3）德国拉莫斯贝格（Rammelsberg）矿业博物馆园区。拉莫斯贝格矿业博物馆坐落在德国哥斯拉镇（Goslar），可以说是德国最具代表的产业博物馆，它除了见证当地矿山超过1000年的采矿史及多元的矿产资产，还完整呈现中世纪欧洲文化和当时的商业同盟制度，及哥斯拉城镇的生活史。哥斯拉的矿山与城镇共同连结形成的拉莫斯贝格矿业博物馆，发挥文化创意产业与体验经济的最大效益，1992年，被联合国教科文组织指定成为德国第一个技术类的世界文化遗产。简要情况介绍参见下表3-2。

表3-2　　欧美地区划定文化创意产业专区形式的研析

园区名称	发展功能定位	主体产业	政策推动主体	园区规模及发展总量	主要进驻单位及公司
（1）英国利物浦艾伯特海港园区	*以都市计划划定“文化创意产业专区”； *2004年指定为世界文化遗产； *海港区划定为历史保存区。	*文化展演设施产业。	马其赛特郡开发公司与马其赛特郡政府共同开发	土地面积5.7公顷； 5个街廓之5层楼仓库开发，建筑总量达381097平方米； 30个办公单元与25个创意商店。	当代艺术中心； 三个博物馆：海洋博物馆、国际奴隶博物馆、利物浦生命博物馆； 加拿大电视公司；披头四故事馆； 帮浦酒吧、商店、旅馆。

（2）加拿大葛兰湖岛创意园区	*以都市计划划定“文化创意园区”； *工业区（旧船坞）再利用开发。	*工艺产业；*音乐及表演艺术产业。	由加拿大房屋贷款局（CMHC）葛兰湖岛分公司经营管理，CMHC成立“葛兰湖岛基金会”，成员包含经济、艺术、都市发展和公共关系各领域，负责整体开发计划。	土地17.3公顷；建筑开发总容积8.4103公顷。	工业区； 艺术工作坊区； 学术机构用地； 造船博物馆； 社区活动中心； 表演剧场； 市场、餐厅及娱乐设施、商店； 办公室、住宅区、旅馆。
（3）德国拉莫斯贝格矿业博物馆园区	*以都市计划划定“文化创意产业专区”； *工业区（采矿区）再利用开发； *1992年被列为世界文化遗产。	*矿业体验；*教育及观光产业； *艺文展演。	委外经营	博物馆区面积约2公顷（不计入矿山区）	四栋展览馆：植物与矿石生态展馆、表演艺术展示馆、矿工工作盥洗区、文化艺术展演区；矿坑隧道体验区；餐饮区。

2. 无围墙的园区

（1）英国雪菲尔德文化产业园区（Sheffield’s CIQ）。20世纪80年代初期，英国发展文化产业政策主要建构在就业和经济发展部门，并将政策的方向调整到年轻人的需求上，强调文化产业相关的商业机会和训练需求等活动的进行。该园区就起源于那一时期，发展的目标清楚定位在：振兴市中心经济、改善旧城环境、提供新的就业机会。如今，它已是英国最重要培育在地文化产业及青年创作的园区，其成功的要素：一是地方艺术家成为极重要的动能；二是大学教育网络的支援；三是区域资源的结盟；四是园区的扶植计划与专责的营运管理机构；五是定位青少年音乐创作剧场；六是全面完善的产业服务基盘设施。

简要情况介绍参见下表3-3。

表3-3　英国无围墙的园区形式的研析

园区名称	发展功能定位	主体产业	政策推动主体	主要进驻单位及公司
（1）英国雪菲尔德文化产业园区	*无围墙园区，旧工业城废墟再生及市中心复苏的成功案例；*要整体城镇经济复苏及文化再生为目标，以部分街廓或建筑物新建及修复为原则。	*音乐与表演艺术产业	地方音乐及艺术团体的催生	国家流行音乐中心；文化产业工作室；雪菲尔德科学中心与服务交流中心；约克夏艺术中心；独立制片厂、美术馆、展示陈列场；精品销售商店、周边办公室与住宅区。

3. 以单栋建筑开发的园区

（1）巴黎104创意艺术中心（CENTQUATRE）。该中心坐落在巴黎东北19区的贫困区，是由巴黎政府推动，投资1亿欧元将一处废弃十多年的殡葬馆创新改建成为巴黎新的文化艺术地标，于2008年10月开幕，成为法国以艺术带动都市颓废区再发展的重要楷模。巴黎104创意艺术中心成功的重要因素：一是艺术中心与城市发展紧密结合，强化社区生活艺术再造，延续并发挥其社会性功能；二是将艺术中心的中庭空间开放作为城市通廊及展演广场，活化艺术设施之功效；三是保存并开发原有殡葬馆历史空间的文化意义；四是提供在地青年艺术家创作交流的园地；五是强化艺术家与社区居民充分的互动学习，并订定社区艺术回馈制度，实践了兼具文化教育与艺术涵化的社会性功能。

（2）巴黎布利码头博物馆（Branly Museum）。该博物馆坐落于巴黎塞纳河畔，与埃菲尔铁塔为邻，是一座专门展现全世界非白人民族文化及收集其原创艺术的博物馆，2006年6月20日开幕，成为巴黎新的文化地标。它不但明确订定自己的文化主题性与独特性，为法国文化多样性政策的延伸与实践，并展现多元文化的融合及发展。布利码头博物馆成功的利基：一是多元文化的融合发展，使博物馆的文化活动达到国际化文化交流的目标；二是展现独特的主题文化定位；三是"图书博物馆"的设计理念，将典藏空间开放给大众参观，成为新的创举与特色；四是弹性的营运管理模式；五是以自然地景、生态绿地、环保节能及绿建筑的创新设计理念，赋予博物馆新的美感价值；六是混合型的土地使用模式。

（3）德国洗衣厂博物馆（Museum Wasche Fabrik）。早期是一栋大型的制衣家庭工厂，坐落于德国比勒费尔德（Bielefeld）。目前，这座博物馆是一栋二层巴洛克建筑形式的别墅配上典雅的欧式庭园，仍保存着原样的成衣制作流程，具有古朴的历史文化风貌特质，营运管理主要采志愿者及预约导览方式，让参访者体验洗衣厂历史的面貌，见证当时家庭工房的产业发展脉络。

简要情况介绍参见下表3-4。

表3-4　欧洲以单栋建筑开发园区形式的研析

园区名称	发展功能定位	主体产业	政策推动主体	园区规模及发展总量	主要进驻单位及公司
（1）巴黎104创意艺术中心	*原殡葬馆修复再利用； *巴黎重要之社会文化艺术与都市社会福利效益，目标提升当地文化素质。	*音乐及表演艺术产业； *视觉艺术产业。	巴黎市政府推动；委外专业经营管理	园区面积3.9公顷	展演厅、多功能展演大厅；管理办公室；儿童屋；行动咖啡屋；花园平台。

（2）巴黎布利码头博物馆	*推展非西方原创艺术	*非西方原住民文化展示；*文化展演设施产业	法国总统及巴黎市政府政策推动；部分工作统包委外的经营方式。	园区面积2.5公顷	非西方原住民文化展示馆；博物馆典藏空间；图书馆；研究中心；多功能户外展演厅；演艺厅、电影院、会议室；餐厅、纪念品贩卖区等。
（3）德国洗衣厂博物馆	原制衣家庭工厂修复再利用	*原洗衣厂及制衣产业展示	社区居民、记者、协会与市政府共同推动		制衣厂车间；储存库空间；行政管理室；纪念品贩卖区；二楼原家居室。

二、东亚地区的案例

1. 划定文化创意产业专区形式

（1）韩国Heryi艺术村[1]。1997年亚洲金融危机之后，韩国政府提出“文化立国”的口号，将文化创意产业视为国家总体经济发展的重要产业并积极推动，位于韩国南部京瓮道坡州市的heyri艺术村就是在这种背景下诞生的。1997年，有十家出版社相中了这块军事气息浓厚的偏僻之地（当然是价钱便宜的缘故）打算在这里建立联合阵地，这个消息不胫而走，一传十，十传百，结果由包括画家、

1 “heyri艺术村”名称的由来，是根据京箭道地区一首传统农厂歌曲“Heyri Sori”而命名的，此地方性特质成为园区新意象的代名词。

摄影师、雕塑家、作家、建筑师，甚至电影人在内的数百位艺术家组成了大联盟，他们合资向政府买到这片土地，然后同心协力各尽所能地将之打造成今日世界闻名的艺术村。

Heyri文化艺术村建设的前期，韩国政府给予了积极的支持，完善了主要基础设施的建设，艺术村为了保持自身的独特性与独立性，后续的发展和运作则完全民间化。为此在组织架构方面，艺术村以委员会的形式进行管理，共成立了如建筑委员会、艺术委员会、规划委员会等10个委员会来负责各项事务。入村的人员主要有两类：一类是各类艺术工作者，如画家、雕塑家、摄影师、音乐家、建筑师、作家、电影人、艺术教育家等；另一类则是相关文化艺术机构的管理人员，比如博物馆、画廊、音乐厅、剧院、书店、艺术品商店、出版社等机构的管理人才。

综合Heyri文化艺术村的规划理念及策略，主要有以下几项：一是与自然结合的艺术村；二是与绿色网络联接的整体规划；三是每栋建筑皆扮演“建筑学博物馆”，通过设计理念得以表征；四是艺术创作的景观设施；五是结合建筑艺术设计，通过公开比赛的优胜者建造了五座特色桥梁；六是保持人性尺度的天际线，艺术村内所有的建筑皆低于三层楼；七是友善的水环境，园区内原始的生态沼泽、自然的小河及小溪皆被复育保存与改善规划；八是景观植栽设计采用本土的树目及花卉，使艺术村呈现结合原野风貌与自然生态重现的空间；九是超现代的资讯网络中心；十是一个具国际性且具有竞争力的艺术与文化中心。除了上述的规划理念及策略之外，Heyri文化艺术村成功的关键还有：如最有效能的土地利用计划，强化其最大的价值；与邻近的坡州出版城互为上下游产业，形构紧密的产业结盟关系，共同推展各项艺文活动、文创商品，追求最大的产业群聚效益；吸引了大量的艺术创作者进驻园区创作交流，成为一个结合文化庆典、文化教育、艺术展演、艺术居住和国际文化展演与交流的场域。

（2）韩国坡州出版城（Paju Bookcity）。坡州出版城是世界上第一个以出版为主建设的文化产业园区，坐落在韩国首尔北部的京畿道，是韩国政府主导的、以创建“知识与资讯诞生的基地”为发展目标的产业聚集园区，长期目标则在于整合出版相关事业市场调查、研究、展示、教育、物流与销售的知识产业中心。

坡州出版城的起源，可追溯到韩国的出版业者希望创造一座出版城市。在韩国政府和其他社会部门的支持下，在1989年9月5日召开的第一次“坡州都市建设发起会议”上，这群有智之士说服韩国公部门一起共襄盛举。经过十余年的努力，2003年“书城文化基会”成立，总筹“书城”建设计划等工作。坡州出版城是由“出版城文化基金会”进行所有空间设计、管理和规划各种活动空间，并通过建立亚洲出版文化与资讯中心，来作为支持出版城的研究潜能及国际交流的平台。坡州出版城成功的因素：第一，由大量艺术、文化领域的专业人士，与出版业的业者集结于同一区域，进行创作活动与产业发展，并经过高度的互动与创新，彼此分享咨询与创作研究，再通过跨领域的专业与整合能力，提升彼此的创新力与竞争力；第二，通过区域资源连结，在坡州出版城与Heyri文化艺术村的互动方面，两者发挥相互滋养的关系。再投入的因素上，艺术村与出版城能通过产业知识的外溢效果，及群聚内部与群聚之间的网络互动，促进产业创新。

（3）北京798艺术园区。该园区位于北京朝阳区酒仙桥街道大山子地区，故又称大山子艺术区（英文简称DAD—Dashanzi Art District），原为国营798厂等电子工业的老厂区所在地，由于原址当时是由原东德和原苏联援建，属于德国建筑风格，是实用与简洁完美结合的典范，视觉效果充满美感，十分适合艺术创作与展示。798艺术区由北京市政府负责开发，汇集各方资源和力量成立“艺术区建设管理办公室”负责经营管理，主要采取租赁方式让艺术家及设计工作者等文化工作者进驻，并发起成立“专家指导委员会”负责进驻业者的审核工作。另在北京文化发展基金会的支援下，由“艺术区建设管理办公室”发起成立“798艺术基金会”，负责园区的资源整合和形象推广工作，如通过举办北京798艺术节，扩大艺术园区的影响力；通过开通798园区的中英文网站、创办《创意》798内部杂志、编制798艺术园区导览图等各种形式宣传艺术园区，扩大798艺术园区的国际形象。从2001年开始，来自北京周边和北京以外的艺术家开始集聚798厂，成规模地租用和改造空置厂房，逐渐发展成为画廊、艺术中心、艺术家工作室、设计公司、餐饮酒吧等各种空间的聚合，形成了具有国际化色彩的“SOHO式艺术聚落” 和“LOFT生活方式”。这批入驻者的生存方式本身就是经济改革的产物，他们展示了个人理念与社会经济结构之间新的关系，意味着现代意识与传统情调共存，实验色彩与社会责任并重，精神追求与经济筹划双赢，精英与大众的互动。

798是新时期的青年文化经过积淀转向成熟的载体，目前，已经有近200家涉及文化艺术的机构、至少300位以上的艺术家直接进驻798艺术园区，其中还有一些来自国外的艺术家。由于艺术家的“扎堆”效应和名人效应，798艺术园区的影响越来越大。2003年，798艺术园区被美国《时代》周刊评为全球最有文化标志性的22个城市艺术中心之一；同年，也因为798艺术区把一个废旧厂区变成了时尚社区，让北京首度入选《新闻周刊》年度12大世界城市之一；2004年，北京被列入美国《财富》杂志一年一度评选的世界有发展性的20个城市之一，理由仍然是798。政府的政策引导、业主的产业运作、机构的可持续发展、艺术家的存在保障、媒体的关爱、各方面热心人士的支持都是798发展成功的要素。其利基在于：一是创造了具有群体竞争优势和规模效益。有助于促进产业知识外溢的效果，并强化产业创新的优势；二是艺术组织的结盟与支援。798园区聚集相当多的议事机构及组织，在争取销售平台、展演设施、优惠租税、艺术奖励基金等各方面群策群力，为园区发展奠定身后的基础。三是专责的营运机构。798艺术园区是一个多元力量“共同参与与管理”的园区，是园区永续发展的重要基础。四是旧厂房遗址的再利用。798园区开发采取了保存再利用的原则，使原有的电子工业机具被赋予新的使用功能，使旧有的厂房成为艺术家最喜欢的创作空间，不但可以见证我国工业式的发展历程，更成为798园区的特色与发展的重要利基。

2012年12月28日，中国国内首个数字文化体验馆正式在北京798艺术区落成，并将于2013年元旦起举行为期一年的常态化中韩数字文化体验展。未来798能否完成从中国走向世界，还取决于她的可持续性与可包容性。首先，798包含了独特的中国元素，文化艺术上升到一定高度是属于全人类的，所以798也是世界的；其次，798展现的是当代中国文化，是正在发生、正在发展的中国；第三，在798可以看到最前沿的东西，让园区形成艺术、设计、时尚、传媒、资本和权力的一个良性互动循环圈，而区别于其他文化创意产业园区；第四，“原创”是798的竞争核心力。

（4）上海滨江创意产业园区。该园区坐落于上海杨浦区的滨江地带，是通过对上海电站辅机厂老厂房的保护性改造、开发而建成的创意产业园区。上海杨浦沿江工业区是中国民族工业的发源地，这里有15公里长的工业园区，20世纪二三十年代中国最早、最具代表性的产业都集中在这里，曾被联合国教科文组织专家称“世界仅存的最大滨江工业带”，而且它位于上海的中心位置，距离外滩只有7公里，距人民广场只有9公里，那就等于是在市中心了，这是很珍贵的。上海电站辅机厂曾是美国通用公司于1921年在上海杨浦区的滨江地带投资的亚洲第一大用于生产发电动力辅助设备电机的老厂。

在上海市、区有关部门的关心、支持下，2004年聘请台湾设计师登琨艳主持将老厂房改造成前卫的大型设计中心，兼具工作、会展、商务、餐饮等功能，其目标除了建构具有特色的上海滨江创意产业园外，最重要的是通过对老厂房的保护性改造，既保存工业遗址价值，又重现上海这个大城市特有的历史记忆与脉络。上海滨江创意产业园于2010年10月30日正式揭牌，它赋予了老工业建筑以崭新的功能和内涵，成为集环境设计、建筑设计、工业设计、音像设计、服装设计、软件设计等原创设计于一体的现代服务业集聚的基地。台湾设计师登琨艳也因此获联合国教科文组织授予的“2004年度文化遗产保护奖”。

如果说“工业杨浦”曾为中国制造作出过贡献，那么今天的“知识杨浦”谋求溢智转化产业，正为中国“智”造打开崭新的局面。综合其特质：一是为上海工业遗址再利用政策在国际上获得重视，成为上海城市意象行销的重要利基；二是以生态景观及绿色建筑设计赋予园区新的面貌，创造出各式各样的展演空间及休息平台，并结合创新的生态景观概念规划成为一个绿意盎然的生态艺术园区；三是园区成为艺术家创意交流的空间及展示活动的场所，亦成为周边社区及城市居民消遣的场域，为园区注入新的功能；四是在上海旧工业文明遗迹上，培育出新的创意产业之花，这里将成为创意人才的摇篮。

（5）南京创意东8区。南京“世界之窗创意产业园”（创意东8区）是南京“十一五”规划推进的都市型产业园十大重点项目之一，是南京市白下区政府、南京顺天实业公司联合打造的江苏首家规模最大的都市型产业园区和省级重点现代服务业集聚区，也是南京市发展壮大创意产业园的开篇之作，是江苏省首批现代服务业集聚区。创意东8区位于南京市白下区光华东街，背倚600多年的明城墙，东临月牙湖，具有文化历史及景观价值。按照规划，2006年一期工程完工交付使用园区，待一期与二期的整体工程完工，园区的年营业额可达10亿元，年缴纳税收8000万-1亿元，吸纳3000名知识型人才就业。

创意东8区分五大产业功能区，并以“上场下店”的模式打造创意行为艺术街区。五大产业区的定位结构：一是建筑设计产业区（关联行业：城市规划、建筑规划设计、室内装饰装潢设计、景观设计等）；二是广告产业区（关联行业：平面广告、户外广告、电视广告、包装设计、3D设计、多媒体设计、广告代理、展览展示、图文制作、模型制作、广告摄影等）；三是咨询策划产业区（关联行业：管理咨询、商务咨询、市场咨询、法律咨询、策划代理、猎头公司、专业技术培训机构等）；四是动漫科技软件产业区（关联行业：动漫网游、网际网络和数字媒体、软件开发等）；五是工艺、工业设计产业（关联行业：工艺创作、工艺设计、工艺品展售、工艺品鉴定、产品设计、产品外观设计等）。

创意东8区被评为“中国创意产业最佳园区”，综合评析其具有如下优势：一是强势的政策支持。园区由区政府全力支持，成立投资营运主体，制定扶持发展政策与措施，园区整体的发展定位与建设速度非常迅速完备；二是成熟的运营管理。园区委托具有建设开发及经营管理经验之专管中心，负责整体招商、管理经营、咨询服务及行销策展等工作；三是经济的运营成本。老厂区独具特色的厂房建筑、个性的办公空间、宜人的办公环境、完善的办公配套，强化了园区的进驻进度，通过90%超高入住率使办公使用面积得以充分利用，降低了企业的运营成本；四是全面的运营服务。园区具有专业的委外经营公司，建立完善的土地租赁制度，建立完胜的经营管理制度及整合型小平台，其执行策略主要包括协调相关服务组织、发挥咨询辅导的功能、促成相关资源的整合，强化园区整体的经营成效；五是产业聚集效益。园区招募多元面向的产业形态，如文化创意型产业、高科技技术支援企业及具有国际化企划推广之智慧型企业等，不同产业类型的聚集，可强化异业及同业间相互的学习与互助，强化了产业聚集效益。

（6）台湾“华山创意文化园区”。华山园区是台湾第一个以特定专用区划定为文化创意园区，也是台湾当局开发的五大文化创意园区中第一个完成的旗舰园区，具有一定的历史意义。华山创意文化园区所在地的前身是“日本芳酿株式会社”，创设于1914年，1922年因当时的日本殖民政府实行专卖制度而改名为“台湾总督府专卖局台北酒工厂”，台湾光复后，国民党当局将其改成“台湾省专卖局台北酒工厂”，近百年来留下丰富且多样性的制酒产业资产，和许多珍贵的古迹及历史建筑。

2002年，台湾当局推动“挑战2008：国家重点发展计划”时，台湾文化管理机构将台北酒厂及其周边地区纳入“规划设置创意文化园区”推动工作，并以“保存园区工业之建筑环境，赋予新的使用功能”为发展宗旨，将原有的旧工业厂房空间改造成展览场地及剧场空间，鼓励各类文化创意发想及跨界艺文创作展演活动。2008年开始，华山园区整体发展定位修正为“文化创意产业、跨界艺术展现和生活美学风格塑造”，以“酷”（时尚、前卫、实验）与“玩”（玩乐、享乐、娱乐）为规划主轴，突显园区作为跨界创意的发挥空间，扮演媒合跨界艺术、产业互动的场所，建构异业、异质交流结盟的平台，并发展成文化创意产业人才的育成中心。华山创意文化园区还给予文化资产维护职责，针对园区的珍贵文化资产积极进行保存、维护及再利用计划，并串联起酒厂玉华山的关联性，整合现存的文物及史料典藏等软件资料源，建立保存展示交流平台，管理并推广珍贵的文化资产。现如今更拓展其夜间经济，希望借由夜间经济扩展社区及城市居民和观光客的参与，成为城市中新的艺术交流场域。

简要情况介绍参见下表3-5。

表3-5　东亚地区划定文化创意产业专区形式的研析

园区名称	发展功能定位	主体产业	政策推动主体	园区规模及发展总量	主要进驻单位及公司
1.韩国Heryi艺术村	以都市计划划定的文化创意产业园区	视觉艺术产业	韩国政府开发；汇集各方资源和力量成立“艺术区建设管理变共识”负责经营管理；采租赁方式让业者进驻。	园区基地约81.95公顷	博物馆、艺术画廊音乐厅； 纪念馆、会议室； 艺术商店、古董店；餐厅。
2.韩国坡州出版城（Paju Bookcity）	以都市计划划定的文化创意产业园区	出版产业 影音、电影产业 设计产业	坡州出版商及地方人士成立“书城文化基金会”推动；业者以购地建屋或承租方式进驻	154.8公顷	出版企业办公室； 研究中心； 资讯中心； 购物中心等。
3.北京798艺术园区	以都市计划划定的文化创意产业园区，旧工厂、闲置空间再利用。	设计产业 视觉艺术产业	艺术家、文化机构和北京市政府共同推动；委外专业公司经营管理。	园区面积约60公顷	设计公司(出版、服装、室内家具、音乐等)； 电影公司； 艺术家工作室； 画廊、艺术中心、服务中心； 商店、餐饮及酒吧。

4.上海滨江创意产业园区	以都市计划划定的文化创意产业园区。	设计产业、建筑设计产业、时尚设计产业； 视觉艺术产业。	台湾登琨艳建筑师推动；聘任专业公司经营管理	园区面积约5公顷	创意工作室； 画廊、书店； 展览场； 服务中心； 咖啡工场。
5.南京创意东8区	以都市计划划定的文化创意产业园区，旧工厂、闲置空间再利用。	建筑设计产业； 广告产业； 咨询策划产业； 工艺产业、工业产品新型专利设计； 软件与电脑服务业。	聘任专业公司经营管理	园区总面积6万平方米	分成五个分区： 建筑产业区； 广告产业区； 动漫科技软件区； 工艺工业设计产业区； 咨询策划产业区。
6.台湾“华山创意文化园区”	以都市计划划定的文化创意产业园区，旧酒厂工业用地的开发再利用。 扮演跨界艺术美和、产业互动的场所，建构异业、异质交流加盟的平台。	视觉艺术产业； 表演艺术产业； 创意设计、人才培育。	台湾“文建会”（现改为“文化部”）与民间文艺团体共同推动，台湾文创发展股份有限公司负责营运； 园区内的电影艺术馆委外营运管理	园区面积4.53公顷	电影实验场； 文化创意产业旗舰中心； 千层野台； 华山剧场、森林剧场、草原剧场； 艺术大街； 烟囱广场； 公园区。

2. 无围墙的园区

（1）**北京宋庄艺术村**。位于北京通州区北部，在百里长街的东线上，有一块温榆河、潮白河、运河环绕的秀美平原，这就是宋庄。当地悠久的历史、丰富的文化底蕴、淳朴的民风，造就了中国乃至世界规模最大的当代艺术大本营——宋庄艺术家群落。改革开放沐浴下的这片土地，为激情澎湃的艺术家们提供了展示智慧和才华创作的广阔舞台。1993-1994年期间，艺术大师黄永玉，著名画家方力钧、岳敏君、刘炜和批评家栗宪庭等作为首批拓荒者相继来到宋庄，这里的院落十分宽敞，多为传统的四合院格局，青砖灰瓦、花格窗子，透着纯朴和传统之美，远处的潮白河流，近处的碧绿农田都给人以开阔舒畅静谧的感觉，因此，十分适合居住以及安静地画画。随后圆明园画家村向宋庄进行了一次集体迁移，当地政府和人民接纳着来自五湖四海的文化艺术同仁。据最新统计，到宋庄生活创作的艺术家已由2004年底的300多人骤增到现在的3000人，形成以小堡画家村原创艺术创作基地为核心的，分布在大兴庄、辛店村、喇嘛庄、任庄、白庙村，北寺村、疃里村、富豪村、宋庄村的艺术家群落。作为自由艺术家们新的聚集地，宋庄再一次成为海内外关注的焦点，20世纪90年代以来兴盛不衰的当代绘画艺术、公共艺术、综合材料艺术、艳俗艺术及新媒体艺术等主要艺术流派都集中在这里；众多艺术家的作品在国际上最有权威的艺术展上展出、获奖，许多优秀作品被几十家世界著名的博物馆、美术馆收藏。

宋庄村的艺术家群落是北京文化创意产业和临空经济及科技研发的重要区域。为了给艺术家们营造更好的生活、创作空间，扩大对外交流途径，将文化艺术资源与市场连接、社会化运作平台很好地结合在一起，宋庄小堡画家村组织成立文化艺术产业投资推广中心、宋庄画库、文化艺术旅游服务中心、宋庄文化创意发展公司和宋庄当代文化专项基金，努力把宋庄小堡画家村建设成为世界级的艺术创作基地、艺术品交易基地及国家级文化创意产业示范基地。2006年12月，宋庄被定位为“宋庄原创艺术与卡通产业聚集区”，成为北京市首批认定的文化创意产业聚集区。随着“经济与文化”双重效应的逐渐显现，宋庄的艺术家群落亦逐渐发展成为原创艺术家、画廊经营者、批评家和经纪人等共同组成的艺术聚集区，成为现代艺术作品创作、展示、交易和服务为一体的艺术品市场体系。进驻宋庄的艺术家，也从原来单纯的架上画家，增加到现在的雕塑家、观念艺术家、新媒体艺术家、摄影家、独立制片人、音乐人、自由作家等等。整体来看，宋庄艺术村进入一个多元化发展进程，将文化创意产业、文化艺术产业、城市规划等整体政策联系起来，成为规划、设计、运作并走向市场的经济模式，以鲜明的艺术特色向世人展示着独特的魅力和风采。其成功的因素：一是定位明确并具市场区隔效益；二是不同类型艺术家运用共同的空间领域创造新的创意，运用价值链整合提供产业群聚之最大效益；三是提供驻村艺术家基本生活需求及交流学习的平台，让艺术家能在自己的创作空间发挥其创作能量；四是通过不同阶层艺术家互动学习的兼容并置去强化创作效能；五是稳定土地政策及租金的控制，强化了艺术家稳定的工作环境及提升其创作动能；六是建构完善的展览场域，促进艺术家的互动学习，并强化艺术家的能见度。上述发展政策与举措，值得未来各地创建文化产业园区时作为参考。

简单情况参见表3-6.

表3-6　北京宋庄艺术村无围墙文化创意产业园区形式研析

园区名称	发展功能定位	主体产业	政策推动主体	园区规模及发展总量	主要进驻单位及公司
1.北京宋庄艺术村	以北京通州宋庄镇小堡村为核心发展。 以部分区域及旧农村修复与改造为原则。	视觉艺术产业； 音乐及表演艺术产业。	地方艺术家及艺文团体推动	无围墙园区	艺术家工作坊； 东方艺术中心； 艺术市集区； 宋庄美术馆； 上上美术馆； 宋庄闲置空间； 咨询服务中心。

3. 以单栋建筑开发的园区

（1）日本御木本银座2。“日本御木本银座2”坐落于东京银座市中心区，是

2005年新建的大厦，建筑外观上以形状和大小各不相同的玻璃窗展现，就如被镶嵌在那里的珍珠钻石。这栋商业大楼是由养殖和使用珍珠闻名世界的名牌珠宝店“御木本”开发设计的， MIKIMOTO是享有“珍珠之王”美誉的御木本幸吉先生创办的珠宝首饰店，位于东京都银座区。御木本银座2以其独特的设计成为银座新的旅游景点，是日本以建筑设计行销品牌的成功典范。

综合评析日本御木本银座2，值得借鉴的有以下两点：第一，以新颖的建筑设计作为城市行销的主题，不但可行销品牌并带来大量的观光人潮增加经济效益，亦可以艺术点缀城市，赋予新的美学文化，是21世纪世界各国城市再生的可借鉴的战略措施。第二，日本御木本银座2大楼整合了珠宝设计、首饰中心、休闲SPA、及创意商店的混合开发形式，文化生产与文化消费一体的经济效益，是新时期文化创意产业空间经济的发展趋势。

（2）香港赛马会创意艺术中心（JCCAC）。2008年9月对外开放的赛马会创意艺术中心，位于香港九龙北部平民区内石硖尾一座空置多年的工厂大厦改建而成，由香港浸会大学主导、特区政府民政事务局支援，香港赛马会慈善信托基金出资7000万港币，香港艺术发展局和香港艺术中心为策略推动“历史建筑传承与新生”的项目。石硖尾这座工厂大厦当年容纳了钟表制造、木工、纸扎、五金、塑料等不同种类的工业，见证了上世纪70年代香港轻工业的繁盛，但由于香港轻工业转型，很多工业迁往内地，从2000年起开始空置。2005年提出改建计划，以崭新演绎手法，创作匠心独运的艺术品和艺术装置，尽量保持上世纪70年代的粗朴风格，同时加入现代建筑元素，并赋予全新用途，成为香港首个专门发展创意产业的平台，并积极将文化艺术带入社区。

香港赛马会创意艺术中心以“自负盈亏模式”运作并对外开放，其功能定位：一是提供艺术家及大众租用，从事多元的艺术活动、举办艺术展览或演出；二是让进驻中心的艺术工作者及艺术团体进行合作和交流，及从事与艺术有关的

商业活动；三是为公众提供艺术教育与训练；四是成为社区艺术中心，包括办理社区艺术节及与学校进行策略联盟。现在，香港大约30%的舞蹈和话剧艺术家租用香港赛马会创意艺术中心进行演出和彩排，这里不但达到闲置空间再利用的效益，并成为香港重要的社区艺术政策的重要典范，即以艺术主导都市再出发，借由艺术教育与交流平台的建置，强化社区艺术文化的发展。未来如何增进艺术家进驻承销、强化营运管理机制、加强艺术商业的营运项目，及增进与社区居民生活的互动等，都成为香港赛马会创意艺术中心亟需思考的课题。

简要情况介绍参见下表3-7。

表3-7　东亚地区以单栋建筑开发园区形式的研析

园区名称	发展功能定位	主体产业	政策推动主体	园区规模及发展总量	主要进驻单位及公司
1.日本御木本银座2	以单栋新建筑开发	珠宝设计产业	御木本珠宝投资公司开发	地上九层地下一层，总数面积2229平方米	办公室； 珠宝设计展场； 卖场； 餐饮、温泉及娱乐设施。
2.香港赛马会创意艺术中心	由石硖尾工厂九层楼大厦翻新改建	设计产业； 视觉艺术产业； 表演艺术产业。	香港浸会大学、特区政府民政事务局及赛马会慈善信托基金共同推动	建筑总面积约33528平方米	艺术工作室； 黑盒剧场； 中庭展演平台； 艺廊； 茶坊。

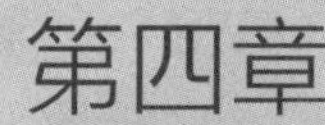

第四章

文化创意产业发展的国际借鉴

DI SI ZHANG

WEN HUA CHUANG YI CHAN YE FA ZHAN DE GUO JI JIE JIAN

第四章

文化创意产业发展的国际借鉴

全球化的影响造成经济体系的再结构，也产生“空间压缩”的现象，进而促使经济的投资、生产与资本的累积不仅跨越国界，也带来弹性发展的新时代。它不仅反映出世界多元和主流文化的交互作用，而且使各国的文化发展战略、文化体及地方文化特色被置入全球文化的脉动之中。文化创意产业是个新兴战略型产业，在资讯科技网络的效应下，已经展现出对经济、社会与文化生活转变的影响，自然也成为当下学术理论界讨论的一个焦点。因为文化创意产业有其独特的空间性，但在地理上的分布并不均匀，在现实或是概念架构上仍处于流变之中，经济发达国家从“文化工业”到“文化创意产业”的移转，提供给我们许多文化与经济融合的鲜活案例，也牵引出在其发展中经常会遇到的问题，值得我们研究与借鉴，以利于我们后进者建构一套新颖的理论，并与时俱进地更新修正。

第一节　文化创意产业概念的形塑

许多学者分别从不同的角度分析文化创意产业的历史发展脉络，以及它对于整体社会及经济带来的影响，也就是从“文化工业”到“文化创意产业”的移转。

一、从文化工业到文化产业的移转

1. 从重商主义到全球文化资本主义。从早期重商主义促进后来资本主义全面发展之后，以西方为主的殖民主义文化变成资本主义下的商品及服务，再进一步变成文化商品及文化服务的生产与流通，“文化资本主义”成为当今资本主义的核心。

2. 从福特主义时期到后福特主义时期。工业革命之后，从福特主义生产模式而转型的后福特主义时期的生产模式，便是所谓的及时化、个人化、少量等弹性生产方式，促使文化与创意更大幅介入生产过程，就在产品的取材、原创、生产、行销等各个环节都加入更多文化的内容与创意的思考，以突显差异性的产品市场。

3. 从现代主义时期到后现代主义时期。现代化是追求一种科学的理想化思想，认为任何事物经常需要被标准化、重复化、数据化等，需要得到一样的结果。在现代主义时期由西方文化主导的“现代性”，因为相信“宏大理论[1]”产生“二元对立”的方式，形成以主流为主的一贯脉络，发展成为西对东、上对下、主流中心化及非主流边缘化等现代主义式的风潮[2]。而后现代主义则不迷信科学，讲究认知的范式转移，因为其“不确定性”而形成了多元、共存、包容并进的文化现象，强调地方性的、局部性的知识，强调尊重多样化的个人情感与选择。“向一体化宣战！”是后现代主义的一句名言，后现代社会的流行文化不再单纯以西方为主流的单向发展，而是出现在各种不同族群中交织的、多元认同的文化现象。

4. 文化产业概念的范式移转。阿多诺（Adorno）及霍克海默

1 如果某种理论自我宣称它可以解释世间的一切事物和一切现象，这种理论就被后现代主义者称为“宏大理论”。

2 廖世璋著：《文化创意产业》，台湾巨流图书有限公司2011年出版P.18-19。

（Horkheimer）为主的法兰克福学派定义的“文化工业”，是以工业化生产与现代科技紧密结合，文化主题并不是群众，而是制作人及经营者；并认为“文化工业”具有两个特色：一是文化同质性，即许多产品都是知识型的生产模式；二是可预测性，看或听前面的便可猜测出后面的内容。所以，文化工业是商品化、标准化与强制化，具意识形态及管理性，并无选择性且不断重复的让群众强迫接受的生产模式1。以法兰克福学派的“文化工业”概念来区分精英文化与大众文化，前者属于高雅文化、主流文化及上流文化；后者则属于市民的娱乐文化、通俗文化等。批判性的论点指出，对于整体社会发展而言，法兰克福学派也同时强调“文化”其实是上层阶级用来操弄下层阶级的控制机制，运用文化工业的消费品来消磨劳工阶级的意识形态，通过消费产品来整合消费者，一方面创造虚假的需求，另一方面进行一种社会控制。

西方学者的研究进一步指出，法兰克福学派并没有思考到消费者在消费时带来的文化意涵，或是没有看到消费其实是人类一种必要的行为。消费者并不是被愚弄的傻子，他们会选择那些大众流行商品来娱乐自己，民众由消费的对象来追求及证明自己在社会中的身份。另外一些学者则针对文化市场本身进行研究，逐渐转化为研究文化产业在整个经济市场中的重要角色。原本“文化工业”强调文化所具有的政治功能及目的，作为上层阶级用来宰制下层阶级的工具，在“文化产业”概念下转变成为具有文化经济的重要价值，社会大众通过对于文化商品的消费来联系及维系自己的社会关系，并丰富自己的日常生活。“文化工业”到“文化产业”概念的范式转移，参见下表4-1。

表4-1　文化工业到文化产业概念的范式转移

概念	文化工业（cultural industry）	文化产业（cultural industries）
功能	强调文化的政治功能	强调文化的经济功能
生产	工具：是支配下层阶级的手段	主体：是社会联系的内容

1　谢名家等著：《文化产业的时代审视》，北京人民出版社2002年出版P.82-87。

消费	资本主义以文化工业产生上对下的社会控制	资本主义以文化产品丰富消费生活
交换	文化工业操弄出虚假意识及需求	通过文化产品消费而活出自信、改善人际关系
文本	神话：被建构的意识形态：	故事：被塑造的、可消费的文本
消费者	假个人化	客制化

资料来源：廖世璋著：《文化创意产业》，台湾巨流图书有限公司2011年出版P. 22。

在资本主义市场中，文化产业不仅未受到批判，而且后来还立法来保障它的存在，认为文化商品是内涵创意的产品，是知识产权的体现，并且能表达某种象征意义。联合国教科文组织对“文化产业”定义的内涵中，也提及必须要充分运用知识产权来保障创作。

国内学者的研究指出，文化工业转型为文化产业具有以下六大系统[1]：一是基础型产业：教育产业；二是动力性产业：知识产业；三是中介性产业：高科技及技术产业；四是导向型产业：媒体产业（包括四大支柱：即报纸、图书、出版业；官博、电视、电影业；影像制品业；互联网业）；五是感染性产业：艺术产业；六是怡情性产业：休闲产业。这些系统是整个社会体系中不可或缺的重要组成部分。文化产业也走出另外的定义，理论界基本上达成以下共识[2]：（1）文化产业是一种产业；（2）文化是文化产业的基础与内容，产品与服务是文化的载体；（3）与精英文化创作和传播方式不同，文化产业将工业化的方向和手段运用于大众文化的传播。

二、文化创意产业的概念与发展的疑义

从上文的论析可知，文化产业是以商业策略来延续文化，而非取代文化的核

1　谢名家等著：《文化产业的时代审视》，北京人民出版社2002年出版P.157-176。

2　焦斌龙：“当前我国文化产业理论研究中的几个问题”，见叶取源主编：《中国文化产业评论3》，上海人民主板社2005年出版P.283-289。

心价值，所以文化是最根本的内容，而产品与服务是承载文化内容的各种具体化的商品形式。创意就是创新，是改善或改变原有的形态，以及为因应现代化的日常生活需求所作的各种策略，并作为积极进取的力量，让原有的文化得以延续，绝非以创意替代文化。文化创意相应为艺术创作，必是社会意识共通的成果，它指引心灵的自由，减少习惯性的因循，所以，最佳的创意应该是能烘托甚至凸显原有的文化特质，使其文化得以传承延续，并且更上一层，是以创意来新创文化。

1. 国际上对文化创意产业的定义

文化创意产业是指源自创意或文化积累，通过知识财产之形成及运用，具有创造财富与就业机会之潜能，并能促进全民美学素养，提升国民生活环境之产业。事实上，世界各国对文化产业并没有一个统一的说法。如美国一般只说版权产业，主要是从文化产品具有知识产权的角度进行界定的；日本政府则认为，凡是与文化相关联的产业都属于文化产业，称之为内容产业，更强调内容的精神属性；我国的界定是：为社会公众提供文化娱乐产品和服务的活动，以及与这些活动有关联活动的集合，区别于国家具有意识形态性的文化事业。国际上对文化创意产业定义的代表，列于下表4-2。

表4-2　一些国家或地区对文化创意产业定义的简表

区 域		对文化创意产业的定义	开始的年次及政策制定情况
美洲	美国	可商品化的资讯内容产品或服务，为版权产业。 美国版权产业分为四类：核心版权产业、交叉版权产业、部分版权产业和边缘版权产业，涉及《北美产业分类体系》20各门类中的8大类，如“资讯”、“专业、科学、技术服务”和“艺术、娱乐与休闲”几乎全部和绝大多数行业均被纳入版权产业。	20世纪90年代初，美国前总统克林顿提出文化产业的概念

欧洲	德国	文化产业是创意产业的核心价值。“文化产业”是以文化为核心所延伸的周边部门及市场导向的经济组织，包括创意概念的原生商品、应用商品、艺术交易、大众文化商品，同时也包括了文化商品与服务的宣传和行销。“创意产业”的概念则更为广泛、更着重市场导向、技术面、创新化与科学化的商品与服务，产业范畴加入广告业与软件游戏产业。	1992年德国北莱茵-西伐利亚的经济部长认为文化产业是解救当地结构性困境的出口，德国因此开始着手文化产业的研究与政策制订。
	英国	源于个人创造力、技能与才赋，通过知识产权的开发与应用，而有潜力创造财富与就业的产业。	1997年,英国前首相布莱尔在竞选时提出“酷不列颠”（C001 Britannia）计划，通过英国人最引以为傲的创新、创造力为核心，以塑造英国的“世界创意中心”形象。
	芬兰	将艺术与文化的生产看成具有企业的风险性，指包含艺术与经济两部分，并且能将艺术转换为商品之产业。	1997年发布《文化产业最终报告》首度提出。
大洋洲	新西兰	沿用英国对于创意产业的概念。以个人的创造力、技术与才能为基础，通过知识产权的建立与开发，创造财富与就业机会。	
	澳大利亚	数字内容与应用，可经由数字方式制作、散布或可通过数字化呈现的产品，内容的本身需全数或部分具备知识产权，并可通过网络或非网络的方式传播。	澳洲联邦政府在1994年制定一部名为Creative Nation的文化政策，强调文化产业对经济发展的重要性。

亚洲	日本	文化产业的目的就是创造一种文化符号，然后销售这种文化和文化符号，称之为内容产业。	1995年日本发布《新文化立国：关于振兴文化的几个重要策略》报告，提出21世纪《文化立国》的战略方针，通过产业运作方式大力扶持，发展文化创意产业。
	韩国	文化内容产业包括各经济活动，如创作、生产、制造、流通等，且与音乐、动画、游戏、电影、卡通、漫画、广播有关的产业。	1998年，金大中总统上任后，明确提出《文化立国》的救国方针。
	中国大陆	为社会公众提供文化娱乐产品和服务的活动，以及与这些活动有关联活动的集合。	2000年10月发布的《中共中央关于制定国民经济和社会发展第十个五年计划》，发展“文化产业”成为国家的重大战略决策。
	台湾地区	源自创意或文化积累，通过知识产权的形成与运用，具有创造财富与就业机会潜力，并促进整体生活环境提升的行业。	2002年5月，台“行政院”提出“挑战2008：国家发展计划”中的“发展文化创意产业计划”中首次出现。

2. 全球化情势下文化创意产业发展的学理认识

首先，综观经济全球化进程中文化创意产业的发展历程。

可致可分为以下三个阶段：

第一阶段：1926至1947年的工业化发展时期，为工业化先进国家文化工业的快速发展时期，像是美国好莱坞的电影产业等。

第二阶段：1948至1998年的产业化发展时期，建立了成熟的文化市场。文化创意产业的属性为具有经济及社会的双重效益，具有强大的创造性及明显的带动性，像是美、英、日、韩等国家。

第三阶段：1998年迄今文化创意产业进入全球化扩张时期，文化创意产业进入运用电子技术与科技、文化创意、商业化动力而迅速扩张之时期。

其次，关于创新经济理论的回顾与认识。

（1）创新经济理论回顾。1912年，美籍奥地利经济学家熊彼特在其著作《经济发展理论》中，首次提出了创新理论，认为“创新”是一种从内部改变经济的循环流转过程的变革性力量，包括以下5种情况：生产一种新的产品、采用一种新的生产方法、开辟一个新的市场、控制原材料或配件的新供应来源与一种产业新的组织。1986年，罗默（P.Romer） 在其《收益增长和长期增长》一文中也指出，创意才是推动一国经济成长的原动力。美国管理学家德鲁克（Drucker）则进一步发展了创新理论，认为创新包括技术创新和社会创新。而后是创新经济理论的大发展时代，创新也被总结为：观念创新、技术创新、制度创新、组织创新，其主要内容是知识和知识的流动。

（2）“创意”与“创新”。从上述创新理论的发展脉络可以看出，从广义上讲，“创意”应该是“创新”的一个部分。但我们也应该看到，文化创意是一种新形式的内容上的创新，内容创新恰恰是一个可以和技术创新并列存在的一种创新形式，它不但可以对文化创意产业本身（文化艺术创意），也会对ICT等高技术产业（数字技术创意），以及制造业（工业设计创意）产生广泛而深刻的影响。

（3）文化创意产业与ICT产业之间的相互依赖。文化创意产业的发展是基于新经济基础之上的，而文化创意内容也对ICT部门产生深刻影响。一方面，文化内容是ICT产业崛起的重要动力，譬如繁荣的宽带连接，移动手机升级，视频和音乐播放器的替代都是消费者新的和个性化文化的获得方式；另一方面，ICT产业的日新月异，给创造、生产、分销和消费文化产品带来新的变化，也就是说，是新技术极大改变了消费者获得和拥有文化产品的方式。而事实上，创意产业与ICT产业之间往往是相互依赖，融合生长的，一个是内容上的创新，一个是技术上的创新。

再者，文化创意产业的特点与影响。

（1）文化创意产业的生产链及其特点。文化创意产业是一个新兴的产业，可以通过以下四个阶段来体现其生产链：

第一阶段：原创内容的出产与著作。此一阶段包含了创意素材与知识资产最典型的原创过程，譬如原创书写、设计、影像绘制图、音乐编曲，以及如数字内容的开发，多媒体、套装软件及电子游戏等，还有将客户委托的专案包装成特定内容与知识产权的商业授权等。

第二阶段：原创运用相关工具让原创概念创制成型。这一阶段重点创制原稿作品或创制可供日后复制的模组，这一过程也包括创制生产所需的特别原材料与相关工具。

第三阶段：原创载体的重制与大量传销。这一阶段旨在如何将创意的产品与服务，通过适当的管道输送到消费者端的一系列活动。

第四阶段：通过具有展演或功能性的场域，将作品以特定的商品形式上市贩卖。当然，新颖特殊的、较不正式的文化消费的场域，也是很重要的。

目前，全球化文化创意产业已经发展呈现出如下主要特点：一是全球化文化创意产业成为带动国民经济发展的主导产业；二是跨国的文化企业集团掌握着国际全球化文化创意产业的命脉；三是数字休闲娱乐产业是推动大众全球化文化创意产业的助力产业等。

（2）对于文化创意产业影响的辨析。

有观点认为，对一个城市而言，真正的价值感来源毕竟还是经济，而文化只是手段的一种，文化活动是搭着“实质经济”活动的便车顺势而起。此论点主张物质生产才是一切价值的来源，他们如何被消费只是枝微末节的问题。但如今，某城市要巩固自己的地位，都对着人们宣示它们能在文化上给予什么，所以文化应是经济的基础，而非经济是文化的基础，于是出现了一种以消费导向，有别于传统社会的“波希米亚氛围”的城市竞争说。即以“创意为导向”的消费环境，来吸引高科技的劳动力，紧接着吸引了高科技产业（就是指高成长率、拥有高水平劳动力的公司，他们对经济成长会产生莫大的贡献），而这主要是借助于“创意阶层”建立在文化消费行为所发挥的影响力。毋庸置疑，“文化创意”活动能

将非文化相关的资金与资源吸引到特定的城市与区域。但不能忽视一种现象，城市对文化的需求似乎得借着那些高科技产业的进驻才行，从而忽略了文化本身有其固有的知识以及经济上的价值。另外，针对这种需求模式而特地对某个区域或少数族群投注的文化建设，得由全体纳税人来买单，这样的建设可能导致区域发展的悬殊差距，因为愈是贫穷的人民愈难从文化建设中得到好处，这样的建设模式毋宁说是非常消极的。

文化还有一个鲜为人知的功能，就是减轻社会问题。一种人文主义的观点认为，文化与艺术可以“改良人生”。这样的观点给予文化一种新的视野，文化也带有显而易见的社会机构性的功能，社会改革得以借由教育体统，尤其是图书馆、博物馆和美术馆的设置，文化形成过程中达成，以往“工业化的城市”就曾大力使用这种改革手段[1]。到了近现代，文化更直接被当做改善城市中贫穷阶层生活的社会工具。20世纪90年代，英国首先采取这种文化策略，作为社会整合的核心步骤。事实也证明，参与文化活动有助于人民生活和健康水平的提升，进而将好处转化到个人的经济层面。这里论析的重点是，有时文化创意的存在并不是为了产生最好的艺术作品，而是为凝聚强固的社群。

在此还应强调文化更广阔的用途，就是强化或者创造一个国家的认同。譬如，美国经常使用大众传播媒体来巩固所谓“美国人的主流意识或作风”；法国通过电影宣传属于法国人的传统；1990年代伦敦改造的泰德现代美术馆为英国打造了“年轻、都会、现代”的愿景，的确巩固了布莱尔的新工党[2]。从学理上说，就是通过共同的兴趣与价值分享而产生的“想象社群”，在巩固人民认同国家的合法性上扮演重大的角色。

综上论析，加深了我们对艺术与文化用途及影响是多元化的了解，但有一个问题必须思考，就是如何从文化本身出发，来考量文化与艺术。理论上，这种考

1　早期最典型的一个例子就是维多利亚时代的英国社会，当时工业化城市的文化建设是为了转移劳动工人注意力，防止他们流于酒醉问题与社会混乱的因子。

2　李天铎编著：《文化创意产业读本：创意管理与文化经济》》，台湾远流出版有限公司2011年出版P.67。

量的挑战在于，往往只能衡量文化最后的产出成果，或者某些艺术家的身价，但是却忽略了文化本身的创造过程。对此问题的最新回答就是，将文化创意产业与其他产业一视同仁，在这一范畴下，文化与艺术相关的社会学家与部分经济学家一起来研究文化创意产业的生产与消费模式，通俗解析，就是用所谓的文化圈，或者文化生产链来“形容”将一个创意点子转变成文化商品所需的必要过程。

3. 文化创意产业发展的疑义

文化创意产业这种高速成长，对经济开始有正面性的冲击，吸引了相关研究学者的注意，论析文化创意产业发展所面临的关键挑战，以及文化创意产业发展仍存在尚未厘清的关联议题，如共有与私有之间的关系、正式与非正式的关系、制造与消费之间的关系、纯艺术与文化事业之间的关系，以及各个文化产业之间的差异处等；近期评论家的聚焦点在文化创意产业在产业地理区位的文化群聚上，注意到这些区位是主要的消费点，而未必是产出点。上述现象引发的动因以及所带来的结果，都是重要而且实际的，值得观察与讨论。

首先，论析重点是文化创意产业发展过程中仍存在的尚未厘清的关联议题。

（1）经济化—文化化。重点在经济与文化之间的挂钩。许多作者在论述中表示，当生产者在发现消费活动降低时，应对的方案就是设法说服消费者不断购买相同而只是款式不同的产品，或者唤起消费者对设计师商品的兴趣。这个状况已经变成一种趋势，结果大多数经济商品以及消费行为都如此这般被“文化化”了，而文化本身，或者产生文化的因素以及象征，被用以增加商品的多样性，以及提升他们的交换价值。一些评论家就认为，文化已经渐渐变成消费行为的手段，由此出发，文化价值已经被经济交换价值给篡位了，因为价值的决定完全取决于金钱价码或贩卖流通量，而非文化产品自身的本真价值。

（2）艺术与文化。“经济文化化”是与法兰克福学派观点平行发展的论述[1]。文化的价值是从与“原创真品”接触互动而体验的“灵光”，但对于真品的

1　李天铎编著：《文化创意产业读本：创意管理与文化经济》》，台湾远流出版有限公司2011年出版P.61。

大量生产复制，使得人们与真品之间产生隔阂，导致文化沟通的弱化以及腐化。此一论调让抱持捍卫艺术、反对文化产业化的人产生共鸣，认为具有本真价值的高等文化曲高和寡，政府必须得对高等文化以及纯艺术伸出援手，否则高等文化会在市场压力与理想精英主义的高调之下萎缩，最后崩灭。从长远的历史源流来看，若呼应文化"高与低"的等分之说，由于好得艺术据有正面的社会效应，为了造福社会的智识水准，政府必须要补助，而当意识是惯常受国家支持的那一方时，所谓的低等文化常容易与商业活动联系在一起，意味着文化产业仿佛不具有正当的文化价值，可以放任其在经济的生态中生存。这就可能导致政府对文化产业应有的辅导措施与管理需求，不是被忽视就是无法掌握。

（3）**文化与创意。**文化创意产业的另一个挑战，就是关于"创意"。一个越来越普遍的认识就是，已开发国家或经济体坚信"知识经济"能够提升产值、强化竞争力，另外知识经济提供了不同于以往开发与改良新产品的出路。在此过程中容易被忽略的是"创意的产生需要一些附件条件"，"创意产业"就是集中并且运用创意人才的产业，要成为一个长期维系的创意产业，则需要人才之间的广泛合作。传统上，已开发国家对教育有相当高的投注，于是在国家竞争力上，拥有十足的知识资本优势，而后进者尚未在教育体制中重视创意这个特质，因此处于竞争的劣势端。对后者来说，这是特别要着力提升的关键。

（4）**制造与消费。**若用商品的文化化来形容一件产品，会让不少人误以为文化性之于商品只是附加物，主要体现在贩卖环节，所以在研究时主要锁定在消费经验，忽略了生产环节。这引起以意义与解读为主轴的文化研究学派的关注，因为该学派较为关心的是使用者与消费者对于商品意涵的阅读方式，但后者的论点与早期以文化制造为主轴的政治经济学路线是对立的。近一段时期研究者的论析，则不单单局限于消费行为，同时审视生产运作，并且刻意地与经济决定论的观点保持相当的距离[1]。

1　李天铎编著：《文化创意产业读本：创意管理与文化经济》》，台湾远流出版有限公司2011年出版P.63。

其次，论析重点是文化创意产业发展过程中要思考的以及必须注意的相关议题：

（1）**二元化分歧。**宏观来说，我们可以发现文化创意产业通常会有二元化分歧，企业的规模不是很大就是很小。由于市场的独占地位，大牌厂握有绝对的所有权和市场控制权，需要有一双睿智的眼睛来观察这种大组织与文化之间的互动。

（2）**风险与流通。**属于文化创意产业一种架构性的特色，不管产制的商品是什么，一定会有所谓"时尚"的存在。文化商品的价值衡量已经超过一般物品的功能性，生产者不但可以不断开发出新的商品，而且还可以把旧的商品不断"改版"再卖到同样市场。正如许多研究者分析，时尚激化了商品的流通速度，一个商品在市场上的生命周期压缩了，而且众多商品之间的竞争趋于白热化，造成市场上"赢者通吃"的局面，这样的潮流回过头来会冲击生产者。

（3）**中介角色。**研究者已经开始关注，在文化创意产业的组织结构中，协调、中介是很重要的，因为这种运作模式具备形塑或改造产业内部运作，甚至产业之间合作关系的强大潜力，最常见的形式就是连结各式大小企业和公司的经纪人、中介人或者代理人。文化创意产业从生产到消费的整个过程中，借由许多中介角色的扩散性连结，形成一种"网状"的关系，值得注意的是，我们不能将这种关系单纯地简化为经济的行动者，因为他们还牵涉到法律与合约议定等问题。一般会遇到的法律议题是版权与合约的签署，以及确立这些版权的归属与发行使用权责等等。

（4）**专案模式。**文化创意产业是一个高度跨域整合的产业，由于文化素材极为丰富、文化资本难以掌握，文化创意产业经营者对于生产、管理和与商业等营运的模式仍不成熟，因此在产业的整合与创新发展上面临着比一般传统产业或高科技产业更高的挑战。从产业特性分析，工作流动性与微型组织是文化创意产业中常见的现象，企划专案形式便成为产业各组织内部的运作策略。也就是将一个"专案"交付给为此特别成立的小组，专案和小组都有期限和时效性，像电影产业就是专案运作模式最好的例子。目前，相关研究较为多见的是：如何让专案运

作的形式弹性有效率，如何对劳动力市场，以及对学习或创新等产生影响，至于其运作是如何独立于大型公司之外就少有讨论了。

从社会的观点分析，专案模式对于参与专案的人员而言，他们有些是临时的、有些是具有专业技能的，这就对劳动力市场形态造成一种空间性的结果。简言之，专案模式是紧紧扣联在社会脉络中的一种网络，在大大小小的公司与组织中都有明显的人员流动。这样的人员流动或者更有助于学习和创新，但这种大搬风对大型都会区人力资源具有强烈的主导性，只有当公司的所在地具备相当的条件时才有可能。快速的人事更迭，造成相关知识资源不存在单一的公司组织中，而是隐藏在人际的网络中，这样的人际网络不只是相关技术知识的社群，也是熟悉技能的圈子，更是微妙的消费市场。在许多城市中，这些生产与消费、工作与休闲“双面刺激”的空间能量，促成了我们当下所看到的“文化专区”。

（5）产业群聚。研究者指出，由于文化创意产业是一个集群产业，各产业之间互相渗透、关联度比较大，加上客户和消费者的需求又是扩散性和多元的，文化园区能提供这样一个地理空间，有助于降低成本、共享各种公用设施；有助于供应商提供各种辅助型服务、方便政府和其他公共机构的服务；有助于优秀品牌集中在一个区域内、并加强知识产权的保护。这种机构性介入的措施已经成为当今政府推动文化创意产业发展的不二法门，于是围绕着社会关联性、中介、地缘空间等研究，提出“创意群聚”的概念，并从事件中具体化，把文化园区的概念植入。

第二节　世界各区域文化创意产业发展概览

文化创意产业已经成21世纪世界经济中活力十足的朝阳行业，能够体现世界各地区的活力、吸引力、创造力以及对世界各地区文化和人才的开放性，刺激越来越多国家和地区都将其作为整体经济与社会的发展方略，学术界和企业体更对之投掷极大的热情与心力。此外，随着数字科技的快速发展，文化创意产业与数字内容产业的合流亦成为世界各国发展文化创意产业的新浪潮，最重要的是这种新经济模式的无限潜能。欧洲、北美与亚洲并称全球文化创意产业的三大热点地区，综览这三大地区主要国家文化创意产业的发展，在本节作出简要评析。

一、欧洲国家文化创意产业的发展

欧洲文明的源远流长与欧洲文化的丰富多元是世人皆知的。欧洲比较倾向于重点推广一个城市、地区或国家的文化瑰宝，积极挖掘古今联系，营造开放、宽松的文化产业环境。自20世纪80年代以来，“欧洲文化之都”是欧洲多元文化推广的一大成功案例，通过“欧洲文化之都”的选拔，既能强化欧洲文化的丰富多元，又能促进当地文化旅游业的发展，更能将欧洲人紧密团结起来，鼓励一种集体认同感和归属感，也因此“欧洲文化之都”日益成为欧盟最受欢迎的活动之一。20多年来，每年都会有一座或两座欧洲城市经过激烈竞争与选拔获得这一荣誉称号，并用一年的时间集中展示这一城市具有象征性的文化景点、文化遗产以及文化领域的创新与发展。2011年的两大“欧洲文化之都”分别是芬兰的土库和爱沙尼亚的塔林。

近年来，欧盟委员会在联盟的整体层面上大力推动文化创意产业的发展，采取的措施包括鼓励文化创意领域的创业、创造更多跨地域交流与互动的机会、开展技能培训与经验推广、改善当地的投资环境等等。欧盟也特别鼓励文化领域的国际交流合作，乐于向世界充分展现欧洲多元文化与创意活力。根据欧盟2010年发布的统计数字，文化创意产业总产值占欧盟国内生产总值的4.5%，并吸收了3.8%的就业，创造了700万至850万个就业岗位。

2011年12月，欧盟在总部布鲁塞尔宣布一项预算为18亿欧元的“创意欧洲”计划，旨在促进欧洲文化和创意事业发展，帮助文化创意产业抓住“数字化时代和全球化时代”的机遇，使它们能够为“欧洲2020战略”目标作出贡献[1]。根据“创意欧洲”计划，2014年至2020年期间，欧盟国家的电影、电视、文化、音乐、戏剧、文化遗产及相关行业将获得欧盟的财政支持，其中电影和音像业获得超过9亿欧元的支持，文化事业获得近5亿欧元的支持。而“欧洲2020战略”是将智能、可持续及包容性作为经济发展的三个首要方向，提出就业、创新、教育、社会融合、气候变化及能源等五项目标，并呼吁欧盟成员国加大对文化创意产业领域的投资，帮助因债务危机而陷入经济困境的成员国走出困境。此外，欧盟还将提供2.1亿欧元的新融资担保，使文化和创意行业的小规模经营者能从银行获得约10亿欧元的贷款，还将提供0.6亿欧元用于支持政策合作，以及鼓励开发新受众群体和创新商业模式。具体计划包括，资助30万名艺术家和文化专业人士开拓海外市场；资助超过1000部欧洲电影在欧洲及海外的发行；资助至少2500家影院，使之放映的50%影片为欧洲电影；资助至少5500本书籍及其他文学作品的翻译；资助文化机构的培训项目，增强其国际竞争力等。

文化多样性是欧盟与众不同的显著特点，其文化创意产业发展的潜能更不容小觑，像英国、法国、意大利、德国、丹麦等拥有丰富的文化遗产资源、完善的文化基础设施以及长期投入的财政资金，推动了文化创意产业的持续发展。以下分别作出概析：

1. 英国：文化创意产业发展的先锋

英国是率先提出创意产业理念和用政策激励创意产业发展的国家。1997年，首相布莱尔在其上任之际，先由他的幕僚成立了“创意产业特别工作组”，而他并亲任主席。这个特别工作小组在1998年和2001年两次发布“什么是创意产业”的解说和文件，一方面表达首相布莱尔的执政理念，“通过英国引以为豪的高度革命性、创造性和创意性来证明英国的实力”，将英国传统的“世界工厂”变成现代的“世界创意中心”；另一方面则成立了“文化传媒体育部”致力推动文化创意产业发展，并于2001年界定出英国文化创意产业的范畴，包括广告、建筑、

1 资料来源：http://www.ccitimes.com2011-12-24 10:02:55新华网。

艺术、工艺、设计、软件、电脑服务业及古董市场等13个项目。英国的文化创意产业因此获得巨大发展，根据英国“文化传媒体育部”在《2007年文化与创造力》报告中的陈述，过去十年间英国在文化艺术领域的投入增加了73%，从1997年的1870亿英镑提升至2006年至2007年的4120亿英镑，并以具体政策培育具创造力的文化创意产业人才。

回顾20世纪80年代，英国的两个文化产业最突出，一个是文化旅游业，另外一个就是英超足球，当时就称为文化产业。随着新的文化产业发展到一定阶段后，创意就被凸现出来，“创意产业”的概念就在英国的国策中呈现出来。布莱尔上台后，提出“创意产业”、“创意经济”、“创意英国”这些理念，并从四个方面发挥政策的力量来促进文化创意产业：一是成立创意产业工作组。1997年，英国政府成立了由文化、媒体和体育部牵头，包括外交部、贸工部、地方政府等组成的创意产业工作组，分析英国创意产业的现状，并提出发展战略，确定了4项有关创意产业可持续发展的关键性因素：即开发技术和教育潜能、推动出口、税收和政策调整、知识产权保护，并针对这些因素实行政策扶持。二是重视利用高校教育培养创新性的人才。英国成立了创意产业高等教育论坛，充分利用高校资源，一方面为业界培养创新型人才；另一方面则根据业界需求，在高校增设了与产业接轨的新课程。如英国产业技能委员会曾在高校为电影、电视和多媒体行业举办为期3年的人才再造工程，高校为这些行业人士提供了上百种学习课程，使影视业的66%和多媒体行业的24%的人才达到研究生水平，有效地提高了这些行业的创新潜能。三是拓宽融资渠道。英国创意经济的成功，除了具有国际水平的创新能力优势之外，还源于英国政府帮助文化创意产业解决最初的融资困难。英国“文化传媒体育部”出版了“Banking on a hit”手册，针对相关企业或个人，指导他们如何从金融机构或政府部门获得投资援助。更重要的是英国政府与行业共同推动成立了众多基金，建立起政府、银行和行业基金及文化创意产业之间紧密联系的融资网络。四是强化文化创意产品的出口。1998年，英国政府成立了文化创意产业输出顾问团，对文化创意产业的出口提供帮助，英国政府特

别注重促进金融机构与国会对文化创意产业的了解，为文化创意产业开拓国际市场提供必要的援助。

从20世纪90年代后期开始，随着现代网络化、数字化技术的快速发展，英国文化传媒体育部通过相关研究报告了解国际市场间的竞争优势外，从整体产业和个别产业的发展、创意人才的培训、公民创造力的养成与相关资源的近用权等皆进行详细的分析，提供制定文化政策和建设产业生态系统时的参考依据。从2007年开始，英国文化传媒体育部向中学推荐修正之研究方案，包括艺术、设计、文化、音乐和戏剧等领域；2008年该部发表《创意英国：新经济的新天赋》的创意经济发展计划，具体目标是在2008至2013年间将投资超过5.7亿英镑，由各种不同机构共同完成文化与创意人才的训练，成为引导英国成功发展文化创意产业的关键。

从数字可看出英国文化创意产业的成效：第一，广告、数字媒体：全球超过2/3的广告公司，都以伦敦作为欧洲总部的据点，英国境内有13200家广告公司，成为世界发展最完善的整合媒体中心。第二，电视与出版：英国有600多个电视频道，每年制播2.7万小时的节目内容，且大多销售海外。就节目时数输出而言，占了全球市场的53%；就出版而言，英国每年出版的新书超过10万本，出版产业每年外销产值超过10亿英镑，让英国成为世界最大的出口与再出口国。第三，动漫电玩游戏：英国的电玩游戏制作产出居全球第四，全世界前100大获利最高的电玩游戏，有26个是英国制作。第四，音乐：英国境内有超过2000间唱片公司，1000位专业音乐制作人，在超过300间录音室进行音乐制作。第五，电影：英国境内的100多间电影工作室。在2008和2009年，英国电影工业共赢得11座奥斯卡金像奖，其中《贫民窟的百万富翁》抱回8项大奖。

2. 法国：传统与设计的完美结合

法国以艺术大国自居，其文化创意产业发展基本上是以文化与艺术为主轴。1959年，法国政府成立文化部，改变了对文化及艺术事业单一而零散的管理方式，开始构建系统的公共文化政策体系。法国政府非常重视文化事业和文化产业的发展，尤其是看到文化创意产业对产业结构升级调整的巨大价值和潜力后，专为文化创意产业制定了一系列优惠政策和资助措施，并在国家与个人涉及的范围加以区分，由国家负责必要公共事务的运作，主要包括：维护和保护教育资产、建造纪念馆、制订文艺法规保护文化资产、全力发展博物馆设施、举办文化展览活动、在国际上推广法国的国家文艺或当代文艺等；而个人、企业和市场经纪人则负责其他的事务。经过50多年的发展，在法国形成了以中央和各级地方政府为主导的“公共文化政策发展模式”，促进文化创意产业得到极大发展，呈现以下特点：

其一，法国文化与艺术领导部门继续以强势作风推动艺文事务，并不断修正政策与策略，来弥补市场机能的不足，建立起文化创意产业的代表性地位。20世纪80年代以前，法国中央政府是文化事业的最主要投资者，随后，地方政府逐渐与中央政府形成合作关系，通常由中央政府提供专业技术和人员支持，辅以一定财政投入，由地方政府提供主要资金投入，成为法国公共文化政策的主导方式。如作为创意产业重点行业之一的设计业发展迅速，享有国际盛誉。法国设计业所涵盖的领域主要包括：产品设计、服装设计、时尚设计、企业形象设计、视觉传达设计、环境设计、包装设计、设计研究等。据法国工业设计促进协会的统计：巴黎聚集了全法国 55%的设计公司，提供了占整体76%的创意设计工作岗位；法国设计业的年营业额约为30亿欧元，其中，产品设计的业务量占 60%；包装设计是利润率相对较高的门类。

其二，地方文化自主权是法国文化体系的一大特色。从20世纪80年代开始，地方文化自主权与法国中央政府的政策形成一种互补合作的关系：一方面，法国文化部向来积极支持地方发展，赋予地方机关在文化事务职责日益增加；另一方面，各城市、各地区都发展出自己的文化政策，把文创融入公共空间，获得地方民众的认同。观察法国各地文化政策，主轴有三：传统文化设施的翻新、创新现场文化活动以及专为发展创意产业的文化设施与策略。这些政策与都市发展、地方经济发展、打造新魅力区域新形象等施政策略具有密切的关系。如以巴黎为中心的法国文化创意产业聚集区——“法国岛”，以仅占法国总面积的2%的区域创造了全法国30%的GDP；在巴黎市政府的推动下，著名的巴黎“白色之夜”，通过公共艺术展示、夜间游乐场、足球场等让人们徜徉在巴黎夜色与文艺飨宴中。再如法国北部的里尔市借助火车站的改造，把公共空间重新利用并结合艺术转化，设置公共艺术等一连串的文化转型，于2004年入选“欧洲的文化之都”，当年合计创造了吸引17000位艺术家、200万人次访客、超过10000居民参与文化活动的惊人成效。还如法国马赛为赢得2013年“欧洲文化之都”的评选资格，正如火如荼地展开地方艺术文化与建筑物展演设施的改造计划，未来将设置一座位于旧海港旁边、以地中海文化为主题的特色博物馆，以及一系列产业遗址的更新与再利用，包括船只游行活动等象征当地海洋文化的展演活动。

其四，通过艺术“教育”扎实根基。艺术教育为一独立架构，在大学中培养未来艺文机构、市场和传播的人才。如通过协会、大学等机构相互合作的教育扎实根基，让源自美术的造型艺术，获得惊人的发展。

其五，法国政府强调文化与国家形象的互相结合。法国为自己的传统文化而骄傲，对于文化市场上激烈的国际竞争，也一直持积极应对的姿态：对内强调文化与国家形象互相结合，保护法国自身的文化；对外倡导文化多样性，强调的还是文化与国家形象的互相结合。如针对各产业面临英语文化侵蚀的状态，1994年法国文化部宣布《杜邦法》，其宗旨就是通过“确立文化领域内的各项标准，各种准则，来影响文化领域的价值标准和导向”，并“建立起一整套客观的价值体系，以此为依据从财政上给予资助”，其中就要求在新闻传媒和网络等方面捍卫法语的地位，避免文化创意产业可能产生的“只注重产值”或以“价格来当做评断”而忽略文化的质变。

其四，用现代元素升华传统文化，用时尚元素更新传统文化场所。法国文化产业覆盖面广、涉及行业众多，形成了三个同心圆组成的产业链：外圈由文化遗产、通讯信息产业、画廊、博物馆和旅游业相关产业组成；内圈是创意产业，由表演艺术、创意设计、建筑、广告、摄影、服装等行业组成；内核是文化产业，由广播电视、出版印刷和音乐组成。随着全球化发展，数字化程度越来越高，法国文化部近年工作重心之一就是资助并推动文化行业的数字化（电影院、电视）。此外，文化部还通过加大资金投入，扶持中小企业对年轻艺术家创作的帮助。无论是成立新的文化中心，或者推展城市文化复兴，都成功地彰显艺术文化与创意是新一代重要的资产。主要体现：（1）艺术文化中心的延伸。如卢浮宫选定朗斯作为分馆的地点，分馆的设置将给予其崭新的文艺面貌，卢浮宫也得以扩展典藏展示的空间，分享文化资源。（2）传统文化场地的新活动。如凡尔赛宫引入当代艺术家的展览，让当代艺术进入具有光荣传统的凡尔赛宫，强烈的视觉震撼以及争议性的舆论，反而吸引更多的参观者，让当代艺术家展演成了凡尔赛宫的新焦点。（3）新的文化机构或场地的设立。如法国导演吕克贝松将在圣德尼这座城市创建一座有如美国好莱坞规模的影视重镇，将发电厂改造成制片厂。（4）将老旧的建筑改造成有创意的文化设施。除了如上述法国北部里尔市借助火车站的改造进行一连串的文化转型的典型事例；在鲁贝，政府把一座旧的废弃的游泳池重新改建为一座博物馆，文化软实力的注入，让当地纺织工业都市的形象有了重大转变，使城市更具有历史与文化价值。

其六，图书、出版市场等其他文化创意产业的活跃发展。得益于政府对出版产业链的资金资助，如仅2004年法国政府文化和交流部下设的图书与阅览司对出版产业链的资助就达3.73亿欧元，带动出版业成为法国第一大文化产业，也成为世界图书的生产、销售和出口大国，其在全球图书市场中的销售额和版权贸易量占到14.7%。文化基础设施建设、文化设施的管理、电影、旅游业等，也是法国的重点文化产业，产生了较好的效益。以旅游为例，仅有6 000多万人口的法国，每年接待的外国游客就在8 000万人次以上，旅游收入约350亿欧元。

长期以来，法国政府为文化创意产业采取了“公共投入为主、国家扶持、多方合作”等一系列的优惠政策和资助措施，使文化创意产业发展具有鲜明特色，呈现勃勃生机，以下数字可以说明：发行总量达90亿份的136种法文日报、年保持1.85亿人次左右观众的电影，以及600多个艺术节、800多个博物馆组织的近2 000个展览等。即便近几年金融危机席卷法国，法国仍然咬定文化创意产业的发展不放松，保持了对文化创意产业的高投入，文化创意产业也成了法国应对金融风险和保持经济良好运行的朝阳产业、潜力产业，用法国前总统萨科奇的话说："文化是法国应对世界经济危机的方法。"2008年，卢浮宫、蓬皮杜艺术中心和凡尔赛宫的参观人数均创新高；法兰西歌剧院的票房收入也创下新高；电影院接待观众人数比上一年提高6．2个百分点；2009年，法国文化部预算基本保持稳定增长的态势，达28.10亿欧元，同比增长2．6%，2010年为29.21亿欧元，同比增长3.9%。

3. 德国：通过创意寻求国家软实力的增长

虽然，德国是欧洲第一经济大国，但文化创意产业与整体实力不相称，其发展落后于英国，国际影响力低于法国和意大利。为了扶植文化创意产业发展，切实增强国家的软实力，2007年，德国政府开始实施"文化创意产业倡议"，作为相关扶植战略的指南。2008年，德国文化创意产业增加值为634亿欧元，已超过化工业，仅低于机械制造和汽车业，占经济总量2.5%，销售额达1317亿欧元。至此，共有文创企业及独立就业者23.8万家，同比增长4.3%；从业人员首次超过100万人，在各行业中仅比机械制造业少3万人屈居第二位，占德总就业人口3.3%。德国文化创意产业特点：第一是行业跨度大，创造性行为是其共性。包括图书与新闻、游戏与IT、影视、音乐、艺术、广告、建筑和设计艺术等11个相对独立的分行业，价值链分为版权人、原创人员的创作活动以及使用、传播和提供服务两部分。二是微型企业和中小企业为主体。在11个分行业中，仅广播业和图书业中大企业占销售额超过一半，分别为80%和63%，在艺术品市场、表演艺术、设计业、建筑设计行业中，微型企业和独立就业者占比均超过50%。三是以大城市为龙头、辐射周边地区的集群化趋势日益明显。如推出"创意柏林"（creative-city-berlin.de）网络平台，加入了联合国教科文组织的创意城市网络，预计至2015年，就业人员将增加到20万人；再如北威州53个城市联手打造欧洲的文化创意地区，目前已形成了4.6万家企业、雇员15.7万人的产业群，年销售额达320亿欧元，被欧盟授予"2010年欧洲文化首都"称号；还有汉堡、慕尼黑和莱比锡等大城市的文化创意产业也达到了一定规模。四是发展势头良好。以图书业为例，德国共有2000多家出版社、4400多家书店，其中有200家出版社活跃在国际版权交易中，网上书店也呈现强劲增长。五是创业教育的实践。20世纪50年代在德国出现的职业院校“模拟公司”则是创业教育的雏形，是经济类专业实践教学场合与组织形式最有影响力的一种教学方法。此外，德国各州教育研究所和一些经济研究机构联手研订了中小学创业教育使用的案例教材，以贴近经济生活实际资料避免理论说教；中学阶段则重在启蒙过程中培养创业文化；大学旨在促进创业意识、创业能力和支持创业项目，尤其是重视创业教育的实践性和协作性。

4. 意大利：在西方设计领域占据主导地位

有着数千年人类文明史和厚重文化艺术传统的意大利，在文化创意领域具有得天独厚的优势。2010年，文化创意产业的总产值达680亿欧元，占国内生产总值的4.9%，提供了150万个就业岗位，占全国就业岗位的5.7%。从产业领域观察，主要集中在电影、音乐、出版和电视生产上；从地理特点上看，意大利文化创意产值的1/3来自西北部，而后是东北部、中部与南部地区。

在世界设计领域，意大利具有强大竞争力，“意大利风格”和“意大利制造”在西方设计界占据主导地位。意大利设计优势体现两个方面：一是“艺术爱上了工业，而工业成为一种文化行为”。将各种智慧与不同制造行业结合在一起，使“意大利生活之路”理念的产品传播全世界，成为有形、无形的财富。二是地缘性，特别是在乡镇，云集着大量的意大利制造的特色生产方式。总结意大利设计成功的经验：第一，在生产过程中，所有环节人员共同参与为特定的产品进行技术研发，创意理念在各个领域得到充分体现；第二，提升专业品牌产品的科学技术含量，即通过手工艺人、技工、工人代代相传实现传承，这是意大利设计的特点之一；第三，重视设计研发机构。除了米兰、都灵、博洛尼亚等主要的创意之都外，在米兰至科莫市之间的地区也有众多的设计研发机构，尤其是米兰与纽约、巴黎、伦敦一起成为国际时装之都；第四，动漫产业方兴未艾。意大利已经是欧洲第三大卡通片生产国，在17个电视频道节目中播出265小时卡通产品，其中有13小时是3D产品，年销售额4700万欧元，是欧洲卡通销售额的13%。

5. 瑞典：跻身世界创意强国

在瑞典正形成强大的文化创意产业聚集效应，而且明显向城市集中。据有关统计报道，瑞典大约有 9%的就业人口从事文化创意产业，尤其是拥有全国 1/5就业人口的斯德哥尔摩，拥有全瑞典1/3的文化产业人口。在瑞典最具代表性的文化创意产业，首推电影与音乐，因为瑞典是全球第三大音乐输出国，电影产业更是成功，数十年来产生了许多经典名片和电影奇才。瑞典文化创意产业中成长最快的是设计业和多媒体产业，其次是精致艺术（包括表演艺术、平面艺术、文学等）。瑞典的汽车与建筑业能在国际市场上大获成功，除了顶尖的高科技人才外，工艺设计也是关键性的因素，它已经成为一种足以代表瑞典文化特色的国宝级产业。20世纪90年代末，瑞典也开始关注创业教育，新的创业课程、创业训练项目与学术专著在高校中异军突起。如今，强调在创业教育中开展团队合作环境下的工作活动，是瑞典成为世界创意强国的重要基础。

二、美国与加拿大文化创意产业的兴盛

1. 美国：文化创意产业的头号强国

上世纪90年代，美国的信息经济推动全球知识产业发展，尤其是互联网的迅猛兴起，改变了整个世界人们的生存方式。我们可以看到产业形态出现了新的变化：比如网络设计成为创意设计的重要组成部分；比如通过网络传播的音乐方式；通过现代数字化建立起来的建筑、通过现代数字化建立起来的广告方式、通过现代数字化建立起来的3D电影、电视，然后是新的动漫模式，还有网络游戏；现在进一步发展的是移动化的网络游戏、动漫、单机游戏等等，它们都依托于高科技、数字化、移动化、虚拟现实的再现，发展非常迅速。

没有创意，就没有新经济。20世纪90年代初，美国前总统克林顿提出文化创意产业概念，称其为“版权产业”，分为核心版权产业，交叉版权产业，部分

版权产业与边缘支撑产业四大类。据统计，到2001年，美国的核心版权产业为国民经济贡献了5351亿美元左右，约占国内总产值的5.24%。美国文创业者发出了"资本的时代已经过去，创意的时代已经来临"宣言，他们遵循"高成本，高收益"的投资理念，以"利润最大化"为第一信条，严格按市场规律办事，通过产品开发、建立全球销售网络、宣传促销和捆绑销售等多种手段和方法，促使文化创意产业经济的增长速度达到14%，年产值甚至升达占到国内GDP 30%以上。由于美国政府在政策上采取了"杠杆方式"，以"资金匹配"来要求和鼓励各州、各地方以及企业拿出更多的配套资金来赞助和支持文化艺术事业，呈现以下主要特点：

第一，文化创意产业已成为美国第一大出口创汇产业。凡可商品化的资讯内容产品或服务，绝大多数都被纳入版权产业，已经成为当今美国最大、最富有活力并带来巨大经济收益的产业部门。从1996年开始版权的出口就已超过汽车、农业、航天等其他传统产业，成为美国最大的出口产业，据统计其产值已达12500亿美元，占GDP的12%。美国也是称雄世界的软件大国，其软件销售额约占全球软件销售额的2/3，几乎垄断了全球的操作系统及数据库市场，成为巩固版权产业作为美国经济发展支柱性产业的重要基础。

第二，美国的文化创意园区。美国的文化创意园区是一种介于政府、市场与企业之间的新型社会经济组织和企业发展平台，它通过提供一系列新创企业发展所需的管理支持和资源网络，帮助初创阶段或相对弱小的新创企业，使其能够独立运作并健康成长，注重集聚效应，形成了一系列文化创意产业的产业发展群落。美国文化创意产业园区具三大特点：一是投资主体多元化；二是形式灵活多样；三是园区建设层次分明、分工明确。

第三，首创文化创意企业的孵化器模式。迪斯尼王国、好莱坞影视、百老汇戏剧产业园、硅谷科技创业园等这些耀眼的名牌向我们展示着美国创意产业的丰硕成果，他们无一不是文化创意产业集群效应的产物，经过半个多世纪的坚持和完善之后，雄霸世界。美国是世界电影业最发达的国家，美国电影市场年销售总

额高达170亿美元，占全球85%的份额，仅米老鼠和史努比两个动画产品在全球范围内的收益每年就超过500亿美元；另据统计，在迪斯尼全部收入中，电影发行加上后续的电影电视收入只占30%，主题公园的收入占20%，其余的50%则全部来自品牌销售。

第四，高校毕业生参与创业有许多成熟的经验。据美国高校和雇主协会统计结果显示，美国大学毕业生参与创业的比率已超过20%，而这很大程度上得益于创业教育。美国的创业教育发展速度十分迅猛，已有超过500家大学院校开设了大学生自主创业课程，从创业教育中学到的知识能够在新兴的文化创意市场中得以施展，值得我们借鉴。

第五，全面实施版权战略，加强版权保护。美国为了维护其经济利益，促进其文化创意产业发展和全球竞争力的提升，提升版权保护的战略地位，加强以下几方面工作：一是重视版权保护。成立了一些直属政府部门的工作小组，加强版权的监督与保护。如政府机构中设有版权办公室（隶属于国会图书馆，主要负责版权的登记、申请、审核等工作，以及为国会等行政部门提供版权咨询）、美国贸易代表署（负责知识产权方面的国际贸易谈判）、商务部国际贸易局和科技局；版权税审查庭；海关（主要负责知识产品的进出口审核）等相关的行政部门。二是加强版权立法。美国政府先后通过了《版权法》、《半导体芯片保护法》、《跨世纪数字版权法》、《电子盗版禁止法》、《伪造访问设备和计算机欺骗滥用法》等一系列知识产权保护法规，形成了全球保护范围最广、相关规定最为详尽的法律系统，并推出了包括数据库保护在内的众多立法议案，不断完善版权保护制度，为文化创意产业的繁荣提供法律保障。三是实施数字化版权保护战略。美国是数字化技术及应用全球领先的国家，美国积极实施数字化版权保护战略。如1998年10月通过了《跨世纪数字版权法》（Digital Millennium Copyright Art），以适应文化创意产业发展对数字化的要求。四是推动版权保护国际合作。美国积极加入国际版权保护体系，不断推动国际版权保护加强合作，为美国版权产品和文化创意产业在海外的版权保护；此外，美国还通过关贸总协定乌拉圭回合谈判的机会，最终形成了TRIPS协议的国际版权保护体制，不仅提高了国际知识产权的保护水平，而且建立了有效的法律实施机制和争端解决机制。

2. 加拿大：创造条件加快文化创意产业强国的步伐

加拿大对文化创意产业高度重视，尤其全社会对文化创意产业的广泛参与和支持，使这个文化内涵并不十分丰厚的国家一跃而成为文化创意产业强国。据加拿大联邦统计局统计，1991年～2005年，文化创意产业增加43%，超出该国主要产业——汽车制造业和农业的同期增长；2002年的数据，加拿大文化创意产业对国家GDP的贡献达到400亿加元，直接提供就业岗位60万；1999年～2008年的10年时间里，加拿大向世界售出其国内十大国际歌星音像制品3.6亿张（盘），总收入54亿美元；电子出版方面，仅加拿大汤姆森公司对130多个国家提供的信息和电子产品服务，就使之成为了全球最赚钱的电子出版公司之一。温哥华所在的不列颠哥伦比亚省（简称BC省），近年来致力于发展动画及相关产业，一跃成为北美动画产业中心。

三、澳大利亚：以科技领导文化创意产业

澳大利亚政府以进行基础研究为开头，作为制定创意数字产业发展政策的依据，并以科技引领文化创意产业发展。1994年，澳大利亚政府发布“创意国家：公民文化政策”，明确提出将文化产业与创意产业结合起来的概念，作为国家主要的经济发展战略，重视资讯科技对文化创意产业的挑战，成立了布里期班创意产业研究中心，并以财政支持和政策扶持带动民间资本进入，实现技术创新和市场创新，将艺术、歌剧、音乐剧、电影、电视制作、互动游戏及数字内容等视为文化创意产业的重要内容，孵化产业主体，主导产业发展。2001年8月，澳大利亚政府宣布以 “创意产业与群聚策略研究”作为制定创意数字产业发展政策的依据：第一阶段至2002年5月，主要研究数字科技影响音乐与电影等创意与多媒

体产业，利用群聚策略，包括同业合作、产业垂直或水平整合等，来解决中小企业的国际竞争力问题。第二阶段从当年6月起，主要针对电子与互动游戏、互动多媒体、广告、教育内容等四个创意产业个人企业研究，特别是价值链相关的研究。第三阶段于2003年结束，针对提升价值链的6个议题提出政策建议，包括：（1）创意数字产业统计资料的需求及其搜集方式；（2）政府在创意数字产业市场所扮演的角色；（3）文化资产数字化以及收藏机构与创意业者的合作；（4）数字软件与硬件的研究与发展典范；（5）开拓数字创意产业的海外市场；（6）网络行销对数字软件及硬件产品之影响。

2008年，澳大利亚文化部长委员会《打造创意创新经济》报告中将“创意产业”的范畴定义为如下几方面：音乐与表演艺术；电影、电视与广播；广告与营销；软件开发与互动内容；写作；出版与平面媒体；建筑、设计与视觉艺术。2009年，澳大利亚推出创意产业企业交流中心（CIIC），投注1700亿澳币帮助中小型文化创意产业，创造更多就业机会，当年澳大利亚文化创意产业对GDP的贡献已超过农业、林业、渔业等传统工业以及煤气、水、电、住宿与食品等服务行业。2011年8月，澳大利亚联邦文化部联手多个政府部门共同出台了《澳大利亚创意产业21世纪发展战略》（以下简称《战略》），第一次从国家层面肯定了创意产业在国家经济发展中做出的显著贡献以及在经济与文化持续发展中的重要地位；确定推动创新、加强基础建设、培育人才和加强产业研究成果利用等4个方面为战略发展重点；积极通过完善政府机制、加大政府投入等6个保障措施：政府注资与税收优惠结合、加强基础设施建设、促进创意人才就业、加强研究成果利用、推动中小企业发展与鼓励本土文化产品创作。通过教育和技能培训培养创意人才被澳大利亚政府称为21世纪澳大利亚发展生产力的“奠基石”。

四、亚洲：极具文化创意产业的独特性表征

在亚洲，文化创意产业起步稍晚但成长迅速，已经成为国际上创意产业发展

的重点地区，其中又以日、韩、新加坡以及中国的大陆、台湾及香港地区为主。中国的大陆和台湾地区文化创意产业发展及合作是本著作论述的重点，待后以专门章节展开。

1. 日本：因应资讯科技发展，以“文化”、“内容”为基础

日本是亚洲先进国家或地区经济的雁头，其国际型大企业之研发能力领先亚洲。大体而言，日本推动文化创意产业发展，主要以“文化”、“内容”为基础，以“知识财产”为依归，并因应资讯科技发展的施政策略与方针。早在2000年，日本电影和音乐的创收就分别位居世界第二位、CD销售额为5398亿日元约占世界的17%、游戏软件已成为世界第一生产大国。日本政府依据《IT基本法》（全称《形成高度情报通讯网络社会基本法》）与《文化艺术振兴基本法》作为制定发展文化创意产业政策的基础，明定以《知识财产基本法》、《e-Japan重点计划—2003》、《内容的创造、保护与活用促进法》（内容为产业振兴政策）等在内的法律法规保障体系，文化创意产业因此发展迅速。2004年，因应韩国内容产业商品的冲击，日本政府开始拟定加强数字内容产业发展的办法，提出建立新市场、数字电影普及、人才培育、文化产业流通路径多样化、文化产业机构改革等策略，以提高本土文化内容产业的市场规模。有鉴于此，日本创设了“日本国际文化产品展”，简称“数字内容嘉年华”，结合日本游戏、动画、漫画、卡通商品、广播电视、音乐与电影等文化创意产业各项活动，成为全球最具规模的文创商品综合型活动场域，让日本的文创产业与相关的机构及媒体合作，共同创造全新的可能性。

文化创意产业已成为日本的第二大产业，其增加值已占GDP的18.3%，尤其是世界上最大的动漫制作和输出国，在亚洲国家和美国占据了大部分的市场份额，让日本从一个传统的产品制造大国，转向一个文化产业生产和输出大国，素有“动漫王国”之称。2010年6月，日本政府出台的《新增长战略》，制定了在海外拓展相关创意产业的政策后，其文化创意产业将得到更大发展，预计到2020年，日本的文化创意产业收益将实现1万亿日元的目标。

2. 韩国：提出“文化立国”发展战略

韩国政府对发展文化创意产业聚焦清晰，认为文化就是国力，不仅能提高生活质量，更能创造巨大的附加价值。韩国的文化创意产业发展走过了立法和机构创新之历程，在发展方向上提出“文化立国”和“资源有限，创意无限”的战略口号。为振兴文化创意产业，韩国实施下列主要政策措施：（1）建设并完善公共硬件基础。早于1993年，韩国政府就力主发展“宽带“等策略型产业，开放宽带固网硬件系统的架设，使得软件内容的开发可以很快地占有市场，获得广大商机；此外，为提高民间业者的研发能力与文化创意的产业化进程，韩国政府又以低廉的使用费为业者提供设备与支持技术。（2）设立文化产业局，加强对文化创意产业的投入。除加强对文化创意产业的统一管理之外，韩国政府还设立“文化产业基金”为新创文化创意企业提供贷款，尤其是扶植中小企业从事文化创意的研发与生产。（3）立法保障文化创意产业的发展。1999年，韩国政府制定《文化产业振兴基本法》，明确协助文化、娱乐、内容产业，并设立奖励措施吸引民间业者的投入；出台《文化产业发展五年计划》（至2003年分三阶段实施）；2001年成立“韩国文化产业振兴院”，并推动游戏产业振兴中心、颁布《文化产业促进法》等，全力支持文化创意产业发展。（4）《前景二十一》计划。将数字内容产业确定为国家重点发展的战略型产业，目标将韩国发展成为数字内容生产国家。（5）政府经费的协助。韩国政府以充足的经费全力支持文化创意，在人才培育、研发，生产到国际营销推广等各个环节，给予补贴。自2000至2005年，韩国政府共投入2000多亿韩元，抓紧培养复合型人才，完善人才管理系统[1]。

在文化创意产业的发展上，韩国除了强调自身文化的传承与发扬外，亦相当

---

1 如有产、学、研联手成立“CT产业人才培养委员会”，负责人化创意产业人才培养计划的制定、协调等；设立“教育机构认证委员会会”，对文化创意产业教育机构实行认证制，对优秀者给予奖励和提供资金支持；由文化产业振兴院建立文化创意产业专门的人才数据库，还重视加强与外国的人才交流，选派人员出国研修，培养具有世界水准的专业人才。

重视媒体科技在文化创意产业中的影响性，通过两者的跨域结合，发展出韩国的“文化科技”特色。总体而言，韩国的数字内容在游戏、数字传播、数字影片、电子学习、数位音乐，与电子书等相关产业中都有相当丰硕的成长。20世纪90年代末，韩国在迎战亚洲金融风暴的经济恢复过程中，文化创意产业成为最活跃、成长最快、吸纳就业人数最多的支柱产业之一，尤其是到2012年，韩国的数字内容产业都维持近10%的成长率。如今，韩国已是世界公认的文化产品出口大国和文化创意产业强国，据统计文化创意产业年增值已占韩国GDP的15%以上，是韩国经济发展的核心支柱。

3. 香港：推广亚洲文化创意之都形象

香港是世界上独一无二的国际大都会，是我国创意产业发展最为成熟的地区，具有发展文化创意产业得天独厚的有利条件，理由下列：首先，香港是一个东西文化交汇之地，其地域文化既保留中国文化的传统，又融合西方文化的荟萃；其次，香港拥有大批创意人才，而且对世界的创意人才具有强烈的吸引力；第三，香港有着良好的法治和基础配套设施，尤其是知识产权保护的法律完善；第四，香港是世界级的金融商贸和信息中心，资金充裕，商业文化发达，为文化创意产业提供了良好外部的环境；第五，经过多年的积累，香港文化创意产业已经形成了相当大的规模，为进一步发展奠定了坚实基础。第六，CEPA的落实和深化，香港与内地经贸联系日趋紧密，随着港粤经济融合进程加快、泛珠三角区域合作的推进，为香港文化创意产业带来更广阔的消费市场和强大的生产支援中心，与此同时，中国大陆文化创意产业急速进步，文化部曾明确表示大力支持香港特区发展文化创意产业，这无疑是巨大的助力。

香港地区沿用了英国对文化创意产业的界定及分类方式。2003年9月完成的《香港创意产业基础研究》，是香港首次针对文化创意产业现况的完整研究，同时确定香港创意产业的范围主要包括：设计、建筑、广告、出版、音乐、电影、计算机软件、数码娱乐、演艺、广播、古董与艺术品买卖等11种。从经济形态看，香港已进入创新驱动经济增长阶段，特别是在“品牌时代”来临的当今世界，具有知识型、创意型及服务型特点的文化创意产业，不仅能直接推动香港经济发展，还可以为其他行业及整体经济活动注入创意元素，有助提升香港各行各业的增值能力，并朝向国际性名牌、名品的设计和研发中心发展。目前在香港从事创意产业的人员超过17万，每年创造的经济价值超过530亿港元，香港的建筑、设计、市场推广、广告、影视娱乐业发展蓬勃，在亚洲享有盛名，更多次获得国际奖项。如香港是亚洲公认的设计中心和潮流先驱，又拥有国际城市的形象，香港的设计师和创作人巧妙地融合了中西方的美学和文化，为各类产品和服务建立品牌形象，并取得骄人的商业成就。再以广告业为例，目前香港经营广告业务的公司超过1,100家，其中约半数从事广告策划代理及顾问服务，其他包括广告招牌制作以及广告赠品制作公司分别约200家，宣传展览公司约50家，广告喷画制作公司40多家，电视广告制作公司20多家，户外广告制作公司约20家，直销市场服务、报纸及期刊广告制作公司，以及网上广告制作公司各10余家等，广告服务的年出口总值超越40亿港元。此外 在数字娱乐、电影、设计、漫画、出版等方面，香港在亚洲也占据重要位置，在业内赢得了广泛的影响力。

香港拥有技术、资金、国际网络等优势，内地则有庞大的人才市场和人力资源优势，香港和内地的文化创意产业可以优势互补。在2006年公布的《香港文化及创意产业与珠江三角洲的关系研究》，重新明定了香港文化创意产业的发展需与珠江三角洲相结合，以拓展香港文化创意产业的发展规模与市场。在内部产业的发展上，香港特区政府拟定成立一个结合业者的电影发展局，发展电影产业，并以将香港发展成为亚太区域的数字娱乐枢纽为目标。2009年6月，香港特区政府成立“创意香港”办公室，隶属商务及经济发展局通讯及科技科，专门推动香港文化创意产业的发展，为业界提供服务与支援。“创意香港”采用全面而多方位的策略，工作涵盖以下七个范畴：培育文化创意专业人才并使之成为文化创意经济的中流砥柱；促进文化创意企业的成立和发展；制造对创新与创意的需求并扩大文化创意产业的市场规模；推广香港文化创意产业以助业者开拓港外市场；在社会上营造文化与创意氛围；凝聚本港文化创意产业社群以产生协同效应和促进交流；推广香港的亚洲创意之都形象。香港特区政府还为发展文化创意产业制定了一个宏伟的计划，其核心是：把西九龙填海区的一块约40公顷用地发展成一个世界级的文娱艺术区，计划发展为一个综合艺术、文化、娱乐与商业用途而且形象鲜明的地区。概而言之，香港既放眼全球又加强与中国内地城市之间的合作，通过对诸多大型文化项目的支持，巩固其作为亚洲创意中心的地位，并促进香港文化创意产业向更高层次发展。

4. 新加坡：推动21世纪"创意新加坡"发展战略

长久以来，新加坡一直给人"文化沙漠"的印象。然而到20世纪末，新加坡逐渐发现文化与艺术在经济发展上的潜力。1998年，新加坡将创意产业定为21 世纪的战略产业，并出台了《创意新加坡》计划。2000年3月，新加坡信息与艺术部（Ministry of Information and The Arts）提出一份《文艺复兴城市报告：文艺复兴新加坡的文化与艺术》，建议由建设文化硬件基础的阶段步入开发软件建设阶段。2001年12月，新加坡政府成立经济检讨委员会（Economic Review Committee）制定未来的发展策略，创意产业工作小组（Creative Industries Working Group）为其中七个小组委员会之一。2002年9月，创意产业工作小组公布了第一份报告——《创意产业发展策略：推动新加坡的创意经济》，要将新加坡建成一个全球的文化和设计业的中心，具体确定发展文化创意产业三个重心：（1）《文艺复兴城市2.0》：是延伸2000年的文艺复兴城市规划，建议公部门集中资源以发展文化艺术基础建设，培养创意人才与观众；建议发展创意市镇（Creative Towns）以整合艺术、商业及科技的概念来规划地方发展，并建立当代博物馆以展示各国的当代艺术设计，同时推广艺术与文化创业精神；（2）《设计新加坡》：是以设计能力来增加新加坡企业与国家竞争力。建立国家设计局以鼓励设计专才，借由不同层面的设计为新加坡增加价值，商业界积极发展使用设计，以由上而下的带领产生协同效应，提升设计能力与质量，形成有力的设计网络，以刺激创新与经济成长。（3）《媒体21》：则试图在新加坡形成一股活络的媒体生态，以建设新加坡为一全球媒体城市。2003年1月，新加坡广播管理局、影片及刊物局和新加坡电影委员会合并，成立了媒体发展管理局（MDA, Media Development Authority），使新加坡向环球媒体城的目标迈出重要一步。2004年，新加坡新闻、通讯及艺术部下属的新加坡信息通信发展局（IDA）与媒体发展管理局（MDA）支持新加坡荣华（Eng Wah）电影集团购买了20台Barco数字电影放映机，将数字影院引进新加坡，为新加坡电影后期制作及媒体产业创造了大量的就业机会。新加坡还希望借助多语环境和在教育、商业、金融及信息技术等方面较发达的优势，通过与外国专家、伙伴的合作，努力开发产品内容，签订更多的双边共同开发协定，加大产品出口促销力度。2005年2月底至4月初，新加坡在伦敦举办了推介新加坡艺术和创造力的“新加坡季在伦敦”活动，以表演艺术为主，通过各种形式介绍新加坡的设计产品和媒体业发展成就，把新加坡创意能力和水平呈现在英国及欧洲和世界面前。

新加坡的文化创意产业集中在艺术、设计、软件、广告、建筑、室内、产品、媒体等领域，得益于政府的积极规划、善用税收和租金优惠等财政杠杆来推进、充分整合多元文化资源以及创意人才的教育和培养。善用特色文化催生特色文化创意产业，体现新加坡在吸纳现代文化理念上有很强的接受力和包容力，但有一点值得提出，新加坡一直认为文化产业要“控制”和“开放”并存，当然这有历史因素，但在实施中如何采取某种程序规则来确定“控制力”[1]以形成透明化的社会预期，并保持对发展文化产业的弹性和激励上的创新，值得观察与探讨。

第三节 国外文化创意产业实践的反刍与醒思

文化创意产业已成为经济全球化进程中拓展变化的新概念，一个多维度多层

1 以新加坡的报业改革为例，新加坡规制主义的核心是：政府控制、公众所有、集团经营。所谓政府控制，不是政府占报业的股本大头，而是选择政府所放心的人掌管报纸（一般曾在政府任职），一旦有变，也有程序将其随时撤换。

次的综合论述，有着非常丰富的内涵，外延也在不断延伸。世界上许多国家或地区的政府以及社会、企业都格外关注，滋养一个让文化发展的力量，得以渗透到经济社会的环境之中，让文化创意的多样性潜力形成新的趋势与想法，影响社会既有的期待，进而塑造新的文化与行为模式，自然也创造出全新的市场价值与机会。文化创意产业的独特魅力在于，它颠覆了传统的价值增值和产业划分标准，将"创新"引入了生产函数，使得高新的数字网络等技术融合到传统的产业中，被集合在一起诞生出最重要的高科技新兴产业，就是数字内容产业，创造出新的价值增值源泉，可谓是增长的要素和革新的发动机。

综观文化创意产业确曾在欧美先进国家中创造出亮丽的产值，从而激励了世界各国，争相把文化创意产业作为促进产业结构升级、都市更新再生的主要手段，也成了发展中国家或地区对抗资本主义工业剥削的生存与发展策略。如何找准文化创意产业的神韵，从更广义的角度来看待文化，让文化创造价值，累积自身的文化国力，全球化文化创意产业发展的实践与启示，特别值得反刍与深思。

一、世界各国发展文化创意产业实践的体会

文化创意产业聚焦的热点区域以及先进国家对文化创意产业的实践，让我们更深刻地体会：文化具有结构，是动态的、可变的；文化是多面向的、显示出规律性，它可借科学方法加以分析；文化是学而知之的，是社会与个人适应其整个环境的工具，也是表达其创造性的手段。正是对于文化的上述广泛认识，加上创意的应用，使之具有创造无限可能的特性。不难发现世界各国对文化创意产业的范畴与定义有很多共性的内容，也有自身国家的特色，让人深觉莞尔之外，也提醒我们，文化创意产业确实是在持续的"创造不同"当中，并努力地映照出一个国家或地区的文化与特色。

1. 文化创意产业的全民运动与全球竞争

文化创意产业具有如下几大特征：一是知识、文化要素密集；二是产业横向

延伸很广，囊括了传统三大产业几乎所有行业和企业价值链的高端部分，但纵向拉伸较短，即它脱离了传统产品的生产、制造和销售企业；三是产业关联度强，创意资本从各个行业的价值链中延伸出来；四是高附加价值、高风险。当前，世界各国无不竭尽全力发展文化创意产业，从西方的欧美各国，到东方的日本、中国、韩国、印度，南半球的澳洲以及非洲国家，都在政府政策的引导下，积极结合企业和民间的力量，期望能在新一波经济全球化的赛局中，以文化竞争力取得制胜先机。

自18世纪工业革命开始一直到20世纪80年代以前，欧洲文化都处于世界领先的地位，其中包含着一条十分明显的轨迹：一方面，由古典殿堂文化位居主流，到近代市民文化兴起，再到当代大众文化大发展；另一方面，文化由精神活动转变为大规模的文化产品生产。简言之，唯有当民众拥有高度的文化素养时，才有机会促进文化创意产业蓬勃且稳定的发展。毕竟“民众的参与”关系着一个地方的文化经济活动，“民众的消费”则关系着一个地方经济活动的根本存废问题，至于“文化机会”则涉及文化经济活动后续暨永续发展的可能[1]。

总结上一节的内容，可以说文化创意产业的成功都奠基与“全民风潮”，而全民风潮则又立足于社会大众的文化素养之上，因为唯有靠全民的力量，才能有文化创意生存的空间，也才能将文化创意推广到国际，引发世界的感动与共鸣，也唯有如此，才有可能成就深具创意、独特性与国际竞争力的文化创意产业。首先，让创意的产品感动“人”；其次，创造全民灌溉的文化环境，栽培文化创意种子生存、成长与茁壮，进而造成人人对此文化创意争相朝圣的“全民运动”风潮，这就是文化创意产业从全民运动到全球竞争的最佳典范。

2. 文化创意产业发展的共同特性

（1）世界各国共同认识到文化创意产业代表了未来产业发展的方向。文化创意产业是服务业外包达到一定聚集度后出现的新的规模产业，是自主创造和技术

1　夏学理等著：《文化创意产业概论》，台湾五南图书出版股份有限公司2008年出版P.47。

含量高的一个产业门类，符合当代社会各种产业利润主要靠领先的自主创新和技术进步来实现可持续发展的趋势，是很多国家经济发展到一定水平后的共同选择的成果。

（2）文化创意产业发展被作为社会整体发展战略的核心。文化战略要解决的是文化发展的根本问题，是文化选择、文化道路、文化归属问题，这个问题始终是世界各国学界的重要关注点。文化创意产业探究“创新型国家战略”的本质，是增强国家的软实力，提升全民的素质。我们看到，越来越多的国家和城市纷纷制定文化创意产业发展战略，以政府的政策与扶持措施，培育文化创意产业发展。“文化选择”、“文化强国”成为建构文化创意产业发展战略理论的基石。如韩国1998年提出“文化立国”战略，将文化产业作为21世纪战略性支柱产业，形成“韩流”的品牌效应，并在2010年成为世界第三大游戏强国。日本1995年确立“文化立国”战略，2006年直指“知识立国”，目前日本是世界上最大的动漫王国。其次以英国、新加坡和香港地区为代表的“创意立国”战略。英国最早提出创意产业概念，2003年提出“创意英国”战略，在10年间创意产业增长93%。新加坡1998年出台《创意新加坡》计划，2002年制定了《文艺复兴城市2.0》、《设计新加坡》、《媒体21》三个详尽战略计划。香港90年代末首次提出“创意产业”概念，2004年成立“创意及设计中心。”还有，如美国、澳大利亚为代表的“版权战略”，吸引版权人以及资金流向这些版权制度完善、版权保护力度大的国家与地区。

（3）打造重要的支柱型产业。文化创意+产业，并不等同文化创意产业。要想实现文化创意产业的良性循环，必须融通产业链。像西方的facebook，Iphone，微软，谷歌，都是千亿美元级的企业，确实是美国创意文化产业或者版权产业的龙头，更不用说迪斯尼、好莱坞这些文化产业巨擘，成为国家经济中以高科技为支撑的、成功发展的文化创意实体。如韩国也通过规模效益来提升文化创意产业的竞争力，一些大财团在韩国政府的鼓励下，积极投资文化创意项目，像三星公司投资兴建爱宝乐团、LG公司投资影视业，巧妙地实现工业化、信息化与创意化发展的有机结合。

（4）重视创意教育与人才培育。观察发达国家，创业教育都是增加就业率重要战略领域，受到政府的十分重视，人才育成方式更趋多元：一是在传统教育体系的培养模式中，对文化创意产业专业人才培育的规范化；二是加强文化创意产业人才的专业资格培训，重视利用网络及其他教育机构发挥培养创意人才的重要作用；三是开拓创业教育的潜能，将其引导进入成为文化创意产业生力军。西方各国因创业教育发展时间较早，已具备了一定的创业教育经验，其创业率和成功率都比较高。如在英国，大学生创业教育始于20世纪80年代，政府经过政策的支持、带领和规范创业教育以实现就业率的提升。据《国际先驱导报》的一份调查报告：在英国有接近三成的青年人有自主创业的想法或正在创业，53%的在校学生有较高的创业期望，而受“王子基金”支持的孵化企业，成功率在60%以上。法国将创业教育的实行程度作为增强国家竞争力的一项重要指标，并成立了专门的创业筹划培训中心。据初步统计，美国高校大学毕业生参与创业的比率已超过20%。这些国家支持大学生创业的许多实践经验值得借鉴。

（5）设政府“创新奖”分享学习。文化创业产业发展的关键在“创意”，除了创意人才培育的任务之外，各级政府以及各个职能部门都要行动、都有责任启动能够强国的创新活动。观察各国政府多有设置“创新奖”，关键不在输赢，而是分享学习、促进创新的扩散效应。如欧盟内部许多国家都设置政府“创新奖”，让许多创新之前因、历程和结果的报告比较透明化，容易取得也产生扩散效果，作为鼓励和互学的机制。美国从1985年开始由福特基金会肯尼迪政府学院主办“创新奖”，宗旨是“在认可并推动公共事务方面的卓越与创造力，照亮政府创新的典范”，选择标准包括：新颖性、有效性、意义性和移转性。在经济不景气和资源有限的情况下，这些政府的“创新奖”特别值得鼓励和扩散。迄今，美国大约有500个政府创新计划得到认可。

二、文化创意产业的成功要素

如前所述，当今从西方到东方、从北半球到南半球，文化创意产业正不断地以其所具有的独特性、不易模仿性和低竞争性，为世界各国注入新的经济活力。可以预期，文化创意产业领域的投资热还会长期存在，因为政策因素和市场因素的作用，加上其资本盈利率比较高，若从消费角度观察，文化产品已是与日俱增的消费热点。我们在给予其掌声的同时，特别应着力总结其成功的经验，以资后进者借鉴。

1. 要相信文化的力量

观察世界强大民族之间的竞争，最终争的都是意识形态，也就是文化内核的角力较量。譬如美国好莱坞电影，隐含着西方人认识世界的视角和方法，又汲取了我们中国文化的“意识”、“空间”等一些精髓，再通过现代化手段起到教化众生，以凝聚美国的价值观和精神作用。2001年诺巴尔经济学奖得主艾克诺夫（George A.Akerlof）和他的学生、现任杜克大学教授克兰顿 （Rachel E.Kranton）合著的《认同经济学》一书中还指出：人们主观的非经济认同因素有很大的经济效果。譬如“志气”这种更主观的因素，无论对国家抑或地区发展都非常重要，有“志气”就能改革创新，少了“志气”就只好因循度日。“志气”成就“韩流”文化就是一个实例。韩国不过是一个中型的新兴工业化国家，在1997年亚洲金融风暴中遭受重创，正式提出“文化立国”战略，通过全方位的改革及转型，实施“一元多用”模式，创造出高效益的文创产业，让文化“韩流”进入全球通俗的文化市场，形成“韩国设计”品牌效应，2010年成为世界第三大游戏强国。如今，韩国正策划把韩式料理发扬光大，甚至还想成为汉医药以及汉文字的研究中心，这就是那一股相信文化力量的“志气”，让文化的功能发挥更大的作用。

2. 在发展的路径上寻找到具有强大生命力和远大前途的新文化业态

整合多种资源，进行多层次、多面向的跨业合作，能使文化创意产业的发展能量倍增，也是未来拓展文化创意产业的必由路径。譬如文化创意产业与高新技术的合作，对催生文化新业态发挥着日益重要的支撑和引领作用，并成为促进文化产业发展的新引擎。像出版、影视制作、报业传媒、演出会展业等传统文化行业，通过与数字化技术、网络技术、移动通信技术、计算机技术等高新技术的结合，明显提升了传统业态的发展活力；数字影像、声光多媒体、LED显示等诸多高新技术正在被更多的演出、展示场馆和大型文化传播活动广泛采用；高性能计算技术在动漫产品制作中的应用，大大缩短了渲染制作时间，提升了影视动漫产品的生产效率。再如利用技术可以提高文化元素和艺术的表现力，也可以提升人们对文化艺术感受的丰富性、体验性、深刻性与敏感性。像数字技术、网络技术、3D技术等让传统电影从生产关系、形态、主题、构造、审美空间、生存状态、制作水平等都在创新中有所突破，并不断得到发展。概而言之，突破产生创意，整合产生创意，跨业合作为文化创意产业发展插上高飞的翅膀。

3. 政府承担公共文化服务的职责成为文化创意产业发展的应有之义

在现代知识经济社会中，促进文化创意产业的发展，已经成为各国及地区间经济竞争的一个重要战略规划。文化作为一种公共服务与非商品的领域，在使用价值上有其独特的存在价值；文化产业则是指以文化为内容的产业，其足以在市场与商品运作领域的逻辑中持续运营下去，并进一步展现文化价值在市场上的交换价值。文化施政之基本理念：为满足民众的“文化基本权”，必须由政府提供资金与人力的投入；由于人类的文化价值不能完全化约为市场表现，对于文化的产业化与市场化，应该给予适当的政策扶持或辅导。许多国家或地区更提出文化产业政策作为国家重要策略，希望达成“经济成长”、“增加就业”，并带动相关的文化表现，提升积极崇尚知识、面向未来的前瞻性战略目标。因为文化创新的力量和多样性，有潜力形成新的趋势并影响社会既有的期待，进而塑造新的文化与行为模式，自然也就会创造出全新的市场价值与机会。因此，滋养一个让文化创意产业发展的力量，得以渗透到社会的环境之中，是政府必须承担的公共文化服务职责。

4. 知识财产权的创意价值

文化创意产业自始就与知识财产制度紧密联系在一起，谈文化创意产业的发展离不开知识财产权的保护，知识产权保护的完善与否将直接决定该国家或地区的文化创意产业发展的成败。由于文化创意产业的类别或层面广泛，并非所有的文化创意产业都可享受到政府所提供的对文化创意业者的租税优惠或优惠贷款，而知识产权保护法律或规制却是每个文化创意业者都会适用到的。知识财产权法规，基本上指专利法、商标法及著作权法等。文化创意产业一方面产生新的原创知识产权，另一方面进行既有知识产权新的运用，因此与文化创意产业关联更多的是著作权法（即美国所重视的“版权法”）。富有创作能力的人，往往拙于行销，而擅长行销者，往往未必有创作能力，整合创作者与行销者的平台，有助于文化创意产业的发展。其中知识产权发展是创作者与利用者必须共同遵守的规范。必须注重在法律赋予当事人自行约定的范围，本着法律的基本原则，在尊重和互惠之下，合理授权使用著作，共同创造文化创意结晶的价值。

三、文化创意产业的发展机会与冲击

文化创意产业已经在我们的生活之中。由于其基本上不会制造污染，可以说是最干净的产业之一；它除了能产生经济效益之外，还有许多增益人类道德和品行的附加价值。即一方面文化创意产业所带来的财富，能转化为国家或地区的整体竞争力，另一方面文化创意产业所累积的精神资产，能提升城市的文化素质与民众的精神生活。从经济与教育的观点观之，通过创新文化和文化创意产业来促进经济与社会结构的再造与升级，是一项理性的、有效的投资。当今的中国社会，正值经济发展神速，国民所得不断提升带来生活品质不断提升，更迫切需要提升公民的文化素质、累积国家的文化力，以增强国家整体的竞争力。

文化创意产业是以创意及知识为主要生产要素，也就是将创意文化转换成消费者可以普遍接受的商品，进而发展成产业链。一种新的经济领域，不仅要求全社会

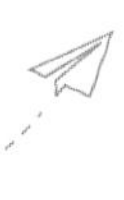

建构新的思维，并且要建立一种新的价值观念。目前，我国文化创意产业的发展状况与现代科技迅猛发展及广泛应用的形势还不相适应，文化产品的创作力、表现力、传播力、竞争力和影响力都亟待提升，一方面国家的产业政策从文化创意产业的结构、投资环境、产业空间、资源配置、企业主体、符号意向、产业聚集效应、创新研发、永续经营、政府角色功能，以及全球竞争策略等各个面向，分别研析相适宜的发展策略；另一方面，对如何进一步促进文化创意产业与高新科技产业、传统制造业以及服务业等多层次、广领域的融合有着更迫切的需求。

我们应该高屋建瓴、纵横开阖、由宏入微、由国外到国内，把握文化创意产业的发展大势，找出自身的优势特色，也就是找准文化创意产业的神韵，从而全新定位，找准对接点，占据制高点，内引外联，要素梳理整合，虚实结合，搭建起运作平台，以创意文化区为突破点和引爆点，上升为城市整合营销，区域经济竞合，进而建设创新型的社会。

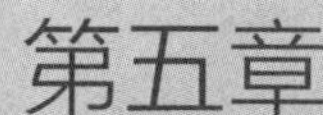

第五章
大陆地区文化创意产业的发展

DI WUZHANG

DA LU DI QU WEN HUA CHUANG YI CHAN YE DE FA ZHAN

第五章

大陆地区文化创意产业的发展

中国大陆地区对文化创意产业的接受度极高，尤其在沿海地区与大城市。伴随着国务院《文化产业振兴规划》、九部委《关于金融支持文化产业振兴和发展繁荣的指导意见》等一系列文件出台，文化产业发展已提升到国家发展的战略层面。尤其是“文化创意产业”的兴起，承载着丰富的政治、经济、和社会文化内涵，得到各地各级政府的大力支持，不论中央或地方都卯足全力推动，并将其作为新时期提升国家经济硬实力与实施软实力的重要途径，成为新世纪中华民族文化复兴高歌中的一个嘹亮强音。

第一节　文化创意产业的兴起与发展概析

20世纪90年代开始，伴随着商业电影的崛起和国外文化产品加工贸易的兴起，中国大陆地区开始在世界文化贸易中扮演重要角色。到了90年代中期，中国对外文化贸易取得了顺差，并成为继英国、美国之后的世界第三大文化贸易国[1]。

1　参见联合国《1994—2003年核心文化产品和服务的国际贸易趋势：界定和掌握全球文化贸易趋势》。

进入二十世纪九十年代末期，为因应加入WTO之后对传播媒体及出版等文化市场的冲击，大陆地区通过立法促进许多传播媒体及出版集团的成立，大幅巩固本土企业的市场地位，准备投入全球化与区域化的市场竞争。经过几年时间的经验积累，局面有很大的改观：如电影、电视与纪录片的制作，以及动画、广告服务、多媒体与行动网络内容等的独立单位雨后春笋般地出现；区域性的设计、行销与配销发展政策，促进中小型文化创意企业的蓬勃发展，在很多情况下，这些创新型企业具有更大的自主性，远超过之前数十年的许可范围。

一、我国文化产业发展的背景解读

同经济体制改革一样，文化体制改革同样与改革开放相伴相生。从党的十二大到十四大的历次党代会，党中央反复重申了社会主义精神文明建设的重要意义和重要内容，将文化建设视作精神文明建设的一个重要抓手。十四届六中全会提出，要积极发展社会主义文化事业，满足人民群众日益增长的精神文化需求；积极培育和完善文化市场，一手抓繁荣，一手抓管理；深化文化体制改革，增强文化事业的活力。十五大明确指出，文化是综合国力的重要标志。在这一时期，中央已对文化与综合国力的关系，文化与政治、经济的相对独立关系，有了较为清醒的认识。

1997年5月26日，江泽民在《论有中国特色社会主义》中提出要“积极发展文化事业和文化产业”；1998年，国务院相关部门陆续颁布文化市场管理法规，文化市场的概念得以确立；1999年底，中央经济工作会议作出要大力发展科技、文化等新兴产业的战略部署。2000年10月通过的《中共中央关于制定国民经济和社会发展第十个五年计划的建议》中，首次使用“文化产业”这一概念；党的十五届五中全会提出要“完善文化产业政策”；2002年，江泽民在党的“十六大”报告中，明确了发展中国文化产业的战略构想，进一步从战略高度认识文化的重要地位和作用，作出“深化文化体制改革、发展文化事业文化产业的战略部署”。2003年10月，党的十六届三中全会再次重申了发展文化产业政策，提出要“促进文化事业和文化产业的协调发展”；同年12月，国务院办公厅发出《关于印发文化体制改革试点中支持文化产业发展和经营性文化事业单位转制为企业的两个规定的通知》，就财税、投融资、国有资产的处置、收入分配、社会保障等方面制定了一系列鼓励文化产业发展的政策与规制。

2004年3月，国家统计局颁布实施《文化及相关产业分类标准》，首次对“文化产业”进行界定：“为社会公众提供文化、娱乐产品和服务的活动，以及与这些活动有关联的活动的集合”，并将 文化及相关产业 分为9大类，包括：（1）新闻服务；（2）出版发行和版权服务；（3）广播、电视、电影服务；（4）文化艺术服务；（5）网络文化服务；（6）文化休闲娱乐服务；（7）其他文化服务；（8）文化用品、设备及相关文化产品的生产；（9）文化用品、设备及相关文化产品的销售。从专业层次分析，当年在制订文化产业分类时，主要基于产业统计及政府管理的需要，兼顾文化活动的自身特点，将文化及相关产业划分为四个相应的层次，而对“文化产业”一词的含义只是限于列举文化产业的外延所及，仍未能揭示出“文化产业”的本质规定性，没有指出文化产业的市场特征范围。当年，文化部设立了“创新奖”，对立足时代前沿、弘扬科学精神、运用现代科技、惠及广大群众的文化项目予以表彰，在文化界引起很大反响。2005年举行首届“创新奖”，参评项目达71项。

2005年是国家文化产业政策创新的关键年，国务院出台了《关于深化文化体制改革的若干意见》，以政策的力量指引和扶持文化产业的迅猛发展。当年3月29日，财政部、海关总署、国家税务总局发布了《关于文化体制改革中经营性文化事业单位转制后企业的若干税收政策问题的通知》和《关于文化体制改革试点中支持文化产业发展若干税收政策问题的通知》两个文件，在税收方面给予文化产业和文化产品诸多的优惠。当年4月，国务院颁发《关于非公有资本进入文化产业的若干决定》，积极鼓励和政策支持非公有资本进入文艺表演团体、演出场所、博物馆和展览馆、互联网上网服务营业场所、艺术教育与培训、文化艺术中介、旅游文化服务、文化娱乐、艺术品经营、动漫和网络游戏、广告、电影电视剧制作发行、广播影视技术开发运用、电影院和电影院线、农村电影放映、书报刊分销、音像制品分销、包装装潢印刷品印刷等领域从事文化产品和文化服务出口业务等。当年7月，文化部、国家广播电影电视总局、国家新闻出版总署、国家发展和改革委员会、商务部联合制定的《关于文化领域引进外资的若干意见》中规定，在中方控股51%以上或中方占有主导地位的条件下，允许外商以合资、合作的方式设立出版物印刷和只读类光盘复制等企业，设立除电影之外的音像制品分销企业，设立和经营演出场所、电影院、演出经纪机构、电影技术等企业。当年10月召开的党的十六届五中全会，进一步确认了完善文化产业政策、发展文化产业的任务。

二、十一五规划强调“自主创新”

2006年9月13日，中共中央办公厅、国务院办公厅发布的《国家“十一五”时期文化发展规划纲要》，提出“发展重点文化产业，优化文化产业布局和结构，转变文化产业增长方式，培育文化市场主体，健全各类文化市场，发展现代文化产品流通组织和流通方式……明确非公有资本进入文化产业的政策”。当年10月11日，中共十六届六中全会公报强调，“加快发展文化事业和文化产业”。政策的利好为各地文化产业迅速发展带来良机，全国各地各级文化管理部门注重以人为本，深化改革，把不断满足人民群众日益增长的精神文化需求放在突出位置，做大做强文化产业，文化建设得到全面快速发展，亮点频现。2007年10月，党的十七大报告体现了党中央在新世纪新阶段对文化发展的新思路和新部署：提供优秀精神文化产品，推动群众性创建活动，着力推进文化创新，提高文化总体实力和国际竞争力，大力繁荣发展中国特色、中国风格、中国气派的优秀文化，不断增强中华文化的软实力和生命力，已成为全党全国重要的任务之一。

2008年10月，国务院办公厅发布《关于文化体制改革中经营性文化事业单位转制为企业和支持文化企业发展两个规定的通知》，为文化体制改革和文化产业发展提供了强有力的政策支持。同年，中央财政设立文化产业发展专项资金，当年安排10亿元，除继续支持动漫产业发展外，还重点支持了文化体制改革重点企业、文化产品和服务出口等。2009年3月26日，国务院在关于落实《政府工作报告》重点工作部门分工的意见中提出，要落实支持文化产业加快发展的扶持政策。同日，财政部、海关总署、国家税务总局《关于支持文化企业发展若干税收政策问题的通知》明确指出：出口图书、报纸、期刊、音像制品、电子出版物、电影和电视完成片按规定享受增值税出口退税政策；文化企业在境外演出从境外取得的收入免征营业税；为生产重点文化产品而进口国内不能生产的自用设备及配套件、备件等，按现行税收政策有关规定，免征进口关税。当年4月，商务部又同文化部、广电总局、新闻出版总署和中国进出口银行下发了《关于金融支持文化出口的指导意见》，要求中国进出口银行各分支机构积极与地方商务、文化、广电、出版等部门加强信息沟通和项目推荐，加大对重点文化企业和项目的支持力度。继之于7月22日，时任总理温家宝主持召开国务院常务会议，讨论并原则通过了“文化产业振兴规划”，当年9月26 日，国务院正式发布《文化产业振兴规划》，这是继钢铁、汽车、纺织、装备制造、船舶、电子信息等十大产业振兴规划之后，首次将文化体制改革和大力发展文化产业列入了国家重点扶植发展的战略产业之中。该规划提出了要着力做好的八个方面工作：（1）发展重点文化产业；（2）实施重大项目带动战略；（3）培育骨干文化企业；（4）加快文化产业园区和基地建设；（5）扩大文化消费；（6）建设现代文化市场体系；（7）发展新兴文化业态；（8）扩大对外文化贸易。与此同时，在国家财政的支持下，文化部启动了《国家文化创新工程》，作为“文化部创新奖”的有益补充和拓展提升。此外，文化部还出台了《关于加快文化产业发展的指导意见》和《文化产业投资指导目录》，明确了文化产业的发展方向和发展重点，包括演艺业、动漫业、文化娱乐业、游戏业、文化会展业、文化旅游业、艺术品和工艺美术、艺术创意和设计、网络文化、文化产品数字制作与相关服务等。2007年，文化部评选出114项“创新奖”，2009年达到127项，参评的项目几乎涵盖了我国文化产业和文化事业的所有重点领域，折射出文化工作者高涨的创新热情；山东、江苏等多个省份设立了省级文化创新奖，文化创新意识深入人心。

2010年2月3日，时任总书记胡锦涛在省部级主要领导干部专题研讨班的重要讲话中提出，要加快发展文化产业，在重视发展公益性文化事业的同时，加快发展经营性文化产业，加快开拓文化市场。当年3月19日，中央宣传部等九部委共同制定的我国金融支持文化产业发展繁荣的第一个宏观金融政策指导性文件——《关于金融支持文化产业振兴和发展繁荣的指导意见》，就符合条件的文化企业上市融资和如何发挥保险支持文化产业振兴和发展等给予了明确的政策支持。当年7月，胡锦涛勾勒出我国深化文化体制改革的清晰脉络：“顺应时代要求深化文化体制改革，推动社会主义文化大发展大繁荣”。国家9部委又联合推出《关于金融支持文化产业振兴和发展繁荣的指导意见》，为金融与文化产业深度合作提供了政策支撑。两年时间里，共有17个具有导向性、示范性、实践性的成熟项目被确立为“国家文化创新工程”资助项目，予以重点培育与推广；还设立了国家文化创新研究中心、举办了文化创新高峰论坛，出版了文化创新“蓝皮书”，不仅激发了文化工作者的文化自觉、科技自觉，而且有效推动了国家文化创新体系的构建[1]。2010年10月，《中共中央关于制定国民经济和社会发展第十二个五

1 这其中有借助计算机网络技术和智能化控制技术，为市民提供全天候图书借阅服务的深圳图书馆《深圳图书馆城市街区24小时自助图书馆系统》；有盘活长三角区域文化资源，构建农村地区全社会型公共文化服务体系的江苏吴江《区域文化联动》；有依托改革开放前沿阵地，用“文化+科技+创新”思路谋求文化建设跨越式发展的《深圳新兴城市文化建设中的科技自觉研究》；还有直接建在社区、面向普通群众、具有公益上网、现场培训、数字影院放送等功能的新型互联网公共文化设施和服务平台的《上海东方社区信息苑》等等，为各地的文化创新工作起到了示范、促进作用。

年规划的建议》中明确提出，未来五年要“推动文化产业成为国民经济支柱性产业”，体现了我国政府对发展文化产业的高度重视及其基本政策，大陆地区的文化产业迅速发展、方兴未艾。

我国大陆地区许多城市都在十一五规划中将“创意群聚”作为转变经济增长方式的引擎，“自主创新”成为文化体制改革与文化政策的目标，希望在创新的挹注与核心创意（如专利、版权）等方面追上韩国、台湾与香港的脚步。

三、文化创意产业已具备坚实的发展基础

2006年是“文化创意产业”概念进入主流论述的一年，当年12月第一届北京国际创意产业博览会在人民大会堂举行；2007年则是稳定发展年；2008年是跨国公司与本土新兴领航企业携手汇入文化创意产业“壮阔海洋”的一年。根据国家统计局发布的数据可以看出，“十一五”期间我国文化产业蓬勃发展：2004年到2008年，文化产业增加值平均保持在23.3%的年增速；2008年到2010年，增速基本保持在24.2%；期间全国文化事业费（不含基本建设投资，不含文化管理部门行政运行经费）总计达1220.41亿元，是“十五”的2.46倍，年均增长19.3%，是改革开放以来增长速度最快的一个时期。文化部门通过大力推进经营性文化事业单位转企改制，直属的6家事业单位改制组建为中国对外文化集团公司、中国东方演艺集团有限公司、中国文化传媒集团有限公司和中国动漫集团有限公司等4家国有文化企业，全国一大批演出公司、电影公司、音像公司、影剧院也完成转企改制，成为合格的文化市场主体。截至2010年上半年，全国转企改制的国有文艺院团达到228家；北京、辽宁、吉林、上海、江苏等近20个省市整合资源组建了演艺集团公司，使演艺企业规模不断扩大，发展活力和市场竞争力显著增强。此外，“十一五”期间基本完成了“以文化市场综合执法改革为重点，进一步深化政府职能的转变”，如北京、上海、天津、重庆、浙江、广东、海南、山西等

省市基本完成综合执法改革工作，168个副省级和地级市已组建综合执法机构，184个副省级和地级市建立了统一的文化行政责任主体，执法效率明显提高，执法成本大幅度下降。

2011年10月18日，中共十七届六中全会通过关于深化文化体制改革的决定，其中蕴含了许多新意：1、目标：“培养高度的文化自觉和文化认同”以“弘扬中华文化”。近期目标：2020年即建党100周年之前，通过改革整合文化资源，从而在重塑“共同价值观”过程中掌握主动权；中期目标即2050年即建国100周年之前，形成具有世界影响力的中国特色社会主义文化，推动中华文化走向世界。2、确立文化发展的“人本主义”精神。六中全会公报指出，将“以人为本”的执政理念落实到文化发展领域，重申了文艺为人民服务的宗旨，以及“百花齐放、百家争鸣”的“双百方针”，目的在于激发民众的创造力。如突出普通民众在文化发展中的“主角”地位，加大了对乡村、小区、校园、企业等基层的文化着墨，强调让人民享有健康丰富的文化生活。3、将文化事业与文化产业明确区分。健全文化市场体系、创新文化管理制度、完善政策保障机制，“要构建现代文化产业体系，形成公有制为主体、多种所有制共同发展的文化产业格局，推进文化科技创新，扩大文化消费。”4、顺应时代潮流，提出“发展健康向上的网络文化”。一方面保障新文化形态的发展，另一方面依法加以规范，发挥其积极作用。

文化是生产力，其效应还鲜明体现于文化与其他产业相融共进，催生新的发展业态，开拓出新的发展空间。当国际性金融危机从美国发端并蔓延全球之际，中国政府下决心进行经济结构的转型，国家拉动内需、减少社会收入差别程度等政策的推动，以及教育、文化、卫生等领域的改革，都带动文化消费市场的发展，直接刺激了文化产业的发展。截至2010年底，大陆地区经营性的文化产业机构已达40万家，其对国民经济增长的贡献不断上升，文化精神产品日益成为市场经济条件下繁荣社会主义文化、满足人民群众文化需求的重要途径。同时，我国已经是全球最大的艺术品交易市场之一。

整体而言，随着文化体制改革的深入推进，文化生产力得到极大释放，文化产业飞速发展，在国民经济中所占份额越来越大，成为满足人民群众精神文化需求的重要途径，在促进经济发展方式转变中的作用更加突出，已为大陆地区发展文化创意产业奠定坚实的基础。

第一，文化创意产业进入高速增长阶段。“十一五”期间文化创意产业的增长速度高于同期的GDP增速，文化产业与国民经济各大产业之间的关联日益紧密，拉动作用愈发突出。据国家统计局公布的数据显示，2004年以来，文化产业增加值在GDP中所占比重以每年15个百分点的速度增长，出版、影视、动漫、网络游戏等行业快速发展。2009年，仅网络游戏行业就为相关联产业带来近3倍的收入[1]；2010年是文化企业的上市年（有20余家的文化企业上市），特别是已经改制的文化企业将完成初步的市场化过渡，三网合一的数字内容产业和广电系统的文化创意发展模式出现新的探索，特别是上海世博会的举办，给我国的设计产业和会展业带来较大的影响。“十一五”时期，我国文化产业年均增长速度在15%以上，比同期国内GDP增速高6个百分点，且拓宽了文化产业的领域，成为促进经济发展方式转变、优化产业结构、吸引创业与就业，以及经济增长的重要引擎。

第二，文化创意产业加快经济结构调整的步伐。加快发展文化产业已近成为转变经济增长方式、调整经济结构的重要抓手和途径。如跨地区、跨行业的文化产业异军突起，文化创意的投资热潮汹涌，文化资源的开发持续升温，以国营资本为主导，各种所有制共同发展的文化创意产业格局已经形成，尤其是非公有经济的文化企业如雨后春笋般快速发展。

第三，新的文化产业业态初步形成。一方面文化创意产业的自主创新、内容产业、版权产业成为投资热点，另一方面文化创意产业与制造业日益融合，推动

1　崔峰、宋建武：“‘十二五’文化产业前瞻：支柱产业的机遇和实现路径”，《文化产业导刊》2010年第11期。

产业、产品结构的优化与升级换代。从广义上看，传媒、卡通、影视、娱乐、游戏、旅游、教育、网络及信息服务、音乐、戏剧、艺术博物馆等都成为文化产业璀璨的一员。至2007年底，仅在文化系统行业管理的经营性文化产业就达32万家，并形成有娱乐业、演出业、音像业、网络文化业、文化旅游业、文物和艺术品等构成的产业体系；同时，网络文化、动漫游戏、数字音乐、数字电影等新兴文化产业迅速崛起，一个较为完备的现代化文化产业体系初步形成[1]。

第四，文化市场进一步开放，文化创意产业的国际化水平明显提高。主要体现在三方面：一是文化市场的准入逐步松绑，尤其是文化体制的市场宏观管理与微观组织的运行机制进一步与国际接轨；二是在文化市场结构调整中，一批具有竞争力的国有、公营合资与民营文化企业通过股份制改造，拓展国内外市场；三是一批优秀的、具民族特色、原创性质的文化创意产品，打入国际市场。

第五，因应文化创意产业人才的市场需求，文化创意的教育培育机制形成并迅速发展。鉴于国内外对文化产业学科的定位尚未特别清晰，它更多地属于交叉学科，因此高校在文化产业学科建设和人才培养方面开始注重强调多学科的交叉性，注重综合型人才的育成。

四、“十二五”时期文化产业改革发展的战略抉择

“十二五”时期是我国文化创意产业发展承上启下的重要时期。2011年10月召开的中共十七届六中全会通过关于深化文化体制改革的决定，其中蕴含了许多新意：如明确“培养高度的文化自觉和文化认同”以“弘扬中华文化”的目标；确立文化发展“人本主义”的精神；健全文化市场体系、创新文化管理制度、完善政策保障机制；顺应时代潮流，规范、保障新文化形态的发展等。实现新时期

1 文化部课题组：《当前形势下加快文化产业发展研究报告》，由文化艺术出版社2009年5月出版。

的文化发展战略目标，必须依赖充分扎实的基础研究，以及科学性、有效性与权威性的规划与路径抉择。以下从两项重要基础工作与行动纲领作出分析。

1. 关于《文化及相关产业分类》的修订工作

2011年9月28日，中宣部、国家统计局在北京召开了文化产业统计研讨会，有关部委、部分省市党委宣传部和统计局负责同志以及有关专家学者参加。会议认为，要适应我国文化产业发展的新情况、新变化，必须对现行分类进行必要调整，使其更加切合发展需要。根据会议精神，国家统计局开始了对2004年制定的《文化及相关产业分类》进行修订，在原有分类原则和方法基础上，增加了与文化生产活动相关的创意、新业态、软件设计服务等内容和部分行业小类，减少了不符合文化及相关产业定义的活动类别，并在2012年7月的统计年报正式实行。

（1）关于文化及相关产业的定义。本次修订本将文化及相关产业的定义从“为社会公众提供文化、娱乐产品和服务的活动，以及与这些活动有关联的活动的集合”完善为“指为社会公众提供文化产品和文化相关产品的生产活动的集合”，并在范围的表述上从内涵及外延上作出解释。根据这一定义，文化及相关产业包括了四个方面的内容，即由文化产品的生产活动构成文化及相关产业的主体，文化产品生产的辅助生产活动、文化用品的生产活动和文化专用设备的生产活动。

（2）关于文化事业和文化产业的划分。在国民经济行业分类中，一个行业（或产业）是指从事相同性质经济活动的所有单位的集合。在统计分类中，按国际惯例行业与产业在英语中都称为“industry”，我国一般翻译为“产业”，往往更强调其经营性或经营规模。本次修订继续使用“文化及相关产业”的名称，分类涉及范围既包括了公益性单位，也包括了经营性单位，与联合国教科文组织的《文化统计框架—2009》规定的范围基本一致。

在制定2004年的分类时，由于文化体制改革刚刚起步，在很多行业内部，公益性和经营性单位共存，公益性和经营性的统计分类标志尚未确定。进入21世纪第二个十年。我国的文化体制改革取得重大进展，特别是经过两次全国经济普查，依据是否执行企业会计制度来区分经营性文化产业单位和公益性文化事业单位的原则，多数行业的公益性或经营性属性可以确定。因此，在本分类公布后，统计上所称的“文化及相关产业”指本分类所覆盖的全部单位，“文化产业”仅指经营性文化单位的集合，“文化事业”仅指公益性文化单位的集合。

（3）新版《文化及相关产业分类》的结构调整情况。2004年版《文化及相关产业分类》，为反映文化建设和文化体制改革的情况，提出其内容可进一步组合成文化产业核心层、文化产业外围层和相关文化产业层。随着我国文化体制改革不断取得新突破，文化业态的融合以及文化新业态的层出不穷，许多文化生产活动很难区分是核心层还是外围层，因此本次修订不再保留三个层次的划分。从产业分类的结构调整来看，情况如下：

首先，三个层面的调整。第一层从 “文化服务”和“相关文化服务”两部分改为 “文化产品的生产”和“文化相关产品的生产”。（2）第二层的大类由9个调整为10个。具体是：合并“新闻服务”和“出版发行和版权服务”二大类为“新闻出版发行服务”一个大类，包含内容略作调整；保留“广播电视电影服务”、“文化艺术服务”、“网络文化服务”（更名为“文化信息传输服务”）、“文化休闲娱乐服务”四个大类，包含内容有所调整；新增“文化创意和设计服务”、“工艺美术品的生产”、“文化产品生产的辅助生产”三个大类；取消 “其他文化服务”，将其中的广告服务移至新增的“文化创意和设计服务”大类中，其他内容移至新增的“文化产品生产的辅助生产”大类中；将原“文化用品、设备及相关文化产品的生产”和“文化用品、设备及相关文化产品的销售”两个大类修订为“文化用品的生产”和“文化专用设备的生产”两个大类。（3）第三层的中类由24个修订为50个，第四层的小类由99个修订为120个（其中新增19个、减少5个，因执行新《国民经济行业分类》增加7个），带“*”的小类由17个修订为23个（其中新增11个、减少4个，因执行新《国民经济行业分类》减少1个）；取消过渡层，在带“*”的小类下设置29个延伸层。

其次，增减的内容。在本次修订过程中，新增内容体现新时期文化创意产业的发展形态，新生的文化业态和与文化及相关产业定义较为符合的生产活动已纳入分类，如文化创意，包括建筑设计服务和专业设计服务[1]；文化新业态，包括数字内容服务中的数字动漫制作和游戏设计制作，以及其他电信服务中的增值电信服务（文化部分）；软件设计服务，包括多媒体软件和动漫游戏软件开发；具有文化内涵的特色产品的生产，主要是焰火、鞭炮产品的制造，珠宝首饰及有关物品的制造、销售，陈设艺术陶瓷制品的制造等；其他，包括文化艺术培训、本册印制、装订及印刷相关服务、幻灯及投影设备的制造和舞台照明设备的批发等。

在本次修订中，凡属于农业、采矿、建筑施工、行政管理、体育、自然科学研究、国民教育、餐饮、金融、修理等生产活动和宗教活动均不纳入分类，减少的内容，包括旅行社、休闲健身娱乐活动、教学用模型及教具制造、其他文教办公用品制造、其他文化办公用机械制造和彩票活动等。

2. 《国家“十二五”时期文化改革发展规划纲要》（以下简称“规划纲要”）是新时期推动文化创意产业发展的行动纲领

2012年2月15日推出的“规划纲要”，把《中共中央关于深化文化体制改革、推动社会主义文化大发展大繁荣若干重大问题的决定》和《中华人民共和国国民经济和社会发展第十二个五年规划纲要》的精神具体化，提出了九大工程50余个重点项目，描绘了“十二五”时期文化改革发展的宏伟蓝图，成为加快改革、推动发展的行动纲领，突出呈现了五大创新亮点：

（1）突出“大文化”。“规划纲要”在谋篇布局上更加突显改革和发展并举的时代特征、事业和产业并重的发展特性、创作生产和传播消费环环相扣的运

1 建筑设计服务指工程勘察设计中的房屋建筑工程设计、室内装饰设计和风景园林工程专项设计；专业设计服务指工业设计、时装设计、包装装潢设计、多媒体设计、动漫及衍生产品设计、饰物装饰设计、美术图案设计、展台设计、模型设计和其他专业设计等服务。

行规律，统筹兼顾保护与传承相衔接、国内和国际两个市场相呼应，旨在建立文化“大创作”体制、创新文化“大生产”方式、构建文化“大传播”体系、打造文化“大消费”格局、开创文化“大贸易”局面。

（2）突出战略布局。“规划纲要”突出抢抓机遇意识，紧紧围绕公共文化服务的城乡布局[1]、文化产业的主体布局[2]、文化产业的区域布局[3]、文化产业的功能布局[4]，以及与文化对外贸易的海外布局[5]等重大问题，做好战略布局这篇大文章，致力于扭转文化建设与经济建设不同步的局面。

（3）突出转变发展方式。加快转变文化发展方式像一条红线贯穿于“规划纲要”。一是要加快发挥文化产业对于调结构、转方式的重要作用，与此同时，文化发展自身也面临转变方式的艰巨任务。作为加快发展文化产业的重要手段，一方面加快发展文化装备制造业和文化消费终端制造业，支撑文化产业发展；另一

---

1 构建公共文化服务体系旨在保障人民群众的基本文化权益，包括看电视、听广播、读书看报、进行公共文化鉴赏、参与公共文化活动等，有公共文化设施的“硬件”，也有公共文化产品和服务的“软件”，属于“民生”范畴。

2 在调整和优化文化产业的主体布局上，“十二五”文化规划一方面提出选择50家实力较强、影响力较大的文化企业予以重点扶持，使其成为文化产业的骨干企业和战略投资者，旨在促进文化资源和要素向优势企业适度集中，提高产业集中度;另一方面强调大力扶持机制灵活、市场反应快、适应力强的中小企业，不断拓展文化产业的广度和深度，旨在完善文化产业分工协作体系。

3 “十二五”文化规划提出，调整和优化文化产业的区域布局，一方面要优化文化资源存量布局，依靠市场在文化资源配置中发挥基础性作用，推动文化企业跨地区、跨行业、跨所有制兼并重组，引导文化资源和要素向优势企业适度集中;另一方面则要加强文化产业区域布局的统筹规划，引导各地立足既有资源和条件，形成合理的地区分工，走差异化、特色化发展之路。建设一批全国文化产业示范区，引领文化产业发展，鼓励和引导各地在推动文化产业发展上突出特色、体现差异，避免重复建设和同质竞争。

4 文化产业被称作“内容产业”，但文化是无形的，其传承和传播需要载体，需要渠道和终端，所以文化产业本质上属于内容生产和传播渠道的集合体、统一体。相对于较为完备的内容生产体系而言，我国文化传播渠道显得不够完整。“十二五”文化规划在文化产业的功能布局上，积极倡导“渠道优先”，把文化传播渠道建设放在更加突出的位置，在“传播体系建设”中设专章部署“文化传播渠道建设”。

5 “十二五”文化规划从我国文化“走出去”的实际出发，一方面继续扩大文化产品和服务出口规模，另一方面提升文化对外贸易的水平和质量，鼓励文化企业进行对外投资和跨国经营，谋划海外布局和布点。

方面推动文化产业渗透于国民经济各行各业，增加物质产品和现代服务业的附加值和文化含量，以在文化和经济融合过程中变革文化生产方式，加快转变文化发展方式。“纲要” 明确提出要建立健全文化产业投融资体系，鼓励和引导文化企业面向资本市场融资，促进金融资本、社会资本和文化资源的对接；引导社会资本以多种形式投资文化产业，参与国有经营性文化单位股份制改造，参与重大文化产业项目和文化产业园区建设；吸引外资进入我国法律法规许可的文化产业领域。此外，“纲要”还设专门章节部署如何扩大文化消费、出口和投资。

（4）**突出科技支撑。**文化传承和传播离不开科技进步，突出科技支撑是“规划纲要”的一大特色。统观“规划纲要”内容，可以说科技支撑 “无处不在”，体现在公共文化服务体系建设、传播体系建设、文化遗产保护传承与利用等文化改革发展的各项主要任务之中。如“规划纲要”把文化和科技的融合，从一般的号召变成了实实在在的工程项目，专设了文化数字化建设工程，从文化资源到文化生产再到文化传播、文化消费，提出了文化资源数字化、文化生产数字化、文化传播数字化、文化消费数字化等非常具体的数字化项目。

（5）**突出政策保障。**一是政府投入保障机制。“规划纲要”中无论政策条目还是政策内容，都特别强调要建立健全同国力相匹配、同人民群众文化需求相适应的[1]；二是突出强调建立健全文化产业投融资体系[2]；三是文化贸易促进政

1 首先，通过设立国家文化发展基金、国家艺术基金、国家出版基金、国家电影发展专项资金等，面向全社会文化机构和个人进行项目资助，引导文化产品创作生产，支持人才培养；其次，扩大文化产业发展专项资金规模，支持战略性、先导性、带动性文化产业项目建设，支持文化科技研发应用和提高文化企业技术装备水平；再次，注入财政资金引导设立文化产业投资基金，吸引金融资本和其他社会资本进入文化产业，通过对文化企业进行股权投资，推动文化企业进行跨地区、跨行业、跨所有制并购重组，培育文化产业的骨干企业和战略投资者。

2 包括完善文化市场准入政策，降低准入门槛，提高政策透明度，充分调动社会资本发展文化产业的积极性;落实和完善金融支持文化产业发展政策，加强和改善对文化企业的金融服务，鼓励和引导文化企业面向资本市场融资，促进金融资本、社会资本和文化资源的对接，推动条件成熟的文化企业上市融资，鼓励已上市公司通过并购重组做大做强;把文化科技研发纳入国家科技创新体系，制定文化产业支撑技术的类别和范围，运用产业政策鼓励文化企业集成应用高新技术;进一步落实鼓励社会组织、机构和个人捐赠以及兴办公益性文化事业的税收优惠政策，促进企业及民间对文化的投入明显增加。引人注目的是明确文化体制改革配套政策再延长5年。

策[1]；四是版权保护政策，强调建设涵盖文学艺术、广播影视、新闻出版等领域的版权公共服务平台和版权交易平台，扶持版权代理、版权价值评估、版权质押、版权投融资活动，推动版权贸易常态化。明确提出要发展版权相关产业。

此外，针对《规划纲要》要构建现代文化产业体系方面分析如下：

（1）**加强文化产业区域布局。**支持东部地区加快发展动漫游戏、创意设计、网络文化、数字文化服务等行业，培育科技型文化产业集群。引导中西部地区及限制开发的主体功能区，依托当地丰富的文化资源，重点发展演艺、文化旅游、艺术品、工艺美术、节庆会展等文化产业，走特色化、差异化、集聚化发展之路。结合国家各项区域性专项规划，主动将文化产业发展纳入区域发展总体框架，加快发展地方特色文化产业。

（2）**统筹城乡文化产业发展。**挖掘城市文化资源，发展特色文化产业，建设特色文化城市。支持大型城市和城市群发挥技术、人才、资金密集优势，加快发展新兴文化业态，形成一批具有国际影响的文化创意中心城市和城市群。发挥首都全国文化中心的示范作用。鼓励大型城市和城市群科学制定功能区域规划，形成各具特色、合理分工、重点突出的文化产业空间布局。支持中小城市完善文化消费基础设施，利用特色文化资源打造产业亮点。鼓励资源型城市合理利用其闲置旧厂房、废弃工业设施等，发展创意设计、演艺、会展、文化旅游等文化产业项目。鼓励发展农村手工艺品、民间演出和乡村文化旅游，培育打造一批特色文化产业乡镇和文化产业特色村，扩大农村就业，增加农民收入。

（3）**培育区域性特色文化产业群。**挖掘各地特色文化资源，通过规划引导、政策扶持、典型示范等办法，引导特色文化产业有序聚集，发展壮大一批特色明显、集聚度高的特色文化产业基地。鼓励各地积极发展依托文化遗产的旅游及相

1　文化贸易促进政策强调加大已有支持对外文化贸易各项优惠政策的落实力度，进一步完善有关财税政策，支持文化企业“走出去”。此外，支持文化企业市场开拓活动，为文化企业走出去提供通关便利，在账户开立、资金汇兑方面给予政策便利等。

关产业，打造一批特色文化产品和服务，培育一批民族演艺、文化旅游、工艺美术等文化产业集群，着力推进藏羌彝文化产业走廊等重大项目，增强特色文化产业群发展的聚集力、辐射力和竞争力。

总之，国家已确定了十二五期间文化产业的战略性地位，可以预见，文化创意产业的经济总量、吸收的就业规模、社会的文化消费规模和出口目标都将会有强劲的增长。

第二节　文化产业政策的内涵研究

大力发展文化产业是我国为增强国际竞争力而确立的重大举措。现阶段，发展文化产业已经成为转变区域经济发展方式，促进传统产业结构优化升级的重要战略与策略，甚至是重要抓手。本节从区域文化产业发展的政策视角进行论析并反思。

一、理论认识与反思

理论上，文化产业具有高知识性、强融合性、大附加价值、低碳少污染等特征，对经济结构的调整、增长方式的转换和社会创新能力的提升，具有积极的作用与意义。至于如何落实并真正发挥好文化产业对区域软实力提升的正面影响，则需要管理者在区域发展规划和文化产业政策上有所作为，尤其是从经济导向和文化导向这两个维度政策措施的协调与安排。

以下从西方经常被提及的理论观点来分析：

第一，当人均GDP超过3000美元时，文化消费会快速增长；当接近或超过5000美元时，文化消费则会井喷。这一国际经验并未在我国得到应验，这与我国的国情有关[1]。根据国家统计局发布的资料显示：2009年我国人均GDP超过3650美

1　任珺："我国区域文化产业发展的政策反思"，《台湾文化导刊》2012年第12期。

元，但文化消费占总消费的比率并未快速增长；2010年我国人均GDP超过了4500美元，但文化消费井喷的情形也没有出现。究其主要原因，必须考察我国经济社会发展的实际情况：1、区域经济增长方式的制约。考察当前我国各区域经济增长的模式仍主要依赖出口与投资的拉动，内需消费拉动经济增长的力道不足，以至于尽管人均GDP持续增长达到上述的理论水平，但文化消费水平并未随之快速提高。2、社会保障制度建设的滞后，抑制了潜在的文化消费。譬如，对住房、医疗、教育等方面的投资及潜在的需求，抑制了民众的可支配收入对文化消费的投入。3、由于政策和制度层面的原因。文化产业发展还受体制性因素的束缚，以及其他如发展模式、政策导向、产业结构等深层次问题的纠结。要求改革在文化产业政策和制度层面大胆创新。

第二，文化产业在产业规模和财富创造能力上显示出强劲增长的实力，这一论述并不具有放之四海而皆准的合理性。因为，一个区域文化产业增长实力还受到诸多因素的影响：如区域文化消费和文化产业的规模，而不同区域的文化消费水平是与该区域社会经济发展水平密切相关，影响因素包括居民可支配上的收入、当地物价水平及消费习惯等；再如文化产业的规模则与当地经济水平、传统文化习俗、居民休闲时间与生活品质、商业金融服务水平等因素不无关系。也就是说，一个地区必须要有符合文化产业发展的适宜环境，文化产业才会呈现出应有的优势。作为一种产业经济门类的文化产业，其在区域产业中的分布及增长实力，取决于资源条件的优劣性、经济发展的绩效性、产业的聚集性以及运输通讯等外部环境的影响性等诸多因素，不能盲目、孤立地扩大文化产业的作用。但就文化作为整合区域资源的重要手段之一，对文化产业政策创新的研究就显得日益重要。

第三，按照控制论的原理，区域文化发展政策需要依据实际情况不断调整。法律出台有相对的稳定性，因为法律是纲化的，而作为政策的好处，就是其制定、执行留有调节的余地。按照控制论的原理，就叫作反馈、调节、再反馈、再调节。也就是说，文化政策需要根据实际情况，即社会、企业、市场等各方面实践的不断反馈，进行与时俱进的调整、修订。

二、制定区域文化产业发展政策的相关问题

1. 关于区域文化政策的辨析

区域文化政策是指：从区域层面上，针对文化本身或对个人、群体、社会的文化表现形式产生直接影响的各项政策和措施。文化政策设计是文化事业与文化产业管理的指挥棒，决定着后二者的成败。区域文化产业发展，很重要的一块就跟政策有关，而区域文化政策设计的成果集中体现在区域国民经济与社会发展规划、区域文化发展纲要与区域文化产业发展规制之中，以及区域文化事业与文化产业各行各业的主导政策与配套政策的各个方面。

十七届六中全会阐述关于文化大发展最核心的三句话：文化自觉、文化自信与文化自强。文化自觉是指对文化的认识，文化自信则是去发现文化可以做什么，文化自强就是找出文化发展模式与路径。首先，要分析论证弄清楚以下几个问题：

第一，关于国家发展与区域发展的关系。“十二五”国民经济发展重要纲要明确提出国家目标：逐步推动文化产业成为国民经济的支柱性产业；而国家文化产业发展纲要里面提到9个重点，跟文化产业相关的各个部委，文化部、广电总局、新闻出版署、信息产业部、商务部等都包含在内。从区域角度考虑上述目标，不能忽略了国家发展和区域发展之间的关系一定有所区别。文化就是差异，区域发展的重点是找出你和别人不一样的地方，在制定区域文化各种规划政策时，最重要的是以差异性优势为基础拓宽思路，思考跨域联动，这种联动实际上就是一种资源整合。

第二，文化发展与文化产业的关系。从根本上破除制约文化发展的机制和体制障碍，才能解放和发展文化生产力。所以，观念必须改变，这里就涉及对文化的认识，厘清文化发展和文化产业之间的关系。在制定区域文化政策时，不要完全从经营性的角度去思考文化产业发展，而是要把文化产业发展放在整个文化立国、对文化的物质符号、价值体系，以及制度建构这样的层面上理解文化产业和文化发展的关系。也就是说，应该认识到：文化发展与文化产业既相对独立又相互支撑，甚至在一定程度下能相互转化。

第三，政策和产业发展之间的关系。政策是导向，政策是我们研究的重要主题之一。政策的制作主体是政府，政府拥有最大的行政资源，包含政策资源，怎么用好这个资源是需要很好去研究的。应更多地关注资本力量够不着的地方，这就是政府的责任，譬如说战略规划、产业结构政策、产业发展的生态环境，以及制度、法律的保障体系。

2. 新时期文化大发展的政策体系及其特性

我国文化发展政策初步形成从宏观到微观的两个层面，从纲领性战略规划到指导性政策文件与指导意见，参见表5-1。

表5-1　　我国文化大发展的政策体系

政策层次	政策文件名称	颁布时间
纲领性政策	《国民经济和社会发展第十一个五年规划纲要》 胡锦涛在中国共产党第十七次全国代表大会上的报告 《国民经济和社会发展第十二个五年规划纲要》	2006年3月14日 2007年10月15日 2011年3月14日
指导性政策	《国家“十一五”时期文化发展规划纲要》 《中共中央国务院关于深化文化体制改革的若干意见》 《文化产业振兴规划》 《文化部关于加快文化产业发展的指导意见》 《新闻出版总署关于进一步推动新闻出版产业发展的指导意见》《新闻出版业“十二五”时期发展规划》	2006年9月13日 2006年1月 2009年9月26日 2009年9月10日 2010年1月1日 2011年4月20日

从发展文化产业政策特性分析，主要体现如下诸方面：

首先，区域文化产业发展规划要充分考虑本地区的文化资源、优势、特色及不足，避免盲目跟风、重复建设、格式化雷同所带来的投资风险。区域文化产业发展规划的基础是本地区的文化市场，制定区域文化产业发展战略时要考虑这一点，即立足于满足区域内民众的精神文化需求。“跨越式”或“超赶型”发展战略要注重可持续性。在经济全球化背景下，伴随着信息化的发达，后发国家或地区可以嫁接最新的技术成果和管理经验，发挥后发优势，在理论上或逻辑推理上是有可能性的，但一定要注重产业结构的调整与文化产业的增长方式，要朝向科学、节约与优化的方向前进并取得绩效，否则，若只是一种盲目的“大干快干”行为，势必影响文化产业的可持续发展。制定文化产业“走出去”战略应认清：对于文化产业而言，内容是关键，尤其是在全球化背景下，只有民族的、本土的、具有鲜明文化特色的创意文化才能“走出去”，取得国际反响及全球效应，否则只能落入一厢情愿。

其次，注重文化产业的经济效益与社会价值。文化产业不同于一般产业，有其自身的发展规律，若仅关注其规模的扩张和速度的增长，可能导致规模与效益、数量与质量、投入与产出不成正比的发展状态，不但发挥不了积极作用，反而影响区域经济发展，甚至国家的整体实力。此外，文化产品不同与一般商品，自人类进入文明时代以来，文化就承载着教育功能，在社会进步过程中发挥教化的作用。因此，发展文化产业，经济贡献只是一个方面，更重要的是发挥文化产业对增强区域文化认同、社会凝聚力等方面的价值，不能把文化产业完全交予市场运作。

再者，强调政府管理与服务重点的转型。政府对文化产业管理的重点应转移到宏观调控、政策引导和服务、创造公平市场环境方面。产业监管制度、生产服务体系、知识产权保护体系、人才培育养成体系等软环境的创建更关乎文化产业的创意和可持续发展的能力。在制定文化产业区域发展规划时，一定要依据科学发展观，在战略目标及具体措施上要覆盖与文化产业有关的所有主体，协调社会各界的力量；尊重市场规律，注意发挥市场在资源配置中的基础性作用，维护公平的市场竞争秩序；增加科技研发投入，完善信息服务体系；为文化企业发展提供包括基础性研究、公共技术平台、人才引进与培育机制、产业金融促进和支持体系等服务功能。文化的发展潜力是一回事，转化成现实生产力是另一回事。文化生产力的解放和发展，关键要靠体制机制改革的催化。

三、文化创意产业的政策创新

继资源、管理、科技和人才竞争之后，全世界已经开始了第五轮竞争，文化正在成为区域竞争的利器。文化创意产业是一种源于文化又超越传统文化产业的新经济形态的产业，已成为国家竞争与城市发展的新领域，在新一轮的全球竞争中，世界各国纷纷把发展文化创意产业作为提升经济实力与软实力的重要途径，其最大特点在于：加强文化产业与创意产业的相互融合，推动文化创意的兴起。

1. 创意产业与文化产业内涵上的差异

联合国贸易和发展会议（UNCTAD）对创意产业与文化产业的区分：认为创意产业从版权和创意内容的销售中创造价值；文化产业是通过文字、视觉和表演艺术从本地文化背景中创造创意内容。由此可见，文化产业与创意产业至少有两点显著的差异：第一，文化产业强调以本地文化进行生产，强调产品的国家、民族、社会和文化意义。几乎所有的文化产业定义都包括电视、无线电广播、书报刊出版、音乐的录音与出版、广告以及表演艺术等，所有这些活动的首要目标是与受众沟通并创作文本[1]。创意产业则强调以版权和创意内容为基础面向市场，是以新知识经济中的新媒体技术发展为背景，描述创意艺术（个人才能）和文化工

1　大卫·赫斯蒙德夫著：《文化产业》张菲娜译，中国人民大学出版社2007年出版P.13

业（大规模）在概念和实践层面上的融合，供新近才实现互动的“公民——消费者”所用。第二，文化产业讲求规模，强调依靠大型公司，提升主流文化的传播能力；创意产业则强调依靠中小企业的创新来源，保持基于文化多样化的创新活力。基于文化产业与创意产业内涵上的差异，发展中国家或地区在文化产业政策制定中，会拒绝使用版权为基础的产业定义，而主张以文化导向的产业定义，主要是担心本地文化可能会因为知识产权机制被发达经济所利用。但联合国教科文组织认为，“创意领域”的许多产业也不一定具有创造性，而且创意的定义和测量本身存在很大争议，所以把与文化相关的某些特定的活动、产品和服务，归入“设计和创意服务”类别。在我国各地的产业政策中，存在着文化产业、创意产业和文化创意产业的区别，甚至有学者认为，创意产业是文化产业发展到一定阶段后，上升到新的文化发展阶段的一个必然结果和产物。

总体观察而言，文化导向的产业政策是以独特文化资源为基础，对于经济、信息和技术水平较为落后的发展中国家或地区而言，其文化产业政策定位更关注本地文化的传承与保护，以为创意产业的发展积蓄力量。而对于拥有资金、技术、人才等雄厚资源的发达经济国家或地区，则可以从市场需求出发，突破文化资源的限制，利用创意导向的文化产业政策，跨域利用全球资源组织生产与销售，提升其文化产业的国际市场竞争力。在当前我国区域经济发展的情况下，文化产业与创意产业如何融合的问题很重要，因此，将之统称为“文化创意产业”有其现实的积极意义。

2. 文化创意产业的政策创新内涵

鉴于文化创意产业承载着重要的政治和社会文化使命，且具有不可限量的商业价值，因此得到了各级、各地政府不遗余力的政策支持。由于我国各地区经济发展水平以及文化和创意资源分布等方面存在较大差异，因而在文化创意产业的政策中，如何根据实际情况，以科学的态度协调文化与创意的融合，必须通过政策的创新来解决。

为此，先对国外文化创意产业政策的现状进行分析，以为借鉴。纵览多国学者对国外文化创意产业政策所作的广泛而深入的研究：文化创意产业发展既有文化缺位的现象，又有创意元素和发展方面等问题；文化创意产业政策面临着文化与创意、产业与空间、保护与发展、商业目标与社会文化目标等多方面矛盾。学者Foord通过对文化创意产业政策目标的调研，提出从高到低的重要性排序：经济发展和就业、改善基础设施、城市振兴、教育和培训、旅游城市、城市品牌塑造、社会机会、环境和文化遗产[1]。这从某种程度上反映出文化创意产业面临的特殊问题与特殊要求，以及以传统产业政策来指导文化创意产业实践所遭遇的尴尬，必须通过政策创新得以解决。

再从国内文化创意产业政策的现状分析，我国各地文化创意产业的兴起，主要得益于各级政府政策的推动，政策创新更是其不可忽视的重要动力。党的十六大以来我国文化产业快速发展，得益于文化产业政策与制度的不断创新，最重要的是由计划经济体制向社会主义市场经济体制转轨过程中，通过对原有文化产业政策和制度模式的大胆突破，代之以一系列新的政策和制度规范，从而为文化产业的发展创造一个崭新的空间。如发展文化创意产业被纳入国家或区域发展战略和城市规划之中；创新范围由以往的个别的文化产业政策与制度创新走向全面、系统的文化产业政策与制度创新；创新主体由个别文化行政主体创新走向党和政府主导下的众多文化行政主体创新；创新内容由具体文化产业发展对策创新走向对影响文化产业发展的外部环境和内在动力的体制和制度层面创新；创新形式由制定具体政策为主走向以制定法律和法规为主。创新概念更是贯穿在党的十七大报告中，文化创新被提到前所未有的高度，“在时代的高起点上推动文化内容形式、体制机制、传播手段创新，解放和发展文化生产力，是繁荣文化的必由之路”。

为了强调一种整合经济和社会文化目标的政策创新理念，解决经济与社会目

1　高红岩：“文化创意产业的政策创新内涵研究”，《文化产业专辑》2009年9月号。

标之间的矛盾，必须在文化创意产业政策中纳入整合性、动态性、协调性的创新理念，既需要根据各地特殊条件进行创新，也需要各地政策之间的有效联动，这样不仅有助于较为先进富裕的区域打造富有地方特色的文化空间，也有利于较为落后地区文化产业与空间的创新过程，而且能够促进文化创意产业的可持续发展。正如著名的创意经济学家理查德·佛罗里达所言：我们必须努力形成适当的机制和政策，构筑一个创意社会，缓和创意经济所带来的紧张氛围，从创造性经济生产向创意型结构过度是我们唯一的出路[1]。从现实来看，我国许多地区发展文化创意产业的条件还很薄弱，与其临渊羡鱼，不如退而结网，从教育做起，从改善社会文化环境入手，为经济转型和社会文化发展提供深厚的人才准备，为全面提升地区人文综合素养打下坚实的基础，或者才是具有全局性与长远性的一种战略举措。

四、我国文化“走出去”政策的特征与进路

“走出去”战略是我国面向21世纪国际竞争的一项重大的国家战略，首先应用在经济领域，由此，“中国制造”登上世界舞台，占领世界市场。让中华文化走出国门亦然。

1. 确立文化“走出去”战略，政策体系逐步完善

2003年12月5日，胡总书记在全国宣传思想工作会议上提出：“大力发展涉外文化产业，积极参与国际文化竞争”，文化“走出去”战略确立，围绕文化“走出去”的政策体系逐步丰富，有着重要的导航作用。参见表5-2。

1 理查德·弗罗里达著：《创意经济》，方海萍，魏清江译，中国人民大学出版社2006年出版P.20。

表5-2　我国文化“走出去”的专门性政策体系

政策文件名称	颁布时间
《广电总局关于进一步加强广播影视“走出去工程”管理工作的通知》	2004年9月20日
《文化部关于促进商业演出展览文化产品出口的通知》	2004年12月31日
《国家商业演出展览文化产品出口指导目录》管理办法（试行）	2004年12月31日
《国务院关于进一步加强和改进文化产品和服务出口工作的意见》	2005年7月10日
《国务院关于鼓励和支持文化产品和服务出口的若干政策》	2006年11月5日
《文化产品和服务出口指导目录》	2007年4月11日
《文化部办公厅关于奖励2007—2008年度优秀出口文化产品和服务项目的通知》	2008年12月11日
《商务部文化部广电总局新闻出版总署进出口银行关于金融支持文化出口的指导意见》	2009年4月27日
《2009-2010年度国家文化出口重点企业目录、2009-2010年度国家文化出口重点项目目录》	2009年11月27日
《关于进一步推进国家文化出口重点企业和项目目录相关工作的指导意见》	2010年2月1日

《文化部关于促进文化产品和服务“走出去”2011–2015年总体规划》	2011年4月
《关于申报2011年度文化出口中央奖励资金的通知》	2011年4月28日

2. 文化“走出去”的目标与战略工程的重点推动项目

在全球化文化时代中，中国文化要面对的不只是中国文化市场，还有国际文化市场。我们的文化不可能关起门来，否则就缺少对国际文化资源的汲取，缺少国际化的市场和受众。文化体制改革，有助于把我们的文化创新发展纳入到世界文化发展的进程中，为中国文化走入国际市场打开更多思路和途径。何况，中国要真正地成为世界大国，光出口经济产品是不够的，只有将承载着中国思想和观念的文化产品“走出去”，中国才能形成与国家实力相匹配的软实力。

“十二五”期间文化产业发展的关键在有三：构建现代文化产业体系、培育现代文化市场、鼓励文化企业走出去。从文化“走出去”的政策内容分析，我国文化“走出去”的主要抓手有两方面：一是加强和改进文化产品和服务出口，提高中国文化产品的国际影响力；二是打造一批具有国际竞争力的文化企业。从整体的发展来看，文化“走出去”战略工程内容丰富，建立了重大项目推进制度，观察其主要特征：可以说是政府导向强于市场导向。如2007年商务部、外交部、文化部、广电总局、新闻出版总署、国务院新闻办等六个部门共同制定了《文化产品和服务出口指导目录》，这个目录里指定了重要的文化产品和服务项目的类别，并规定了重点企业标准。按照这个指导目录，评选并发布了《国家文化出口重点企业目录》和《国家文化出口重点项目目录》。根据《关于进一步推进国家文化出口重点企业和项目目录相关工作的指导意见》，这些遴选出来的重点企业和重点项目将获得一系列的优惠政策支持。参见表5-3。

表5-3　我国文化“走出去”战略工程的规划和重点推动项目

项目名称	支持方向
中华文化推广战略计划	以“中国文化节、文化周、文化日”等文化交流活动和“让中国走进课堂”，“春节在国外”等品牌项目为主体内容。通过将中国的一系列文化元素直接拿到国外展览，包括传统习俗、武术、戏剧、图书、民间工艺等，让外国人融入其中，提升他们对中国文化的了解与认同。
中国图书对外推广计划	由国务院新闻办、新闻出版总署为贯彻落实党中央国务院关于中国文化“走出去”战略共同策划实施的一个重要项目。通过资助图书出版，让各国读者更完整、更真实地了解和认识中国，推动我国出版企业走出去，从而实现传播中华优秀文化、提高我国文化软实力的宗旨。
中国文化著作翻译出版工程	是“中国图书对外推广计划”的加强版，它以资助系列产品为主，既资助翻译费用，也资助出版及推广费用。旨在更加充分地利用中国的文化、出版资源，发挥中外热心传播中国文化的专家、学者、出版界人士的力量和优势，采取政府扶持资助、联合翻译出版、商业运作发行等方式，把更多的中国文化介绍给世界，让更多的人共享中华文明的成果。
“经典中国”国际出版工程	采用项目管理方式资助外向型优秀图书选题的翻译、出版、推广，以版权输出和出版合作等方式，实现对外出版发行，进入国外主流发行渠道；鼓励向发达国家输出，以主流社会读者为对象，向国际市场推广我国优秀思想文化、精神文明以及历史成就。评审委员会在对候选项目终审后，根据每年资助的总金额和申请项目的实际情况，决定资助项目名单和资助金额。申报项目必须最终能够实现向非华语地区版权输出或与非华语地区的出版单位进行国际合作出版发行。

中国出版物国际营销渠道拓展工程	积极实施“借船出海”战略，加强与全球性和区域性大型连锁书店的合作，拓展国际主流营销渠道；整合和巩固现有海外华文出版物营销渠道；积极开拓重要国际网络书店等新型出版物销售渠道；从而构建国际立体营销网络，推动更多的中国优秀出版物走向世界。包括3个子项目：国际主流营销渠道合作计划、全球百家华文书店中国图书联展、跨国网络书店培育计划。
重点新闻出版企业海外发展扶持工程	加快我国新闻出版企业海外发展步伐，为我国重点新闻出版企业在产品输出、境外机构设立、境外资本运营等方面提供支持。重点扶持20家外向型骨干企业，通过独资、合资、合作等方式，到境外建社建站、办报办刊、开厂开店，通过参股、控股等多种方式，扩大境外投资，参与国际资本运营和国际企业管理；营造良好环境和服务平台，鼓励和支持各种所有制企业拓展新闻出版产品和服务出口业务。
中国国际图书展销中心建设项目	以服务国际出版物贸易、版权贸易为重点，建造国际一流的大型综合性交流平台，为各国参展商提供各项服务，为世界各地的出版商寻找到新的接触机会。
两岸出版交流合作工程	大力推进海峡两岸新闻出版交流合作，重点支持挖掘和整合两岸出版资源、文化资源，完善两岸业界交流机制，加强项目合作，共同开拓海外华文市场，弘扬中华文化。

文化“走出去”还要从四个方面努力：一是提高“文化自觉”意识。即提高从战略高度看待文化产业发展的迫切性，需培养一批具世界眼光的知识分子和文化工作者，做优秀的、最中国的、最能为世界所接受的文化产品。二是解决文

化“站起来”问题。培育国民的文化自信，强大民族的文化本体，弘扬自己的主流文化，政府的文化政策至关重要。除了弘扬中华民族传统文化的精华之外，要重视介绍中国文化的繁荣与创新，树立改革开放的当代中国新形象。三是一定要将文化“卖出去”。培养一批熟悉西方文化产业市场运作规律的专业人才队伍，将中华民族传统优秀文化与改革开放的当代中国主流文化，打入西方主流文化市场；应把民营企业作为走出去战略的重要力量，还要通过走出去的企业与各种驻外机构直接联系，以便及时获取海外市场的最新动态。四是还要想办法“融进去”，关键点有三：（1）针对中华民族传统文化，应积极创新、推出经典。中华民族传统文化就是中华民族历史演化汇集而成的一种反映民族特质和民族风貌，以及各种思想与观念的总体表征，是中华民族智慧的结晶，更是中华民族历史遗产在现实生活中的展现。如儒、墨、道、法等诸子百家所倡导的中华民族精神，古文、诗、词、曲、赋、民族音乐、民族戏剧、曲艺、国画、书法、对联、灯谜、酒令、歇后语等中华民族传统文化表现形式，中华民族传统节日与中国古代自然科学，以及体现各区域社会生活与各少数民族特色的地域文化，尤其是一直存在的、展现出各异文化肌理的地域文化。（2）针对现在国际上对中国文化的认知和理解不够全面，尤其是对现当代中国文化认识不足的问题。因此，在文化体制改革浪潮下，要以中华文化之精华为基础，注入时代元素，融入产品与服务中，把文化创意、高新技术和市场需求有机结合起来，把体现我们国家文化形象的当代经典“送出去”，并借势开拓国际市场，掀起巨大的“汉风”。（3）注重“人文交流”。文化交流就不仅仅是我把我的节目、我的艺术给你看，你把你的东西给我看的问题，更重要的是人交流，人携带的文化交流，让国际社会对中国文化有更好的感知、理解和认同，是新时期中国文化“走出去”与“融进去”的关键。

综上所述，可以这样认为，文化产业政策与制度创新是文化产业发展自身规律在转型时期的必然反映，也是我国文化产业快速发展和可持续发展的根本保障，且成为当下中国文化大发展大繁荣的关键问题。我们要进一步解放思想、转变观念、勇于实践、大胆创新，冲破一切妨碍文化发展的思想观念，改变一切束缚文化发展的做法和规定，树立新的符合地域特色的文化发展观，朝着解放和发展文化产业生产力这个目标，促进由政府为主导的公益性文化事业全面繁荣，推动由市场为主导的经营性文化产业跨越式发展，双轮驱动，比翼齐飞。这样才能尽快推动文化事业和文化产业走上良性循环、健康发展的轨道，也才能在当代中国乃至世界文化格局中占得应有的地位。

第三节　发展的瓶颈与待突破的障碍

文化创意产业是一种源于文化又超越传统文化产业的新经济形态，从全球范围来看，文化创意产业已日益成为各国及各地区经济和文化创新与核心竞争力的重要组成部分。在1982年联合国教科文组织召开的世界文化政策大会上，就明确提出把文化发展纳入全球经济、政治和社会的一体化进程，并把推动文化发展当做各国政府面临新世纪所应当做出的承诺；1997年该组织又出台了《联合国世界文化发展10年（1988-1997）》，进一步提出促进经济、政治和文化的融合；在次年的斯德哥尔摩会议行动方案中又提出敦促世界各国“设计和出台文化政策或更新已有的文化政策，将它们当做可持续发展的一项重要内容”。以上文化政策的一个核心内容是关注文化与经济以及政治的融合问题。

20世纪90年代以来，中国经济体制的转型为文化产业的发展注入新的动力。1992年邓小平视察南方的重要谈话和党的十四大的召开，标志着中国的改革开放和现代化建设进入了一个新的历史时期。建立社会主义市场经济体制目标的确

立，为文化产业发展增添了活力。2000年，党的十五届五中全会通过的《中共中央关于制定国民经济和社会发展第十个五年计划的建议》中首次明确提出文化产业的概念。文化产业概念的提出，标志着我国对于文化产业的承认和对其地位的认可，具有重要的意义。因为之前认为文化属于意识形态，是喉舌，是阵地，是教育手段，是娱乐形式的观念改变了，反映了在市场经济条件下，文化除了以上属性外，还有产业属性的一面，对于文化体制转型具有决定性的作用。进入21世纪，中国已将建设创新型国家作为实现经济增长方式和可持续发展战略转型的国家长远发展战略的核心基础。文化创意产业对产业的升级和发展具有的五个方面的重大影响，包括：增加产业的附加值；增加产业经济的渗透性、关联性和集聚性；节约资源，推动产业转型；推动产业创新；促进产业结构升级。而发展文化创意产业必须具备四大保障体系：一是解放思想，转变观念，培养创新精神和创新文化；二是促使创意产业集聚，发挥规模经济效应；三是加快引进和培育具文化创意的综合型人才；四是健全知识产权保护制度。

作为中国文化体制改革的重要标识之一，中国文化产业政策的制定受到国家经济社会整体改革发展情况、文化产业发展实际进程的影响，在政策形态上具有“政府主导”、“渐进调整”、“弹性管理”、“市场导向”等特点，属于“战略性极力赶超型”政策系统[1]。一系列文化产业政策的出台，为文化事业大发展和文化产业的创新茁壮提供强劲的动力。但从实践检验来看，当前中国的文化产业政策还有诸多不足，政策效果与政策预期目标还有很大的差距。本节就此一议题作出简要的分析。

一、文化产业政策与规制的问题

文化产业的大发展需要文化产业政策与规制的不断创新。因此，对于在实践

1 傅才武、曹余阳：“近年来中国文化产业政策的演进路径与结构特征”，《文化产业导刊》2010年第8期。

中行之有效的政策和规制，必须一以贯之地坚持；对于实践中效果不明显的政策和规制，必须以创新的方法进行新尝试；对文化产业发展过程中出现的新情况、新问题，必须以创新的精神进行新探索。

1. 学术和理论的研究亟待加强

不可忽视的现实情况。从计划体制向市场体制、从单纯文化事业向文化事业和文化产业双轨发展，并建立和完善与市场经济体制及各项事业自身发展规律相适应的现代文化体系，本身就是一项创新，需要理论指导与实践探索。文化产业政策与规制创新的主要特点表现为：第一，创新范围由以往的个别文化产业政策与规制走向全面、系统的文化产业政策与制度；第二，创新主体由个别文化行政主体走向党和政府主导下的众多文化行政主体；第三，创新内容由具体文化产业发展对策走向影响文化产业发展的外部环境和内在动力的体制和制度层面；第四，创新形式由制定具体政策为主走向以制定法律和规章为主。因此，学术探索和理论研究的先行极为重要，包括创建并发展相关研究院所、建立与完善院校的相关院系、强化理论研究探索与指导、国内外先进经验的总结与推展等方面。此外，研究机构、院校与文化产业部门的联系与结合，也亟待加强。

2. 文化产业发展规划与区域间的协调

由于全中国各区域之间存在经济发展水平和产业结构的差异，中央政府制定的文化产业发展规划与政策必须考虑全国的适应性，所以保持着一定的“制度弹性”，体现在三方面：一是在文化产业发展目标选择上，因地区或行业差异而具有可调整性；二是在文化产业发展路径的选择上，允许各级政府、不同行业选择不同的实践方式或产业发展模式；三是中央与地方在文化产业政策关系上，中央政府鼓励发挥地方的积极性，探求文化产业改革发展的区域特色与实验。目前，全中国约有三分之二的省市提出建设文化强省的战略目标，各地方文化产业发展规划及出台的文化产业政策，如何与中央的整体发展战略与文化产业政策相融合，以及各区域之间的协调，都面临实践的磨合与绩效的考验。当然，地方文化网络的发展、地方文化精神的链接和地方文化性质的传续，应是需注重讨论的焦点。

3. 文化产业政策适应性的诸多不足

譬如政策重点不突出、政策目标在实践中偏离、政策的针对性不够、政策的诱导性手段不足、各部门的规章和相关政策衔接配套欠缺等等，切实地加强研究和制定、指导和协调，各负其责、相互配合显然并不是一个简单的问题，如果处理不好往往会出现“九龙治水”的现象。文化产业蓬勃发展的新局面，已对文化产业政策适应整体经济社会及文化市场的创建，提出了进一步研究与调整修订的更高要求。

4. 文化创意产业发展与政策导向问题

很多跨国集团、投资商认为，“在中国做投资，做产业，最大的风险是政策风险”，因为政策是软的东西，政策有很大的调控余地，特别在中国目前文化产业发展特定的语境里面。政策和产业发展之间的关系，政策是导向，目的是为了使事业和产业更好地发展。实践已经证明，政策创新是发展文化产业的重要主题。而制定政策的主体是政府，当文化事业与文化产业在发展过程中遇到各种各样的需要研究问题的时候，当考虑到还不能够保障其中长期稳定发展的时候，政府可以通过政策手段来给予一个过渡，这就是我们说的导向。政府最大的资源是行政资源，包含政策资源在内，如何用好这个资源，这是需要很好地去研究的。譬如说战略规划，在国家层面上考虑的是中长期的发展，有一个时间段、有一个导向，这个事情只有政府能做，也是政府必须要做的；再譬如更多关注发展文化事业与文化产业资本力量够不着的地方，这也是政府的责任；还如关于产业结构的政策，本来是一个技术问题，但是现在它承载了太多它所不能承载的责任，也是政策导向要考虑的，这也是所谓产业结构政策，这种结构政策，应该有一个统一的标准。我们的建议是，从国家来说，中央对全国的标准是统一的、有一个比较的数据，各个地方可能根据自己的特色做一点“N+X”，“+”这部分属于地方特色，要不然政策没有办法根据准确的量化数据进行研究或绩效的检验考核。

二、文化创意产业相关政策亟待解决的问题与突破的瓶颈

我国文化创意产业的兴起与蓬勃，主要得益于各级政府的政策推动。纵览大陆各地区制定的文化创意产业发展相关政策，可以发现以下具有共性的突出问题，以及文化创意产业自身亟待突破的瓶颈。

1. 关于政策层面的突出问题

第一，政策的产业定位模糊。毋庸置疑，对于文化创意产业发展来说，政府相关的产业政策是非常重要的。文化产业政策面突显的问题包括：各地文化创意产业的规划与城市或地区的功能布局及整体产业结构发展的战略布局，还缺乏更加自觉与紧密的联系；各级政府有关发展文化创意产业的政策仍然处于摸索阶段，缺乏明确的产业选择和发展方向，不足以对文化创意产业发挥导向性作用；此外，文化与创意的特色不突出，不利于对文化创意产业差异化竞争优势的培育。

第二，政策、规划与战略之间的分工协调。作为文化政策制定者的各级政府之间，以及各级政府与企业和社会机构之间，缺乏统一规划指导下的合理分配与布局，在政策、规划与战略制定上缺乏有效地分工与协调，导致文化创意产业的布局存在产业与空间错位、缺乏协调性等冲突问题，不利于各区域之间乃至于国家文化创意产业的整体发展。

第三，政策目标的协调与可持续发展问题。在当下新的经济社会环境中，文化创意产业不仅具有很强的时代命题与目标，而且涉及经济社会的方方面面：包括政府、社会和企业，生产、流通和消费。也就是说，文化创意产业在塑造新的产业空间和社会文化空间上将发挥极为重要的作用，是一股不可轻忽的新兴力量。但目前各地文化创意产业的政策目标中，较为集中的问题是经济导向突出，对社会文化目标关注不足甚至欠缺，更忽略了各目标之间的相互影响作用，这一

现实既不利于文化创意产业自身的可持续发展，也不利于构建具有区域特色和发展活力的文化创意空间，更遑论全面培养并创建尊重差异、欣赏多样性和鼓励整合性的社会环境。

2. 文化创意产业自身发展亟待破解的难题

从文化创意产业自身发展而言，必须克服三大难题，即如何实现文化产业的“原始积累”、如何扩张文化消费、如何重塑文化市场主体，也是文化创意产业自身发展亟待突破的瓶颈。分析如下：

一是文化市场的不成熟和文化创意产业链的不健全，限制了各地的文化创意产业向更加广阔的战略纵深发展。主要表现在：（1）文化消费总量过低，有效供给不足，多种因素制约文化消费需求的释放；（2）市场开放不足使得文化体制改革与创新的成果难以检验，限制了产业发展的步伐与产业领域的扩展；（3）区域发展不平衡，产业结构雷同，难以从地理、文化和产业三个维度的共生关系来确定文化创意产业自身的可持续发展；（4）新型文化产业发展迅猛，但政策供给不足，监管手段滞后，发展环境不顺；（5）理论研究与文化创意产业发展高潮之间的落差，及高等院校和研究机构的学科建设、理论研究、人才培养机制落后于现实需求。

二是重塑文化市场主体的问题。所谓文化市场，是指按价值规律进行文化艺术产品交换，和提供有偿文化服务活动的场所。它必须具备三个条件：一是要有能供人们消费并用于交换的文化产品和活动；二是要有组织这种活动的经营者和需求者；三是要有适宜的交换条件。市场主体是指在市场上从事生产和交换活动的组织和个人，包括自然人和法人，文化市场主体是文化产业的承载者[1]。任何市场主体参与经济活动都带有明确的目的性，即满足社会需要中追求自身利益最大

1　在我国文化市场主体一般是指各类文化产业单位，在我国，文化市场主体一般包括演出业、图书报刊业、广播影视业、娱乐业、音像业、艺术品经营业、网络文化业、文物拍卖业、文化旅游业等门类。因此，文化市场可以划分为演出市场、娱乐市场、音像市场、网络文化市场、电影市场、书报刊市场、艺术品市场、文物市场等多种类型

化。文化产业的特殊性决定了文化市场主体既具有一般市场主体的特征，同时也具有其自己的特殊性，是一种“人性技术化”或“精神技术化”的产物，即具有“经济人”和“社会人”的双重人格，具有不同于一般市场主体的本质规定性，是一种包括心理、行为、理念、精神、知识等不断技术化和高度化的形态。

竞争带来活力，有足够多健康发展的市场主体，中国的文化市场才会繁荣，才能“百花齐放”。而文化企业做大做强，不光涉及转企改制，还涉及管理体制的突破，要打破条块分割，推动文化资源在市场上自由流动。这就要求在新一轮文化体制改革中，一定要塑造培育文化市场主体，提高文化产业活力和竞争力，主要有：（1）进一步放开市场的准入，鼓励民间资本进入文化领域，让市场主体做大存量、拓展增量；（2）要形成以公有制文化企业为主体、多种所有制文化企业共同发展的文化产业格局；（3）要对民营的“文化创业”进行扶植，鼓励民间文化创造；（4）要增强政府支持的大企业的国际竞争活力与优势。

三是金融支持不足问题成为制约文化创意产业发展的瓶颈。文化创意产业的投资风险大，其发展和成长离不开金融支持，而金融支持不足是制约其发展的普遍性问题，主要表现为资金供给不足、供给主体（如银行）的意愿不足、现有融资渠道运行不畅、融资难的问题突出。文化创意产业金融政策的核心课题，是如何为文化创意产业的振兴和发展提供充足并可持续的金融支持，确保以适当的成本（利率）、提供充足的资金量，让这些资金在文化创意产业内部的合理配置[1]。解决这些问题的政策，构成文化创意产业金融政策创新的核心，已成为进一步我国文化创意产业发展非常重要的课题。

文化创意产业金融政策要求是包容性的，它既要解决外部的包容性问题，又要解决产业内部的包容性问题。也就是说，必须尊重市场规律，调动和保护外部投资者和文化创意产业内部企业两方面积极性，平衡两者的利益。具体而言，应

1　贾旭东：“文化产业金融政策研究”，《文化产业专辑》2010年9月。

包括：以投资主体多元、融资渠道多元和资金效率最大化为取向的核心政策；以提高投资者相对收益、降低投资者投资风险为工具的激励政策；以提高金融服务水平、推进文化创意产业规范化经营和加强法律制度建设为支撑的保障政策等。并共同构成以充分发挥文化产业金融市场功能为基础、能够实现文化创意企业和金融机构及其他投资者共赢的、相对完善的文化创意产业金融政策体系。

三、文化创意产业的政策与制度创新内涵

在文化体制改革背景下，只有在一个自由竞争的社会市场上，真正的创新才有可能展开，需要从政策或制度上鼓励文化创新与解放文化生产力，这个创新才能有深度、有力度，才会有持续的生命力。从上述的探索表明，我国各地的文化创意产业在产业定位、产业布局、产业目标、产业保障体系等方面存在一系列问题，这些问题的解决，必须依靠文化创意产业政策的创新。以下就文化创意产业的政策创新内涵作出分析。

1. 理论与学术研究及人才培养的先行

文化创意产业发展要把握住几个关键：一是资源基本化；二是主体多元化；三是产业集群化；四是运营国际化，学术与理论研究走在前面非常重要。从目前的状况看，文化创意产业的产、学、研相比较，产业还算强一些，学和研相对有差距，比较多的还是坐而论道，尤其在产与学的有机结合、与创意相关的院系与产业关联度方面都有待加强。此外，人才匮乏、创意人才培育的模式落后，也是制约大陆文化创意产业发展的深层次因素。而转变人才培育模式，需从最基本的教育理念和机制及模式上进行变革与创新，将教育的重点从以技术训练为重心的培养模式转向以创意思维为重心的培养方向，转到对创意人才所必需的综合素质能力与文化视野的培养上来。

2. 文化与创意融合的政策创新定位

首先，必须解决文化与创意关系之间的一种误解。世界各国发展文化创意产业的一大特点是，加强文化产业与创意产业的相互融合，推动文化创意产业的兴起。对于文化产业、创意产业、及文化创意产业这三个概念界定上有差异性，政策导向上也会有所不同。文化或者创意的名称并不具有阶段性或过渡性的意义，文化产业与创意产业之间存在一种相互融合的关系。也就是说，不能看作是从初级的文化产业走向高级的创意产业的一个过渡阶段，而应认为是文化与创意结合的一个高级阶段。基于资源与市场互动的文化创意产业定位，关键有二：一是任何创意都是特定文化的产物，如果欠缺与差异性的文化结合，不仅将失去文化创意产业创新的源泉，而且极易陷入同质化竞争的陷阱；二是任何文化都需要不断创新，只有与创意结合才能不断开拓市场空间，保持其生机与活力。换言之，只有在文化产业的资源基础与创意产业的市场导向之间进行互补与配合，才有可能促进二者的协同发展并创造更广阔的空间。为此，文化创意产业政策的创新，一方面应更加关注以地方资源和市场的互动为基础的融合，更加凸显文化创意产业的兼收并蓄、博采众长之优势；另一方面，任何地方在追求创意经济的过程中，其文化创意产业政策的创新，更应注重本地的现实条件，避免追求“大干快上”的盲目性发展，尤其是应避免“厚创意、轻文化”的政策误区。

3. 产业与空间共生的政策创新过程

马克思主义哲学家亨利·列斐伏尔曾指出：空间不仅仅是事物存在的环境，而且是一种生产资料和消费对象。随着经济发展和空间规划的推进，我们对空间的分析也从生产的空间转向空间的生产，现代经济的规划也倾向于成为空间的规划[1]。随着文化创意产业成各地区经济社会发展规划关注的焦点，文化创意产业政策的创新也就成为各级政府探索文化体制改革的要项，并日渐融入不同等级的空

1 亨利·列斐·伏尔：“空间：社会产物与实用价值”，简报亚明主编：《现代性与空间的生产》，上海教育出版社2003年出版P.47。

间发展政策的创新之中。因为，文化创意产业在依托城市或区域等各类空间生产的同时，也在不断开发着新空间。

与一般产业相比，文化创意产业的发展空间，除了涉及产业和地理的两个维度（产业维度是指不同的产业形态和产业的价值链长度；地理维度是指地方、城市、区域、国家和国际等不同的地域范围）之外，还有一个重要的维度，即文化维度，是指承载一定文化内涵的空间，即人的特定生活方式和共同的文化氛围，它蕴涵着丰富的历史和人文意义[1]。文化创意产业的三维发展空间之间存在着共生关系，文化创意产业政策的创新不仅需要关注产业维度和地理维度，更需要从文化维度进行规划与支持，才能保证文化创意产业的可持续发展。也就是说，从产业与空间共生的角度制定和实施文化创意产业政策，不仅有利于拓展文化创意产业的深度和广度，创造更多的价值源泉，而且能够推动产业空间、地理空间和文化空间的优化重组，通过区内外的各种空间联系，构建具有区域特色和发展活力的创新空间[2]。

为了达成产业与空间共生的局面，必须注重从以下三个方面努力：首先，必须从以产品为中心的传统价值创造理念，转变到从产品与其环境构成的系统来创造价值，实现二者的互动发展。这种观念应用到文化创意产业的政策创新时，贾斯廷·奥康纳提出了以发展文化生态系统作为创造经济价值和提升城市形象的政策[3]；厉无畏则指出，城市文化创意产业发展应该在创意、技术、产品、市场有机结合的基础上，构建完善的创意产业的价值系统[4]。由此可见，关注消费文化空间无疑对文化创意产业政策更具有价值的意义，尤其在以消费者为中心、强调互动性、速度、个性化和开放性的互联网文化之下，消费者对价值创造的影响无法

---

1 陈虹：“试探文化空间的概念与内涵”，见《文物世界》2006年第1期。
2 高红岩：“文化创意产业的政策创新内涵研究”，《文化产业专辑》2009年9月号。
3 （澳）约翰·哈特利编著，曹书乐等译：《创意产业读本》，清华大学出版社2007年出版P.201－212。
4 厉无畏：“创意产业的价值体系与创新性城市建设”，《规划师》2008年第24（1）。

估量，并扩散到价值链的各个环节上。因此，不仅要推进文化的产业化，还要增加产业的文化内涵，使各行各业的产品与服务都成为文化的载体，同时要整合各种文化资源，通过应用技术的嫁接为各产业的创新服务；应该更多地关注“鼓励消费者参与、鼓励企业与消费者的合作机制”，并从环境建设方面鼓励并倡导全民参与创意的文化氛围。其次，依靠集群的力量，形成区域增长极，推动整个区域的发展。根据产业经济学理，产业在地理上的集聚，能够对产业的竞争优势产生广泛而积极的影响，集群中的企业之间既竞争又合作、既分工又协作，有助于企业形成持续的创新能力，通过群聚的竞争优势，提高区域竞争力。目前，全国各地各种文化创意产业园区或产业基地方兴未艾，足见产业聚集已然成为文化创意产业政策的重要内容。但各地的资料也显示，国内各地的文化创意产业集群大多由政府的政策推动，存在这样一些问题：如缺乏与当地文化空间的有效联系，缺乏与区域经济发展之间的有效联系，甚至集群内部成员之间以及不同地区的集群之间也缺乏广泛的空间联系，尤其是缺乏与国际市场的联系纽带，制约了不少文化创意产业集群的发展空间，甚至沦为区域中的“飞地”，值得关注。再者，行业协会与中介服务组织是政府与文化企业的桥梁作用。在整个文化创意产业链的层面上，文化是根、创意是魂、产业是归结点、园区是平台、企业是运营的载体。对于文化创意产业链、聚集企业发展而言，孵化后生企业以及辐射周边地区，达成产业与空间共生的局面，行业协会与中介服务机构都有着积极的意义。

4. 经济与社会文化协调发展的政策创新

在经济全球化的趋势下，各国的文化多样性面临着强势文化的威胁，如何保护本土文化及文化的多样性也就成为各国文化创意产业政策的挑战。西方的学者研究指出，不同国家、城市或地区应该选择不同的政策工具，文化多样性的实现，需要对国家自上而下的行为与市场驱动的自下而上的日常社会实践和行为进行相互协调；城市文化的吸引力不仅体现在各种艺术及文化产业上，而且体现在城市的文化氛围、人们的日常交往以及城市历史之中；如果一个国家的人力要素

非常高，全球化非但不会破坏其文化的多样性，反而会推动经济整合与文化整合，所以提高人力要素的教育策略，有利于创造一个尊重差异、欣赏多样性、鼓励整合性的经济、社会、文化协调的环境。上述研究都强调一种整合经济与社会文化目标的政策创新理念：认为必须在文化创意产业政策中纳入整合性、动态性的创新观念，解决经济和社会文化目标之间的矛盾；促进经济与社会的协调发展，已然成为各国文化创意产业政策创新的目标，努力形成适当的机制和政策，构筑一个创意社会，从创造性经济生产向创意型社会结构过度是唯一的出路。

总而言之，文化创意产业的政策创新，既需要根据各地的资源优势和特殊条件进行创新，也需要不同地区之间文化创意产业政策的有效联动。通过文化与创意融合的产业定位、产业与空间共生的创新过程，最终实现经济与社会文化协调发展的创新目标，以此构成文化创意产业政策的创新内涵，为基于产业特性和区域特性进行文化创意产业政策创新提供了方向，并为文化创意产业的可持续发展提供了政策创新的保障。

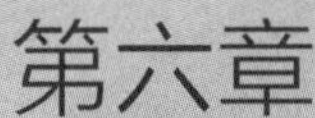

第六章

台湾文化创意产业进行式

DI LU ZHANG

TAI WAN WEN HUA
CHUANG YI CHAN YE
JIN XING SHI

第六章

台湾文化创意产业进行式

“生活即文化，文化即生活”。近年来，台湾地区以思考产业转型为基点、产业智慧与文化人力转化为主题，咸认台湾产业要走出自己的一片天，必须让台湾产业与文化创意结合，运用“地、景、人、文、产”等五种资源分类向度归纳文化创意产业内涵，拓展实质经济效益，并认为台湾地区可以发展成为文化创意产业的沃土，而结合同文同种的祖国大陆市场，是台湾文化创意产业走向国际的捷径。本章引导读者进入台湾文化创意产业发展的现实场景。

第一节　台湾文化创意产业发展的沿革

1982 年，台湾当局施行“文化资产保存法”；1994年，台湾借鉴日本经验推动“社区总体营造”，在观念上开始思考，如何把传统对文化的认知和思考变成可以带动经济的产业，以及如何把产业变成文化；1995 年，台湾当局提出“文化产业化、产业文化化”的发展概念，“文化产业”由此在台湾茁壮成长。

一、台湾文化创意产业的缘起

到20世纪末，经济发达国家如英国、美国、新西兰、加拿大、芬兰等都积极运用自身的文化为资源，以发挥创造力为主轴，发展创新的物品，借助文化创意产业以提升国家竞争力。在新兴的工业国家则以韩国最为积极，在1997年亚洲金融风暴严重打击发展的现实下，韩国思索了另一条开启经济大门的出路，着手发展文化创意产业，也成为韩国走向文化强国的发端[1]。韩国通过国家政策、设立文化挹注性质的基金，设置“文创业争新根源会”、设立文创产业园区，全力支持文创产业发展的成效与经验，对台湾是一个很好的样板。

考察台湾文化创意产业的定义，则是于2002年由台湾“行政院”依照“挑战2008：国家发展计划”内的“发展文化创意产业计划”所确定，其论述为：“源自创意或文化积累，透过智慧（即知识）财产的行程与运用，具有创造财富与就业机会潜力，并促进整体生活环境提升的行业”。换言之，这个行业是会用一种文化商品，或是文化服务的方式来呈现，其目的是希望透过文化行销与包装，提升有特色之地域性文化价值，增加文化产值与人民财富，提升经济力与就业率。

2002年10月1日，台湾“行政院”提出“文化创意产业发展计划”，这是当年民进党当局提出“挑战2008：国家发展重点计划”一共十项重要计划之一，其目的是希望可以通过政府提供整合性的辅导与补助，协助台湾的艺文产业与创意产业蓬勃发展；其中还有“新故乡社区营造”、“数位台湾”与“观光客倍增”计划，也跟文化息息相关。

为了解决缺乏全然适用文化创意产业的相关法规的问题，2003年2月底，结合

1 陈凯恩：“无形资产 物价财富：浅论韩国的文化创意产业”，台湾艺术大学《台湾艺术欣赏》2011年12月号。

产、官、学三方面的领袖人物，组成“台湾文化创意产业交流考察团”到英国、法国与丹麦访问，走访了三国首都伦敦、巴黎与歌本哈根，进行以下五个方面的考察交流：一是城市更新与设计工业；二是政策与智库的互访机制；三是文化企业家网络合作与服务；四是文化交流的平台；五是创意产业管理与教育。考察团一方面通过当地媒体宣导台湾的文化艺术，让这三国民众了解台湾的风貌；另一方面准备将学到的经验应用到台湾文创产业的发展方向。

在台湾“行政院”提出“文化创意产业发展计划”中，有台湾“文化创意产业推动小组”负责统筹研拟文化创意产业年度及中、长期发展策略；“文化创意产业推动小组”上有“行政院”“文化创意产业发展委员会”，主要负责：评议文化创意产业发展目标与策略；评议各相关机构文化创意产业发展措施；提供重要的文化创意产业发展资料的搜集、研究及咨询服务；评议其他有关文化创意产业发展事项。“文化创意产业推动小组”下设推动办公室负责实际执行，人员由“行政院”政务委员担任召集，组织“文建会”、“新闻局”、“教育局”与“经济部”四个“部会”合作共同推动。“经济部”成立“文化创意产业推动小组”并设立专责办公室，研拟“文化创意产业发展法”，召集人则是“经济部”副部长；“文建会”则设立“推动办公室”，负责人才培育、环境整备与文化创意产业复制部分，下辖一个专案中心，主要工作是管理文化创意园区；另有法制研究及法律服务组，以及经营辅导组与推广培育组；“教育部”的责任则在于人才培育、文化产业的课程设计等等。

二、台湾文化创意产业的定义与目标

1. 台湾文创产业的定义及产业选定原则

关于台湾地区文创产业的定义：“源自创意或文化积累，透过智慧财产的形成与运用，具有创造财富与就业机会潜力，并促进整体生活环境提升的行业”。

产业选定原则有三：一是就业人数多或参与人数多；二是产值大或关联效益大、成长潜力大；　三是原创性高或创新性高及附加价值高。

2. 产业范畴及主管机构

依照上述原则，台湾地区选定的文化创意产业有13个门类，分别由不同的形成管理机构负责推动。

首先，由台湾“文建会”主管的产业范畴。

（1）视觉艺术产业：凡从事绘画、雕塑及其他艺术品的创作、艺术品的拍卖零售、画廊、艺术品展览、艺术经纪代理、艺术品的公证鉴价、艺术品修复等之行业均属之。

（2）音乐与表演艺术产业：凡从事戏剧（剧本创作、戏剧训练、表演等）、音乐剧及歌剧（乐曲创作、演奏训练、表演等）、音乐的现场表演及作词作曲、表演服装设计与制作、表演造型设计、表演舞台灯光设计、表演场地（大型剧院、小型剧院、音乐厅、露天舞台等）、表演设施经营管理（剧院、音乐厅、露天广场等）、表演艺术经纪代理、表演艺术硬件服务（道具制作与管理、舞台搭设、灯光设备、音响工程等）、艺术节经营等之行业均属之。

（3）文化展演设施产业：凡从事美术馆、博物馆、艺术村等之行业均属之。

（4）工艺产业：凡从工艺创作、工艺设计、工艺品展售、工艺品鉴定制度等之行业均属之。

其次，由台湾“新闻局”主管的产业范畴。

（5）电影产业：凡从事电影片创作、发行映演及电影周边产制服务等之行业均属之。

（6）广播电视产业：凡从事无线电、有线电、卫星广播、电视经营及节目制作、供应之行业均属之。

（7）出版产业：凡从事新闻、杂志（期刊）、书籍、唱片、录音带、电脑软件等具有著作权商品发行之行业均属之。但从事电影发行之行业应归入8520（电影片发行业）细类，从事广播电视节目及录影节目带发行之行业应归入8630（广播节目供应业）细类。

再者，由台湾“经济部”主管的产业范畴。

（8）**广告产业：**凡从各种媒体宣传物之设计、绘制、摄影、模型、制作及装置等行业均属之。独立经营分送广告、招揽广告之行业亦归入本类。

（9）**设计产业：**凡从事产品设计企划、产品外观设计、机构设计、原型与模型的制作、流行设计、专利商标设计、品牌视觉设计、平面视觉设计、包装设计、网页多媒体设计、设计咨询顾问等之行业均属之。

（10）**设计品牌时尚产业：**凡从事以设计师为品牌之服饰设计、顾问、制造与流通之行业均属之。

（11）**建筑设计产业：**凡从事建筑设计、室内空间设计、展场设计、商场设计、指标设计、庭园设计、景观设计、地景设计之行业均属之。

（12）**创意生活产业：**凡从事以创意整合生活产业之核心知识，提供具有深度体验及高质美感之产业。

（13）**数字休闲娱乐产业：**凡从事数字休闲娱乐设备、环境生态休闲服务及社会生活休闲服务等之行业均属之。包括：A、数字休闲娱乐设备--3DVR设备、运动机台、格斗竞赛机台、导览系统、电子贩卖机台、动感电影院设备等。B、环境生态休闲服务--数字多媒体主题园区、动画电影场景主题园区、博物展览馆等。C、社会生活休闲服务--商场数位娱乐中心、社区数字娱乐中心、网络咖啡厅、亲子娱乐学习中心、安亲班／学校等。

3. 计划与重点

台湾地区早在2002年就将文化创意产业列入重点发展计划，在政策与立法两方面推动和保障该产业的发展，并形成跨“部会”联动机制、人才培育机制、行政协助机制和法律调控机制，实现了台湾文化创意产业的快速发展。两岸文化同源，台湾在文化创意产业营造上的公私协力、物质支持与精神支持并重、注重产业发展的数据统计分析、培重创新等经验值得我们关注与借鉴。

台湾“行政院”也在2002年核定的“挑战二〇〇八--重点发展计划”中，把

"文化创意产业"纳为重点发展项目之一，提出了五大文化创意园区等施政计划，包括"文建会"、"经济部"、"台北故宫"和"工业局"等等，陆续推出了一些政策和活动，但尚未能建构一个完整的文化产业营销脉络。台当局推动的五大文化创意园区中，进度最快的是台中旧酒厂遗址上创建的"台中创意文化园区"，2011年更名为"台中文化创意产业园区"，以"商业机能区、展览区、酒文化区、教育区和行政区"五大空间配置，2012年开始运营，如陆续举办几档展览，引入民间参与投资、大专院校师生进驻，实践"招揽合作"构想等，目标是发展成为文创产品交易平台、文创产业观摩平台、文创产物教育平台，以及两岸与国际的文创交流平台，其余文化创意产业园区都还处于筹建阶段。

（1）台湾发展文化创意产业的五个重点。

第一，成立文化创意产业推动组织，这个平台能够服务上游与下游的连接。文化创意产业可分为上游、中游、下游。上游最重要的是艺术创作与地方文化特色，使其变成可以应用的艺术与文化；中游包括经营管理、市场行销、企划管理、产品设计；下游是品牌形象及通路消费等等。就分工而言，上游跟中游属文化部分，则属"文建会"、"新闻局"及"教育部"跨领域的工作；中游与下游属经济部分，则由"经济部"负责。

第二、培育艺术、设计及创意人才，包括企业组织、策展人、经理人等。文化创意产业要达到的效果是：艺术品位普及化、将应用艺术深入生活与发展文化经济。因此，要求从事艺术文化的人必须要有企业管理与经营方面的知识与经验；有经营产业经验的人必须要有艺术文化的涵养。

第三，准备文化创意产业发展的环境。文化创意产业含有"文化"与"产业"，这两个领域各有所长、互有坚持，二者之间存在一个很大的鸿沟。文化是一份长期的志业，"培基固本"需要从教育做起，很难在商机的营造、世俗的媚合上着力，更不可能在短期内端出获利盈余的数据。而企业界强调市场与商机，着重于经营的成本与收益。若一味追求营收利润，文化很难舒展，创意也缺乏厚实的基础。鸿沟的跨越，需要桥梁，政府可以扮演相当的角色，必须在跨领域的事务上搭起合作协商的平台，建立起推动不同领域结合的机制。

第四，促进创意设计重点产业发展。由于历史原因，台湾岛内的智库多着重在政治与经济方面，如中华经济研究院、台经院、资策会、台综院及台湾智库等，在人文部分如文化、教育并没有智库，这是发展文化创意产业的缺口。上述的“台湾文化创意产业交流考察团”回台后，特别以专案方式推出近期、中期与长期计划：近期计划是由台“文建会”成立一个文化创意产业中心，组织一些人来为台湾文化知识智库的形成作准备，之后再进行募款，吸引有心补助艺术文化的企业参与。

第五，建立国际行销网络。由于文化创意产业发展的竞争者在全世界，所以整体政策的推动，必须符合国际条件，建立整个国际行销的网络。

（2）台湾文化船业产业发展的四大目标。

一是开拓创意领域，结合人文与经验发展文化创意产业，希望将台湾变成一个创意的地区。二是创造文化创意产业就业机会，因为文化创意产业需要各方人才的投入。三是文化创意产业产值的增加，希望在政府政策的推动之下，文化创意产业的产值能增长两倍。四是希望台湾文化创意产业能跻身中华文化地区的领先地位。

根据台湾“经济部工业局”、“台湾创意设计中心”与中华经济研究院3家联合于2004年6月出版的第一本《2003年台湾文化创意产业发展年报》资料显示，至2003年，台湾的文化创意产业的产值（附加价值）以提高达2635亿元新台币，较2002年大幅增长14.01%，就业人数增长301%；其中媒体及周边广告产业的总产值约占文化创意产业总产值的半壁江山，地位举足轻重；台湾设计产业在国际竞赛中有优异表现。

4. 主要政策工具及相关措施

由于“文化”、“创意”与“产业”分属不同的主管部门，制定法规的难度大。“经济部”既有的一套针对一般产业的租税、融资、企业辅导等的法律或规则整备，并不适用于文化创意产业。台湾当局优先考虑应用“文建会”的文化艺术奖助条例，以及文化艺术事业减免营业税、娱乐税办法等现行法规来协助文创相关产业，并分成近期、中期与长期来进行相关法规的整合推动，主要政策工具及相关措施：

（1）台湾“文建会”参照“经济部”针对新型重要策略性产业中属于制造业及技术服务业部分奖励办法，增订属于艺术文化产业部分的奖励办法。

（2）运用台湾“行政院”开发基金的研发贷款，以及其他相关贷款办法。“行政院”开发基金对产业的创业或研发运用提供较为优厚的条件，将文化创意产业纳入这个基金的拨款范围内。

（3）长期要达到的目标是：研定促进文化创意产业发展条例，让文化创意产业跟其他新兴重要策略性产业一样得到政府的融资、租税优惠等方面的奖励措施。

第二节　台湾文化创意产业发展现状与特点

对台湾而言，发展文化创意产业是时代的潮流，力争从制造产业走向文化产业，从制造优势的发挥走向创意的发挥。在21世纪的头10年，台湾产业发展的关键就是，跳脱以往仰赖资金、原料的制造以及有纪律、勤奋的劳动力优势的旧思维，要去掌握想象力、灵感、巧思等创造力。台湾岛内社会自由、生活富裕，文化多元，政治民主的风气已然展开，确实有好的条件发展文化创意产业，被视为继 “资讯产业”之后的经济发展动力。

一、台湾发展文化创意产业的政策面分析

经过半个世纪的努力，台湾岛内已充分建立起具有国际级规模的资讯通讯、

半导体与光电产业，但仍以代工为主，产业创新因素不足，附加价值提升有限，经济成长活力亟待提振。2008年下半年开始，受到美国金融风暴持续扩散引发全球信贷紧缩的影响，以出口为导向的台湾经济，更加凸显三大问题：即出口产品过度集中于特定的电子资讯产品、自主品牌不足、关键技术掌握差。产业发展面临创新转型的巨大压力。

1. 推动六大新兴产业促进台湾经济转型

台湾产业发展必须转型，但必须精心选择有一定发展基础、并具有竞争潜力的项目。简言之，就是要在台湾优势产业的基础上，选择能比较快看到绩效且具有特色的产业。据此，由台湾“行政院科技顾问组”、“交通部”、“经济部”、“卫生署”、“农委会”与“文建会”六个行政管理部门，分别规划“台湾生技起飞钻石行动方案”、“观光拔尖领航方案”、“绿色能源产业旭升方案”、“健康照护升值白金方案”、“精致农业健康卓越方案”和“文化创意产业发展方案”，即六大新兴产业发展方案，期望能迎合全球关注的环保、健康、生活品味的发展趋势，再创台湾产业新荣景。

这六大产业发展战略具有“环环相扣、首尾相连”的特色：在岛内既有的ICT产业优势的基础上，发展绿色能源及生物科技产业，而生物科技产业的发展又可以支持精致农业与医疗照护两大产业，而后二项产业的成果又可以支援观光产业，观光产业更可以与文化创意产业相结合，而文化创意产业中有关数字内容的部分，回归到ICT产业的发展。这六大新兴产业的推动，要求把台湾带向一个高生活品质的新产业未来，实现整个经济本质的转变。因此，台湾行政管理策划部门将其称为“快乐新经济”，它包括以下策略[1]：

策略一：宜用台湾现有的电子、资讯、通讯、光电产业实力，开发具台湾优势的生物产业及绿色能源产业项目，例如医疗器材、太阳能及节能照明技术等。

策略二：利用电子、资讯、通讯技术来提升各地的软件设施，并创造亲善的

1 万其超：“推动六大新兴产业 改变台湾”，台湾“行政院经建会”出版的《台湾经济论衡》第9卷第2期2011年2月出版。

乐活环境，用以发展精致农业、医疗照护、观光旅游及文化创意产业。

策略三：借由民众优质生活之营造，进而转化为具台湾特色的快乐新生活。

2. 文化创意产业的发展方案及政策策略

文化创意产业的发展，依靠的不仅是经济实力，更依赖于文化的创造力。台湾的文化创意产业发展计划，基本上是要凝聚与整合中华文化在台湾地区所产生的特殊文化。而助推台湾文创产业发展的是台湾当局整体发展方案的指导与政策支持。台湾“文建会”推出的“文化创意产业发展方案”，其架构包括两大方向：一是环境整备，建构友善之文创环境；二是旗舰计划，发挥领头羊效应。具体策略参见表6-1。

表6-1　台湾文创产业发展方案推动架构

政策方向	环境整备	旗舰计划
追求功效	建构有善之文创环境	发挥领头羊效应
具体策略	1、资金挹注；2、产业研发辅导；3、市场流通及开拓；4、人才培育媒合；6、产业群据效应。	1、电视产业；2、电影产业；3、流行音乐产业；4、数字内容产业；5、设计产业；6、工艺产业

资料来源：台湾“经建会部门计划处”，见台湾“经建会”出版的《台湾经济论衡》2011年第2期。

关于六大旗舰产业的目标，关键着眼于大陆市场。首先，台湾有关当局已规划从“国发基金”投入200亿元（新台币，下同）作为文化创投基金。其次，2010-2014年，预计投入150亿元推动电视内容、电影及流行音乐三大旗舰产业，以“攻略华语市场，全面带动文化产业起飞”为发展愿景。电视内容产业加强产销能力，预估5年后产值成长28%，通过两岸合作拍摄，强攻大陆电视黄金时段，到2014年，将大陆市场版权销售额由2010年的3亿多元提升达25亿元，海外销售额由2010年的9.8亿元提升至30亿元；在电影产业方面，将提高两岸合拍数量，由每年1部增加到每年10部，台湾电影片市场平均票房产值从每年4.26亿元基础上逐年提升，第5年达到43.38亿元；流行音乐方面则追求维持在华语市场的龙头地位、在亚洲地区取得领先优势、提升在欧美市场的能见度[1]。第三，在数字内容产业方面，计划培训4500位产业专业人才，并扶植营运5家年营收20亿元的国际企业。第四，预估未来年内，流向旗舰计划产业总产值达到1万亿元，成为带动产业结构转型的"兆元新兴产业"。

3. 计划具体推动的项目

关于环境整备部分：

其一，完成"文化创意产业发展法"及相关子法的制定。由台湾"新闻局"配合"经济部"研拟的"文化创意产业发展法"草案，从2007年9月28日第一次提出，2010年1月7日在"立法院"获得通过。为了提供更完善的专业志愿，2011年，台湾"行政院"拟具"财团法人文化创意产业发展研究院设置条例"草案送"立法院"审议。

其二，设置文创专案办公室单一咨询服务窗口。主要功能有二：一是统合当局的政策资源，提供专业咨询等服务，达到既提高政府资源运用的效率，又降低民众对政策资源的误判及咨询的成本；二是建置文化创意产业专属情报网，提供产业资讯汇总、讯息交流、跨业互动、专业咨询、跨界媒合的虚拟场所，共创集体智慧与产业的群聚效益。

其三，辅导艺文产业创新育成补助计划。一是由"行政院国发基金"通过"加强投资文化创意产业实施方案"；二是计划辅导设立7家文化创意产业育成中心；三是推动文化创意产业的创业圆梦计划，鼓励文创工作者进行商业登记，促成文创事业法人化及产业化。

其四，形塑台湾文化创意产业精品意象计划。一是完成2010年的台湾"文博

---

1 许秋煌："两岸影视出版产业合作发展的愿景"，见《第五届两岸经贸而文化论坛文集》，九州出版社2009年9月出版P.102-103。

会”；二是协助50家文创业者赴海外参加如英国伦敦的100%设计奖、东京设计师周展、上海国际时尚家居博览会、北京文博会等文化创意会展，争取国际媒体及买家对台湾文化创意精品的好评，提升台湾文化创意产业的影响力。

关于旗舰产业部分：

其一，通过两岸经济合作框架协议（ECFA）服务贸易项目的机会，拓展文化创意产业的新机会、新市场。

其二，创造崭新商业模式，吸引高级媒体关注，行销台湾音乐文化。

其三，推动台湾工艺自创品牌，并通过国际设计展览提升台湾工艺品牌的知名度。

其四，促成数字内容业者投入新产品及新服务项目的开发，办理“数字内容周系列活动”，办理成果展示，在国际上提高台湾数字产品的能见度并吸引国际买主关注，促进国际产业合作与采购合作。

二、台湾文化创意产业发展现况

1. 营造良好的文创环境取得重要突破

从2008年开始，台湾“文建会”及相关部门积极致力于营造良好的文创环境，使文创产业的育成和发展更趋制度化。除了上文所述的法规订定之外，还有“文建会”出台相关支援法规，包括“文化创意产业补助作业要点”、“文化创意事业申请原创产品或服务之价差补助”、“促进民间提供适当空间供文化创意事业使用奖励或补助办法”、“营利事业捐赠文化创意相关支出认列费用或损失实施办法”、“学生观赏艺文展演补助及艺文体验券发放办法”等。

2. 给予文创产业预算补助及资金投入的挹注

一是台湾当局通过资金投注与政策辅助文化创意产业发展。根据“文建会”资料，过去2年多，依据“加强投资文化创意产业实施方案”，由“国发基金”匡列新台币100亿元投资岛内的影视产业；由“经建会”中长期资金匡列250亿元办理文化创意产业融资事宜；2010年度通过辅导艺文产业创新育成补助计划，辅导逾70家艺文事业的业者；由相关部门辅导成立55家文化创意产业新创公司。二是2011年度，“文建会”策划于世茂南港区成功完成“2011台湾国际文化创业产业博览会”，以“连结”为主题，建立包含策划展、国际风格、两岸文创、台湾原生、新绿色生活、卓越品牌、博物馆区、表演艺术暨舞台区、商务媒合区等展区，共计使用703个摊位，359个单位参展，海内外买家325人，参观人数64447人，成交金额约1.653亿元。三是协助50家文创业者赴海外参加英国伦敦、东京、上海等国际时尚家居博览会、北京文博会等文创会展，以台湾文创区为主体形塑台湾文创产业精品意象，广获国际媒体及买家好评。

3. 文化创意旗舰产业方面

一是本土电影制作发行成绩亮丽。2010年台湾本土电影达7部，包括《艋舺》、《父后七日》、《一夜台北》等，是2009年3部的2.3倍，票房突破新台币1千万元，市占率比2009年的2.3%成长3倍多达7.65%。二是2010年台北电视节参展厂家达74家，其中海外的有30家，创造新台币11.52亿元的成交量。三是音乐文化推广的成绩。成功地将金曲奖与整体音乐产业链结合：2010年首次成功地将金曲奖颁奖活动由往年的1天扩大为1周的“金曲音乐周”活动，吸引国际媒体报道；创造电信与音乐结合的崭新商务模式：即成功促成中华电信与爱贝克思、丰华唱片、金牌大风、华研国际等9家唱片业者“来电答铃”之合作；行销台湾音乐文化成绩突出：“文建会”成功辅助岛内苏打绿、范晓萱与100%乐团、伍佰与China Blue乐团、Matzka及丝竹空乐团等16组乐团（或歌手）参与欧美各国、日韩和祖国大陆地区举办的国际音乐展，以及参与国际重要的音乐奖项。四是台湾工艺自创品牌“Yii”提升台湾文创产业形象并带动台湾文创产业知名度。2010年，台湾当局协助厂商参与国际设计奖项选拔，在国际上获奖数达260件，金奖8件，创历年新高。当年，台湾工艺自创品牌“Yii”首次受邀参加2010年美国麦阿密设计展，“43”悬臂椅设计师Konstantin Grcic更获得年度设计师奖，是继当年米兰年度设计展后再次大幅提升台湾工艺品国际形象并带动台湾品牌知名度；此外，在松山文化园区成功举办第8届台湾设计博览会，计有日、法、德、英、韩国等国200家厂商参展，展出产品1463件以上，全程共吸引23万人次参观。

4. 数字内容业者的显著成效

一是数字文创业者投入新产品及服务开发合计81案，预计带动岛内投资新台币9.78亿元，创造41.97亿元的试产产值、增加就业机会822人次。二是分别通过台北国际书展与COMPUTEX办理成果展示，以及台湾馆e-Learning专区展示，提高台湾数字电子文创产业的能见度以及产品吸引国际买主的关注；在岛内办理“数字内容周系列活动”，吸引国际上300余位重要厂商、业界代表人士到台湾进行合作与交流，促成国际合作与采购合作商机超过新台币12.34亿元。

5. 文化创意园区的经济效益

目前的产值上，大概年产值是100亿台币，当然周围的延伸性产品大概是200亿左右，加起来大概是300亿左右的产值，在相关的园区里面也创造了约7000个就业人口。如何营运未来台湾优势的园区，岛内业者还在努力，目前消费人口80-90%都是年轻的，主要考虑适合年轻人消费的考量。

6. 打造故宫成为全球文化创意产业的应用重镇

以故宫典藏文物或相关工艺特色，作为节点以对外连结；从国内推展，透过国际工作营、研讨会、论坛及博览会等驱动跨国交流合作的机会，邀请各国具文创设计及市场行销经验之专业人才，来台经验传授或交流，定期透过高互动性工作研习营，打造具国际观的创意人才。另借由国际专才和台湾相关产业人士，透过各国不同文化背景、美学观点，充分激发符合现代与传统的创意构思与方向。同时研讨与品牌合作、异业结盟形态、授权模式、回馈机制及相关智慧财产权保障等周边配套制度的建立，确实扎根创意，带动基础产业之精神，提升未来台湾文化创意产业在国际上的竞争力。

三、台湾文化创意产业的特点

1. 官方推动

从台湾经济起飞以及每一个阶段的结构转型，其背后都有国家政策引导、扶植法规的与时俱进，以及企业的全力发展。除了上述的“文化创意产业发展方案”、“文化创意产业发展法”及相关子法的制定之外，台湾当局也投入相当努力提升资源的应用，其中一环为提供资金设立挹注性质的基金，帮助文化创意业者的创业或解决文化创意产业的融资问题。与此同时，针对文创事业的创业育成、咨询运用、市场开拓、合作交流等提供协助措施；投资文创研究及人才培训；加强扶植一流的表演艺术团队到海外行销台湾文创品牌、组织力量到海外开办台湾书院；以租税优惠鼓励营利事业购买文创事业展演门票捐赠弱势群体或学生等举措，推动文化创意产业成为台湾第四波转型发展的主流产业之一。

台湾当局还因应发展文创业而设立文化创意产业园区，运用“集约资源”的方式，通过闲置的土地资源、根据不同的地方特色，挑选市场潜力雄厚的项目，创建功能不同的文化创意产业园区。例如定位为“推动台湾文化创意产业发展的旗舰基地”的台北华山创意文化园区；主要以建筑、设计与艺术为主轴，发展成为“台湾建筑．设计与艺术展演中心”的台中创意文化园区；以传统艺术的以及与传统艺术相关文创产业为主轴的嘉义创意文化园区；以“创意生活产业”为核心的台南文化创意产业园区；“文化艺术产业与观光结合之实验场域”的花莲创意文化园区；台湾当局行动之积极更胜于民间之自主，让我们看到台湾当局执行文化创意产业政策的主动性与驱策力。

2. 文化行销

本研究以台湾当局发展文化创意产业的计划、扶植文化创意产业的政策工具、相关支援法令与实务措施为基础，梳理台湾当局主导文化创意产业行销的三种模式，即“政府主导模式”（全部由台湾当局主导支援发展）、“市场主义模式”（交付给民间团体负责，当局给予间接支援）与“混合型模式”（当局采取扶助金或减税等政策来奖励民间团体对产业的支持）等，促进文化产品产生超越时空的力量，成为代表台湾社会的软实力。

3. 文化创意产业的新亮点——工艺产业的发展

工艺不仅是台湾重要的文化资产，更具有发展文化创意产业的潜力。台湾工艺文化的发展不仅是生活智慧与情感的交流，也是多元社会文化的缩影，正是这种“异文化”的融合，引动台湾现代工艺枝繁叶茂的蓬勃生机，并运用无限的想象力及创新，带领台湾工艺进入新纪元。台湾工艺研究发展中心于2010年8月至2011年11月执行的“推动科技与工艺创意产业结合旗舰计划”， 即以跨界研发模式引导科技产业和最具市场竞争力的生活美学产业结合，使科技产品具人文性、美感性、绿生活价值，以开创科技新远景：一方面带动科技产业彰显以人为本的服务精神与形塑品牌人文价值；另一方面通过跨界合作的文创商机，带动工艺产业转型升级走向现代。台湾的工艺产业因筑梦踏实，已得到应有的尊敬与喝彩，并成就更辉煌的工艺文化，谱出新时代工艺的新风貌[1]。

四、文化创意产业的社会意义与经济效益

文化产业基本上不会制造污染，可以说是最干净的产业。文化产业属于服务业的重要一环，其附加价值对GDP贡献良多，尤其是高技能的劳动。文化产业除了能创造经济效益之外，还有许多增益人类道德与品性的附加价值。从经济与社会的视角观之，发展文化产业，一方面，民众的精神生活提升了，另一方面，文化产业所累积的精神资产，也能转化为整体的竞争力。创意产业源自于个人的创造力、技能与才华，通过生产与开发成知识财之后，具有开发出财富、就业的潜力。借用台湾学者的说法，假设台湾“文建会”一年的预算是60亿新台币，美国一年非盈利部分的文化创意产业的经济产值，就可以维持“文建会”运转1千

1　张翠玲：“立足工艺传统，走向美感创新”，见台湾《台湾工艺》季刊2012年2月号。

年，若再加上盈利部分的产值就更加惊人了[1]。

“文化”和“经济”意义共存，是文化产业的特质，在经济全球化的影响下，各国的文化发展表现出二个特点：一方面出现“全球思考”、“在地行动”的政策浪潮；另一方面在跨业融合化的带动下，使许多传统产业具备了再创造的潜力。而全球化的风潮也为文化产业提供了一个全新的发展机会与挑战。进入21世纪，全球新经济已呈现以“创新”为主的知识经济形态，许多国家或地区都广泛地运用文化创意产业的概念，以多元文化充分结合资本与科技的应用，激发创意潜能，造就了许多人才，被视为政府文化政策的重要部分。从学理上分析，文化创意产业具以下六项利基：第一，具有高度的经济效益，包括造就具创意的人才、增加就业机会等；第二，文化创意产业并非仅是所谓的高科技产业，且是结合人文与经济元素，通过知识财产权的产出与运用的知识型服务产业，极具发展潜力；第三，文化创意产业对应人类的感性消费，比实体产业更能提供人类幸福感；第四，文化创意产业的重要性不仅在于经济效益方面，还代表一个国家或地区的生活品质，影响国家或地区的形象；第五，通过文化创意产业对自我群体的叙述，常能提高一个国家自我发声的机会；第六，通过文化创意产业，能使许多原本艰涩的艺术得到更多人的喜爱，从某种意义上，可以说是“文化的民主化”显现。

2002年台湾经济建设规划部门“经建会”委托台湾文化艺术基金会，以网络的资源整合者与中介者进行《文化创意产业概况分析调查研究计划》，是台湾当局研拟文化创意产业相关政策的首份研究报告；从2003年开始，即投入相当人力，通过个案调查，翔实记录台湾文化创意产业发展的轨迹与模式，并于2004年出版第一本台湾文化创意产业案例汇编《文化创意产业务实全书》，借以搜录个案的实践经验，让业者、研究者或艺文工作者了解台湾文化创意产业发展的多样性，以及未来面临的问题与前瞻观点。

1　夏学理“各国文化创意产业之政策面比较分析”，台湾“文建会”网络学院编印《文化创意产业》2003年9月P.41。

第三节　台湾文化创意产业的聚落

经过10多年发展，文化创意产业在岛内所唤起的民间活力已经为台湾社会带来蓬勃且多向度的新兴产业面貌，并落实到日常活动成为一种新的生活方式与生活价值。如何将散落在台湾各地、各领域的文化创意工作者与周边产业链结成一个能有效运作的价值网络，就成为台湾发展文创产业亟待解决的重要课题。本节通过部分案例资料的收集，勾勒出台湾近十多年来有别于科技创新系统的“人文创新体系”，台湾文化创意产业聚落所体现出的民间力量，或将成为下一波台湾经济成长的动力，颇值得观察。

一、五大文化创意园区的创建

在上文提及的“挑战2008：国家发展重点计划”中，台湾“国产局”有计划作价卖出一些财产，包括台北酒厂、台中酒厂、嘉义酒厂、花莲酒厂以及台南公卖局仓库等，台湾“文建会”提出文化创意产业发展政策时，包括建立创意文化园区的构想，希望能将这5个闲置空间再作利用，让相关产业工作者在其中激荡创意、交流资源，扮演地方文创火车头的角色，并带动整体文化创意产业的发展。

在台湾“文建会”的主导下，从2006年到2008年，台湾文创产业第一期的主题之一，是规划设置岛内的五大文化创意园区，把艺术、文化、经济的资源引进来，能够给国民的美学进行一个提升。2009到2011年已经进入第二期相关的规划期，包括资源整合、延期的活化、相关法规的配套、国际行销及产业的辅导。台湾主要创意文化园区简介如下：

1. 台北华山1914创意文化园区（简称“华山”）

先就“华山1914”的意义作个说明，“华山”的建筑最早建于1914年，是一家日本酒厂；1922年，改为台北酒厂，台湾光复后被国民党当局接收，直到1987年酒厂迁出市区，旧厂房闲置下来。1997年，几位艺术家意外发现此地，认为酒厂仍保有过去台北产业与生活的空间记忆，非常适合成为一个多元艺文展演空间。经过努力，1999年“华山艺文特区”正式成立，由“文建会”与台北市“都发局”合作，整理出一条街道，可以供作户外表演，艺术家的创作跟民众的消费都在这个园区里面做相应的开发，是一个比较符合年轻人口味，比较酷、比较流行、比较好玩的“艺文特区”。

2003年5月27日，台湾“内政部”在“都市计划委员会第560次会议”中通过，将“华山艺文特区”设定为台北创意文化园区专区，其运营由“文建会”控管。通过2003年的移转经营，2004年的整治，2005年以来的规划发展，内容包括：“华山艺文文化特区规划构想”、“华山艺文特区规划书”、“华山愿景——台北当代艺术工厂、复合式文化产业园区”、“华山艺文特区营运管理计划”、华山艺文特区建筑环境与使用需求调查“、“华山创意文化园区先期作业研究成果报告”等，作为推动华山文化创意园区建设与营运的基础。

“华山”是台湾的文化园区里面的龙头角色，定位为“文化创意产业、跨界艺术展现与生活美学风格塑造”，以”酷”（时尚、前卫、实验）与”玩”（玩乐、享乐、娱乐）为规划主轴，突显华山园区作为跨界创意的发挥空间，扮演媒合跨界艺术、产业互动的场所，建构异业、异质交流结盟的平台，并发展成文化创意产业人才的育成中心，更主要希望能够带动台湾优势的生活形态文化园区来行销台湾文化。另外，希望也是未来的一个文化橱窗，体现还有三个融合：一是新与旧的融合功能，把新的元素加进来；二是通俗跟精致的融合；三是艺术跟商业的融合。如今的“华山”仿佛闹市中的桃花源，吸引忙碌的现代人来此沉淀、静思、冥想，一个正在兴起的文化创意江湖的论剑之地，让未来的文创明星们以“华山”作为梦想飞扬的起点。

2. 台中创意文化园区

台中创意文化园区是台中酒厂的旧址，与台中后火车站西侧相邻，亦属于市中心位置，全区登录为历史建筑，园区开发须按照建筑再利用的条例来执行。2003年4月23日，“文建会”与台湾“国产局”双方就台中创意园区签订合作经营契约，由“文建会”委托台中市政府代办采购有关该区保全维护、艺文资源需求调查（拨款新台币300万元）；制定园区的整体发展计划（拨款400万元新台币），完成后送台湾“内政部”申请将该区“径为变更”创意文化园区专区。台中创意文化园区主要以建筑、设计与艺术为主轴，发展成为“台湾建筑．设计与艺术展演中心（Taiwan Architecture, Design, and Art Center）”，其用意在于促成台湾与世界建筑设计产业之接轨，强化建筑与设计之专业领域，培养全民空间美学，并提升台湾成为亚洲创意设计产业之重镇。

3. 嘉义创意文化园区

嘉义创意文化园区位于嘉义市火车站附近的原嘉义酒厂旧址， 2000年酒厂迁厂后闲置，区内有7栋建筑登录为历史建筑。台湾“文建会”于2003年4月22日与台“国产局”双方就嘉义创意文化园区在未完成都市实际变更与移拨前签订合作经营契约，同时拨款委请嘉义市政府代办采购有关该区保全维护（新台币8300万元）、口述历史调查（新台币150万元）与制定园区整体发展计划（3000万元新台币），待完成后送台湾“内政部”申请将该区“径为变更”为创意文化园区专区。嘉义创意文化园区定位为“嘉义传统艺术创新中心”，以传统艺术的以及与传统艺术相关的产业为主轴，实践传统技艺与传统技术之转型及创新。园区内生产机具设备是五大园区中保存最为完整的，亦是当代重要制酒产业文化资产，为妥善保存及活化再利用，“文建会”针对嘉义园区之推动策略，以“酒文化产业”为基础，结合南部地区传统工艺、当代艺术、艺术家资源及故宫南院等“视觉艺术”及“表演艺术”资源，发展酒文化及传统艺术创新之园区。

4. 台南创意文化园区

台南创意文化园区位于台南火车站与成功大学之间，是台南市公卖局台南分局旧址，其建筑物系日治时期由日本政府于1901年设台湾总督府专卖局时所建，经指定为市级古迹。园区面积虽不大，却位居枢纽，有多元的历史文化及丰沛的观光资源，具开发的潜力。2003年，“文建会”拨款委请台南市政府代办采购有关该区艺文资源需求及口述历史调查，并制定园区整体发展计划，送台湾“内政部”申请将该区变更为创意文化园区专区。台南文化创意产业园区以“创意生活产业”为核心，并以“台湾创意生活空间”为定位，结合台南丰富的历史文化资产与城市文明，驱动台南府城文化生活元素，期能成为南台湾创意产业之整合创新平台，达成科技与创意之结合、提升视觉媒体创意人才水准、培育市场导向之专业人才及提升国际地位之目标。

5. 花莲创意文化园区

花莲创意文化园区位于花莲市中心的花莲酒厂旧址，该厂1988年之后一直闲置，2002年9月交“国产局”管理，同年10月花莲县政府将其登录为历史建筑。2003年，“文建会”拨款委请花莲市政府，代办采购有关该区艺文资源需求及口述历史调查与制定园区整体发展计划，送台湾“内政部”申请将该区变更为创意文化园区专区。花莲创意文化园区定位为“文化艺术产业与观光结合之实验场域”，建构花莲园区为传统及现代融合之空间，强调生态、生产及生活并重的“东部文化橱窗“，整合花莲丰沛之人文与自然观光条件，推动文化观光产业及创意生活产业，达成活化旧市区、再造花莲洄澜梦土之愿景。

二、文创聚落与创意梦想的落脚处

文创是行走的，需要跨域对话成一股力量，在地串联成一种态度，释放文艺想象成一方风景，就跨域整合汇聚力量的文创成果而言，台湾用文创筑梦的美好亮点处处[1]。

1　台湾财团法人“国家文化艺术基金会”策划：《文创进行式“走访25个台湾文创产业现场》，台湾远流出版事业股份有限公司2011年11月出版。

（一）以“乐活”为中介的文化创业产业类别

1. 《O'rip》刊物“让花莲被看见”

《O'rip》是一本刊物的名字。O'rip是阿美族语，轻松点说是“生活”之意，严肃说是“生命史、文化史”的意涵，《O'rip》杂志所做的是火车之旅系列，在台湾非常火爆，在台湾东部很多私人的咖啡馆里免费发放，向游人们介绍每个火车站周边的旅游地点。到现在，《O'rip》已经集结出版了两本合辑《通往花莲的秘径》、《铁道．纵谷．友人家》。用O'rip生活旅人工作室负责人王玉萍的话说，制作的初衷是：“让花莲被看见”，并让花莲人对自己的生活方式感到骄傲。

2. 踏寻茶文化的新路径

台湾前交工乐队的灵魂人物锺永丰定居嘉义后，因为爱喝茶、也爱阿里山的茶，在嘉义市区开了一间茶生活小铺“山归来”，除了跟这个城市对话，也开始与日常生活的记忆对话，更能感受阿里山茶的美与动人，重新认识台湾的茶文化。“山归来”通过创意提供了许多可能，包括：（1）城市工艺店的旅游网络连接。（2）茶主题策展。以茶为主题概念的展览，串联生产、生态、生活等等的想象与连结可能。（3）生活艺廊。“山归来”曾经举办过木版画、插话、书法、柴烧作品等展览。此外，依城市节奏和季节变化策划能与民众日常对话的展览。（4）“山归来+微建筑”的跨界合作。“尝试与工艺家、艺术家、实际是合作品牌活动与伴手礼开发。（5）“茶。放生活”的习作与体验。有关“茶。放生活”的美学想象，有如下活动：一是茶席课程；二是茶席体验；三是生态茶园管理与制茶体验的旅行安排。

3. 唤醒宜兰泰雅的不老部落文化

不老部落取自泰雅语“Bulau Bulau”的谐音，意思是“放松心情出去走走、随意逛逛”。 不老部落位于宜兰县大同乡寒溪村，是一个师法泰雅族传统建筑与生活方式的新部落，而让这个“不老”逐渐成形的推动者，是唯一没有泰雅血统、在台北经营景观建筑、具创意梦想的潘今晟。2005年，由七个泰雅家族在10公顷的土地上，建立起泰雅新部落——“不老部落”，以恢复传统泰雅文化为目的，由日日施行的泰雅传统农耕织布狩猎活动，找回泰雅族原有的信仰和生活形态：（1）回归传统部落生活，唤醒泰雅文化；（2）回到自然传统的狩猎与放养；（3）泰雅织布，用创新寻回传统美；（4）以体验泰雅族文化的概念，吸引海内外游客参访。简言之，通过创意文化的开拓，“不老部落”正成为一个“生态、生活、生产”均衡发展的有机体，目前正规划按部落发展的需求招募适合的专业人才，朝向如同国外的艺术村方向发展。

4. 人文荟萃的康青龙生活街区

在台北也有一个如同北京老城区胡同一样独特的巷弄风情，人文荟萃的康青龙街区当属其中之经典。在这里生活的居民和店家，用他们的热情与理想，创造一个独特且无法仿造的性格街区，让绵延的街道犹如一条青龙般，承载着在地的历史与文化，也成为小小台湾文化史的缩影。常年积累的文化能量，使康青龙街巷呈现文化的幽光，看见台北不一样的价值。如梁实秋故居、殷海光故居等多处名人故居和古迹；如收集老广告海报、老唱片机、古书文物的“秋惠文库”；致力于台湾传统布袋戏偶的制作研发和复育、赋予台湾布袋戏与花布文化新生命的“彰艺坊古典戏偶工作室”；让客人享用最新鲜无害的料理、享受自然无拘束的空间的回留蔬菜茶艺馆；还有爱淘旧书古籍的二手书店“旧香居”等等。简言之，康青龙生活街区是照亮旅人心灵人文巷弄，是成熟文明社会的旅行模式。

5. 台北中山北路的文创聚落

在台北中山捷运站一带，以中山北路为经、南京东西路为纬的方远一公里，是台北开发最早的区域，从昔日的灿烂历史以及当今充满活力与生气勃勃的热闹性格，它反映着台北城的生命轨迹。一是日据时期台湾重要区域指标与台北摩登建筑的源头。二是20世纪50-70年代末美军协防台湾时期，台湾最大的舶来品交易商圈，让中山北路增添浓浓的西洋文化味。三是80年代，成为台湾纺织成衣的时尚爆点，带动周围从本土服装设计师的精品大型专卖店、国际品牌的独立旗舰店与国际水准的购物商场的进驻。四是 “古时老建筑与古迹改造为“中山区“带来潜移默化的变身。五是中山捷运站2号出口后方，形成一股年轻、充满活

力的文化创意势力，养成中山捷运站附近文艺与创意的氛围，让每一个路过的民众都能放慢脚步悠游其中。

（二）以“旅行”为中介的文化创业产业类别

1. 分享旅行社

2004年，热爱旅行的廖惠萍成立了“分享旅行社”，确定以“量身定做”的旅游方式。分享旅行社以“一期一会”的经营理念，把每个客户都当成唯一的客户来照顾，把每次服务的机会都当成仅有的一次来珍惜。旅行社并通过对客户的教育，挖掘潜藏的蓝海客群，分享旅行社和他们一起分享、一起成长，这种设定分众市场的经营理念替旅行社产出独一无二的产品，也发挥长远的影响力。

2. 无法复制的The One “异数风格旅行社”

2008年，詹益昌医师与生活品牌“The One”的执行长刘邦初共同成立异数风格旅行社，正式对外营运。异数风格旅行社是一个“休闲式文化创意体验园区”，以品牌规划将旅游行程分为美食、美乐、美艺、美感几个主题，成为提供独特性的、无法被复制的、对细节感受关注的“主题式旅程”的南园人文休闲客栈。

3. 生态工作假期的进行式

2004年，台湾环境资讯协会引进“生态工作假期”，这种新型的志愿者服务与度假方式结合，引爆出各式的火花与效应。工作假期将“自愿者服务”与“旅游度假”的概念结合，是一种环境维护管理、凝聚社区意识、带动周边经济活动的可行方式。近年来，基于以服务地区为主题的方案设计、考量当地需求、承载与延续性，分别号召岛内志愿者进行“台东利嘉林道简易污水处理池建置计划”、“阳明山种源保护计划”、“花莲南华风华再现计划”、“台南七股护沙行动计划”、“澎湖东西屿坪净滩与珊瑚礁体验行动计划”，以及“台东杉原珊瑚礁体验与部落服务行动计划”等，其内涵和魅力值得深深体会。

4. 吉贝石沪渔业体验营与修建工法研习营

2004年，由澎湖采风文化学会申请经费成立的地方文化馆——“吉贝石沪文化馆”，翌年对外免费开放，经营团队在每年的暑假举办“石沪渔业体验营”与

“石沪修建工法研习营”两种不同性质的文化旅游活动，来扩大文化馆的宣传效果，并提升其教育功能。“石沪渔业体验营” 与“石沪修建工法研习营”是一种寓教育和宣传于参与的体验性活动，以大学的在学学生为主，实行一系列相当具有开放性及自主性的研习课程，让学员通过探索、发现，去解构其原有（刻板）的价值观，来形塑自己生活的新视野，除了对吉贝石沪文化馆的行销、教育及社区互动都具有很大的效益之外，对于当地居民的环境保育、文化遗产维护意识的提升都发挥潜移默化的作用。

三、以“创艺”为中介的文化创业产业类别

1. 台湾品牌“蘑菇BOODAY”

2003年，“蘑菇BOODAY”这个原生的台湾品牌诞生，催生者是宝大协力设计有限公司里一群对生活抱有热情、不停止追寻创意与实践梦想的蘑菇人，在设计服务的主业之外，新开创出来的事业线，期望将生活体验及乐趣具体呈现在 Booday 蘑菇上。蘑菇不只是一个以转化艺术创作为商品、开发创意商品的设计品牌，也是一个结合原创商品贩卖、咖啡馆、艺文展览、音乐表演的复合式空间，以及让艺术家、创作者、设计师相互交流、提供信息的创意平台，同时也是一个展售商品、透过《蘑菇手帖》向外发声的媒体通路。蘑菇品牌的核心价值，在于强调创意源自于生活的理念，从生活体验中发祥，让生活语言成为不同领域创作者相互传达创作理念的沟通方式，让更多创作者愿意和蘑菇的设计师合作，在这一过程中，蘑菇不断获得新的创意，同时不断将这些创意用在创意商品的开发上，这可能是它获得青睐的价值所在。

2. “胡氏艺术”不断地创造当代艺术的价值

2005年，身为独立策展人胡朝圣独资成立“胡氏艺术有限公司”，在体现“将当代艺术的呈现与发展至极限”中心主旨下，胡朝圣带领策展团队以一种变形体的姿态，不断地创造当代艺术的可能性与价值。一是跨领域的合作经验，不断

创造艺术的可能性；二是从“胡朝圣”到“胡氏”品牌。无论是大展或小展，从问题的提出到问题的解决，胡氏艺术创意团队都在思考如何用视觉的方式呈现出最好的效果，不断地在解决问题。要进入胡氏艺术尝试的人，他必须要有一些能力、基本功夫，要能去开创机会、生产论述、接案、应对进退、经营管理等等。

4. “出色创意”从T型人到π型人

2004年创立的“出色创意”是台湾第一家以管理知识产权及经营艺术创作人的“原创授权管理”公司，执行长陆承蔚表示，任何不可思议的点子、好玩的事，就是“出色创意”要做的事。“出色创意”公司的工作内容大致分为四大类：创作人经纪、原创授权、品牌设计与管理、媒体平台与策略等，艺术家的作品与想法就是他们的主打商品，希望通过某些创意机制的设计与制度的建立，改变台湾原创环境，提供更多原创工作者有好的阳光、空气、水和养分，让文化创意系统能够持续的运作。“出色创意”让海外的设计师融入台湾本土文化产出新产品、再创新商机，并用本土文化，吸引更多的海外资金到台湾，融合台湾独有的文化创意后再回销到原创地。

5. 忠信市场的艺术聚落

经过不断修补重整，台中市已形成新的城市样貌，随着“国立自然科学博物馆”与“国立台湾美术馆”的完成，借由带状的绿园道，将文化设施的板块串联，交织了人们在商业和逐梦之间的独特艺文社区的想象。在“国立台湾美术馆”对面隐藏着一处铁皮屋棚的“忠信市场”，虽是台中市的老旧空间，却伴随着一些艺术工作者的进驻，意外的撞击出另一番有趣的风貌。2009年11月，忠信市场陆续进驻了艺术家，以及对生活有独特品味的人，老市场融入新思维重新改造，活化老空间的同时，也注入新生命。沉寂的旧市场加入大胆的新创思，由“黑白切艺文空间”衔前主导，接着慢慢地出现一群磁场相同、理念相仿的朋友们，成就了忠信市场老文化、新思考的艺术样貌。生活即艺术，艺术即生活，对进驻市场的这些艺术工作者来说，忠信市场就像一个梦想堡垒，不需要改变什么，在这里生活，就是一种幸福。简言之，忠信市场用个性艺文的步调勾勒出冲突美感，感受旧市场与艺文结合的新样貌。

6. 花莲港口部落——台湾东海岸的新传统美学

港口部落makuta’ay是古名，是指“海水浑浊”的地方，处于花莲县丰滨乡北回归线稍北之处，是台湾东海岸阿美族历史悠久的部落，至今仍保留相当完整的阿美族多元文化，包含丰年祭仪式与乐舞表演、手艺作品、风味美食等内容，乐舞表演有巫师舞、儿童舞与现代、古老歌谣，手艺作品是利用山芙蓉树皮编成工艺品与生活用品，风味美食如飞鱼月桃粽、飞鱼握饭、糯米洒、烤山猪肉等，样样都充满少数民的文化色彩。1997年，台湾第一家赏鲸公司及秀姑峦溪泛舟事业群成立后，港口部落逐渐向观光产业方向发展，期待创造属于自己原乡的传奇梦。多年来他们汲取地方文化的养分，逐步累积发展出:漂流木艺术工坊；地方文化乐舞剧团；苎麻、蔺草传统编织工坊；海洋文化体验营、农田耕作体验营。它是一种在地生活的分享，也是台湾东海岸文化艺术部落核心价值重建的历程。

四、用“空间”吸引文化创意产业的汇聚

1. 想象力百无禁忌的新乐园艺术空间

目前在台湾以艺术家共同出资经营的另类空间，历史最悠久的就是“新乐园艺术空间”（以下简称“新乐园”）。“新乐园”1995年成立，其宗旨是：我们关心艺术的人文价值，在态度上是真诚的；在内涵上是跨领域的；在方法上是艺术的、学术的。“新乐园”的独特之处：一是会员制运作；二是不断向外延伸与集结；三是体制化与形式化。“新乐园”奇妙之处，正是因为不同的会员而产生不同的运作制度与活动，会员没有历史包袱，在自由开放的空间里有各种可能的合作与跨界，使“新乐园”成为一个培养皿，包容并孕育年轻创作者，让他们有凝聚与共同发生/声的机会，成为台湾艺术生态网上不可缺少的平台。

2. “竹园工作室”为艺术社群服务的有机空间

1997年5月，“竹园工作室”登记立案，是台湾第一个有艺术家成立的艺术服

务事务所。该工作室位于台北淡水河口，原本是占地1200坪的养鸡场，因为淡水捷运线开发后留下800多平空间。“竹园工作室”的硬体条件和环境状况，吸引了许多适其所需的艺术家到那里初试啼声，主要原因是“竹园工作室”长期支持跨领域的、具冒险性格的创作，希望尽量让更多的人来使用空间，需要办讲座、办活动，甚至是社区的活动，都非常欢迎。“竹园工作室”与其他团体的合作互动，也体现提供其既有的资源为合作的基础，借由资源的共同分享，发挥加承的创造效果。例如长期合作的“绿色公民行动联盟”、各级学校，以及新北市在竹园、淡水一带在地的文史工作室。

3. 不断行走的“豆皮文艺咖啡馆”

1999年，“豆皮文艺咖啡馆”（简称“豆皮”）在高雄创立，用创始人刘秋儿的话说：想要弄个空间玩艺术，希望艺术可以和人沟通，加上当时社会流行开咖啡馆，就决定用咖啡馆的方式来经营。“豆皮”像是一个包容性很强的艺术文化平台，成为一些艺术家、音乐家及艺术表演者聚集的场合，也因此变成南台湾一个非常独特的地方。“豆皮文艺咖啡馆”的艺术空间，持开放性的态度，不论是实体空间，还是艺文平台性质，都能让创意者或艺术家去玩、去扩充、去延伸变形。2007年，“豆皮”开始走出室外展开“行走学校”的实践活动，用另类的、与环境互动的旅游方式，在城市中创造一个心灵的空间。2008年走过“绑架飞碟”、“第三点”、“橘线西向东”、“一心到十全”、“走索后劲溪”；2009年走过“冈山海岸”、“城市内部”、“人力铁支车”、“走入1909”、“穿过月球路”；2010年走过“野渡高屏溪Ⅱ”等。这些路线很经典，在城市中是独一无二的，参加者除了实际去走、去体验之外，要用照片、文字、影片等任何形式交作业，更重要的是，留下这座城市可阅读的历史，变成社会的资产。2010年之后，“豆皮”开始将咖啡馆空间的重心放在餐饮经营上，咖啡馆内的视觉、装置艺术展览，不定期举办创作乐手作现场表演。2011年4月，还推出“豆皮奖”，直接让消费常民和网民去审美、去评论，用民间的小艺术馆的力量，创立有别于公立机构品味的微件竞赛奖机制。

4. 玩创意的“火腿设计师艺廊”

2004年，“火腿艺廊”在台南成立，名字由来是取三名初创股东的英文名字（Henry、Aaron与Mark）开头字母和起来的HAM，也就是英文的“火腿”而匿称为“火腿店”。2008年，“火腿艺廊”搬到高雄市。“火腿设计师艺廊”创办的理念是：让设计师走进来，促进创意与设计情报交流对话；让设计师走出去，走进商业市场，推动台湾原创设计与国际交流；让一般民众走进来，认识设计、认同设计，消费涉及商品，创造台湾设计价值。首先，人与展览内容是“火腿艺廊”最好的风景。文创产品一定要跟主流平台合作，才会打开知名度。“火腿艺廊”的展览有主动邀请，也开放接受申请，所扮演的中介角色主要有两个层面：一是学习过程，让参展者学习完整策展的能力；二是通过参展的过程，让原创的东西有机会被民众看见，帮助创作者打开知名度、争取机会。其次，设计思考，思考设计。“火腿艺廊”就是台湾社会所需要的“原创中介平台”，鼓励更多的年轻人去发表创作、去说明自己的创作理念、策展论述，知道如何与媒体互动，最重要的是培养“design thinking”的态度。此外，“火腿艺廊”也鼓励年轻人要多关注土地、常民的生活文化，因为文创产业的根基最重要的还是文化，而且是具有在地特色的庶民文化。“火腿艺廊”坚信，“愈是要走向国际化，那就愈要在地化，只有拿出自己的特色，才有办法跟人竞争”。

5. 月光下的“桥仔头白屋”（白屋Bywood）

2008年，高雄捷运直接开到桥仔头糖厂，交通的便利性为桥头糖厂引入诸多休闲人口。当年，桥仔头“白屋股份有限公司”成立，构成“白屋”经营团队的组合，可概分为三种领域的专业人才与经验：一是桥仔头文史协会在地文化工作所累积的经验；二是以永续空间设计所累积的空间规划与景观工作经验；三是以桥仔头糖厂艺术村所累积的艺术网络经验。借由一个实体空间的建构展现另一种面向未来挑战的应对方式或事业模式，一种“结合社区能量与专业知识的跨域整合”。2010年11月20日至12月5日，在“新台湾壁画队”的号召下，来自全台湾60位艺术家到桥仔头这里集体创作，没有任何官方的辅助和商业的包袱，这个行动被叫做“盖白屋”，表示行动者更在意艺术创作的本质和行动的初衷。当年的12月11日，“盖白屋”落成开幕，台湾各地的艺术家汇聚到“桥仔头白屋”狂欢，盛况空前。“盖白屋”是一种艺术行动，同时也是“桥仔头白屋”艺廊创建者思考自己定位与角色的具体作为。2011年，以行动来表达“台湾移地创作计划”，从台北当代艺术馆、虎尾布袋戏馆、东河旧桥等定点进行驻地创作，而参与此计划的艺术家多达125位，秉持着“无官方政策，没有商业包袱，只有真实温度与自信的艺术行动”。2012年，则以“城市游击 、土地辩证、遍地开花”三个核心价值，探讨对于台湾本土文化艺术的意义并从中挖掘到台湾的另一种美学，就地扎根地将这种美学植入社会当中，与民众有了零距离的互动。

五、 文化创意产业的聚力组织

1. “古都保存再生文教基金会”

我们可以说，当文化成为一种必要，才可能让一个城市伟大，而真正让一个城市“伟大”，却是需要对自身文化的自省与自信。十多年前，台湾尚未理解何谓历史及环境保护与利用时，发起创建“财团法人古都保存再生文教基金会”的董事们就在酝酿为台湾的历史环境经营寻找出路。此后，“古都保存再生文教基金会”开始以台湾古迹、历史建筑的保存修复与再利用研究为主要工作，也促成后续更多研究资源与专业人的投入，并在过程中引介不少海外先进的修复观念与经验。该基金会通过研究、出版、课程、活动等各种场合与机会，期待能传达符合世界潮流的、进步的、务实的保存和再生观念，使古都的保存能和当代生活相结合，而不是“冻结式”的保存。这已不是“物”的层次，二是“人”的问题；不仅是“技术”的开发，更是“观念”的沟通。近年来，该基金会推动的重心，已逐渐从专业研究转向一般民众的教育推广，尝试以不同的形态，把历史保存与再生的观念和愿景，传达给不同的人，尤其是刻板印象上对历史与老东西不关心的族群。

2. “新故乡社区见学中心”

1990年前后，以艺术小镇之名崛起的埔里，成为台湾社区发展的一个指标。1999年9月21日的百年强震，震垮了这个雄心勃勃的小城镇。早在这一年2月，“新故乡文教基金会”（简称“新故乡”）在埔里诞生，希望以埔里为基地，从事最具底层社会改革的文化工作，即社区营造，以学习为首发，创造一个可持续性的未来。“9.21”大地震之后，“新故乡”快速成为一个运动体，扮演协力者角色展开社区重建事务。2005年，灾区重建阶段性完成，“新故乡社区见学中心”创立，期待能在体验学习的过程中“畅游社区、乐活台湾”，在“后重建时期”让社会企业的在地化成为可能。结合社区、产业，形成一个可以共同发展的跨域网络平台，成为“新故乡社区见学中心”的重要课题与梦想。

目前，通过“新故乡社区见学中心”串连中台湾深具特色的区域，将快乐的旅游与有趣的学习融合在一起，透过五感展开生态的、技艺的、饮食的、产业的、震灾的体验学习，让人心之华与在地的光华被看见。在小区生活中获取新知，已成为另类旅行的新形式，“新故乡小区见学中心”诚邀对小区旅游有兴趣、具服务热忱的人士，透过领团人员培力计划，探索台湾小区的魅力，积累家园母土深厚的情感。

3. “忠泰建筑文化艺术基金会”

“忠泰集团”成立于1988年，从事建筑与销售。2007年，企业第二代少主李彦良将他对文化艺术的兴趣结合在企业的经营中，打破传统的建筑与营销，以“美好生活的提供者”为发展主轴，进而展开多元的尝试。2007年，忠泰集团成立“忠泰建筑文化艺术基金会”，成为全台唯一一建筑本业为主体、结合文化艺术、朝跨领域多面向发展的基金会；2008年，进一步成立“忠泰生活发展”，引进及开发生活美学商品，同步贩售美食、设计师家具、艺术品等，创建独特的品牌形象。

首先，建构美学先行的生活概念（建筑+艺术+生活）。“忠泰集团”从实务上分三个系统、从三个角度全面地推动建筑、文化、艺术这三个领域的美学：建筑系统执行的是与本业有关的事务；基金会系统的运作逻辑则与本业脱离，做一个在创意和思想上观念先行的带领者，且无需考虑被商业化或在短时间回收收益；生活开发系统则是更贴近生活层面，以落实生活美学概念。忠泰正尝试用艺术与生活美学的提案与消费者对话，推行“Art for the Masses”艺术生活化概念：本业所贩售的是相对较为高价、高端的建筑美学产品；基金会办的活动是工艺的、免费的、社会大众都有机会接触的和建筑有关的文化艺术；生活开发则提供多面向的产品，是每个人都可以以自己的负担能力去选择的各自需求，含蕴着“信手就能轻巧地品味生活，将美好事物带回家”的概念。总之，是从不同的层次来推动生活美学的概念。忠泰集团抱持着“以地孕艺”的期许，跨领域的介接经验是一种渐进式的企业改革过程，文化艺术一方面可视为对客户和消费者的回馈，另一方面亦是在本业中创造出差异化，培育出一个“建筑、生活、美学相容并蓄”的集团品牌，寻得新的发展机会。

4. 艺企结合的“UrbanCore城中艺术街区”

“UrbanCore”直译是“城中”，据“忠泰建筑文化艺术基金会”的解析，以此命名是期待“以艺术文化作为媒介，让昔日的城市核心位置再度萌发生机”。忠泰集团陆续释出“UrbanCore”街区的闲置房舍，邀请艺文相关团体入驻。

“UrbanCore城中艺术街区”是一个开放式的艺文空间，忠泰基金会经营空间的积极目的是为了创造地方文化价值，而非仅仅作为举办活动的载体。目前，整个街区共设有六个对外展览空间，艺术在此蹲点，创意开始发酵，又因入住的是团体，效益更为扩张。“UrbanCore”街区中几组既同质（均属“艺文团体”）又异质（专业、目标各异）的团体，加上邻近的东吴大学城区部、文化大学推广部及“国图艺文影音中心”，其聚合所产生的交互作用，让都市更新成为不可逆转的生活现实。

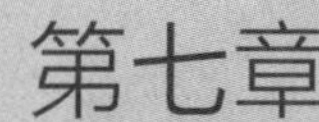

第七章

中华民族文化遗产的保护与开发

DI QI ZHANG

ZHONG HUA MIN ZU
WEN HUA YI CHAN DE
BAO HU YU KAI FA

第七章

中华民族文化遗产的保护与开发

人类历史发展是一种连续性的行为，所以只要是人类生活的地方，一定会存在较古老的一面，也会有较新鲜的一面。文化遗产是属于古老的一面，但它却是人类集体智慧的结晶，是一种无价之物。正是体认到文化遗产的重要性，已开发国家莫不视文化遗产为瑰宝，加以珍惜，不仅为了延续历史、留根后代，更靠这些“旧”而源源不断创“新”的盎然事业与经营开发。21世纪将是中国踏上“文艺复兴”的时代，我们不要辜负文化遗产的宝物和考古学家的恩惠。

文化遗产是一个民族、一个国家或地区极为重要的文化资源和文化竞争力的构成部分，如在欧洲，文化遗产一直被视为民族身份、国家象征（National Identity）。迄今，对文化遗产已形成独特的学术研究领域和社会实践对象。海峡两岸同根同源，共同拥有中华民族数千年集体智慧结晶的文化遗产，蕴含着中华民族特有的精神价值、思维方式、想象力，体现着中华民族的生命力和创造力。在文化创意的视角下，既有打动人类心灵、触动人类情感的一面，又蕴含着巨大的经济价值。如何让中华文化遗产有效地保存与经营管理，甚至与地方的发展相结合，既是文化大繁荣大发展时期一个非常重要的课题，也是海峡两岸文化创意产业交流与合作的应有之意。

第一节　文化遗产保护管理的学理与研究

一、文化遗产的分类与价值评估

1. 文化遗产的分类

根据联合国教科文组织于1972年11月16日会员大会中通过的《世界文化与自然遗产保护公约》，这是一项国际约定，经过150个国家签署通过，于1975年12月17日开始生效。截至2010年9月，全世界已经有187个国家加入《世界文化与自然遗产保护公约》的签署，在签署公约之后，每一个缔约国就必须致力于其国家境内历史文物场所的维护，将之保存流传后世是整个国际社会的责任。

在《世界文化与自然遗产保护公约》所认可的“世界遗产”（World Heritage）之运作，则以《世界遗产公约执行作业指南》为依据，该公约中世界遗产分为三类：分别是文化遗产、自然遗产与兼具二者特性之复合遗产。文化遗产又分为物质文化遗产与非物质文化遗产两类。物质文化遗产是指具有历史、艺术和科学价值的文物，包括古遗址、古墓葬、古建筑、石窟寺、石刻、壁画、近代现代重要史迹及代表性建筑等不可移动文物，历史上各时代的重要实物、艺术品、文献、手稿、图书资料等可移动文物，以及在建筑式样、分布均匀或与环境景色结合方面具有突出普遍价值的历史文化名城。而根据联合国教科文组织《保护非物质文化遗产公约》对非物质文化遗产的定义：指被各群体、团体、甚至个人所视为其文化遗产的各种实践、表演、表现形式、知识体系和技能及其有关的工具、实物、工艺品和文化场所，是独一无二的历史文化载体和人类历史发展的见证，有符号和象征的作用，与人类的文化感情、群体认同有着密切的联系。各个地域的群体和团体随着其所处环境、与自然界的相互关系和历史条件的变化，不断使这种代代相传的非物质文化遗产得到创新，同时使他们自身具有一种认同感和历史感，从而促进了文化多样性并激发人类的创造力。

2. 文化遗产的价值与工作面向

人们对于文化遗产价值的认识，是随着社会进步而不断发展和深入的。构成文化遗产价值的主要概念包括：（1）**历史价值。**作为过去的某一重要事件、重要的发展阶段或与重要人物密切相关的线索与物证，文化遗产能够告诉我们，人类一个群体的文化史或一个地区发展史的相关方面。（2）**审美/艺术价值**。文化遗产的设计构造、建筑情调能带给人们精神上或情绪上的感染，或者是它所展示的特殊的设计、风格、艺术上的进步和高水准的技艺，可带给人们艺术价值与审美价值。（3）**科学研究价值**。文化遗产能够给人类提供有价值的知识和信息，成为科学界与人文学界深入研究的重要资源。（4）**社会价值。**文化遗产标志着一个群体的精神认同，同时体现人类历史与文化的多样性，有十分重要的社会和谐、教育等方面的价值。（5）**经济价值。**文化遗产具有存在价值、潜在的经济价值与现实的经济价值。文化遗产的经济价值增值源于文化遗产的稀缺性，这一稀缺性会随着时间而增加，同时，经济发展和社会进步也有助于文化遗产经济价值的升值。

概而言之，任何一个文化遗产的价值都是多方面的，人们对文化遗产价值的认识是一个历史性、科学性、体验性不断展开的过程。因此，在不同的历史背景，不同的社会群体和不同的个人，往往关心或只看到文化遗产价值的某个侧面，在价值的认识上往往存在局限性和狭隘性，是探讨文化遗产价值不可忽视的课目与问题。

关于文化遗产的工作，主要涉及四个方面：一是指定与维护。指的是考量并制定文化遗产的价值并经过法定的程序，将其身份变成法律上受保护的对象。二是研究与记录。指的是在文化遗产指定前后、保存维护前后或修复前后，由专家与管理的践行者所进行的探讨与记载。三是教育与推广。指的是以文化遗产作为教育的对象或是以其作为标的物所推动的活动，以使社会大众能更清楚地认识文化遗产的内容与重要性。四是经营与管理。指的是通过各种不同的策略与手段，对文化遗产的现况和未来运作进行积极性的作为，同时监控管制其发展，避免文化遗产遭受破坏。上述四个面向的工作环环相扣、互相配合形成一个整体，才能使文化遗产获得更永续的保存与有价值的发展。

二、文化遗产研究的意义与任务

在全球化背景和世界遗产运动的推动下，文化遗产事业发展迅速，逐渐形成其独特的研究领域与实践对象。为了使文化遗产发挥更积极的社会价值与经济价值，文化遗产的保护与经济管理更成为不可或缺的事业。

1. 文化遗产研究的意义

文化遗产是人类宝贵的共有财产，具有重要的学术价值、经济价值与实践价值，对其研究有的理论与实践意义，体现在以下几方面：

第一，文化遗产研究的学术意义。加强对文化遗产的研究，促进合理保护利用文化遗产，是保持民族文化传承、连接民族情感纽带、增进民族团结和维护国家统一及社会稳定的重要文化基础；是建设社会主义先进文化，贯彻落实科学发展观和构建社会主义和谐社会的必然要求；也是促进世界各国、各民族之间的相互交流、尊重与理解，维护世界文化多样性和创造性，促进人类共同发展的前提。

第二，文化遗产研究的社会意义。文化遗产在历史文化传承上兼具物质和精神的统一性。我们的文化遗产，让中华民族以其独特性在多元的世界文化中占有一席之地。譬如，文化遗产为现代发展提供重要的参考信息、直接应用与间接借鉴的有益作用；文化遗产是众多科学研究发展的重要基础，也是提高国家核心竞争力和软实力的重要因素；对文化遗产研究有利于对文化遗产的保护，以及充分发挥文化遗产对公众的教育功能；对文化遗产研究有利于促进“以人为本”基本理念的传承与延续，有利于和谐社会的创建。

第三、文化遗产研究的经济意义。随着对文化遗产重要性的认知不断提高，尤其是世界性文化旅游的兴盛，作为历史文化和壮丽河山杰出代表的文化遗产，其品牌效应和特殊资源更突显出垄断经济的价值内涵，更让大家知道文化遗产的是无价之瑰宝，能带来巨大的经济效益。

从形式上看，文化遗产的经济价值可分为直接经济价值与间接经济价值。直接经济价值包括文物的买卖、旅游景点的收入等。许多国家的经验证明，人们对跨文化体验的追求使得文化遗产成为一种可以用于发展旅游的资源，同时由于文物市场的复活，文物交易的盛行，文化遗产被视为商品一样处理和消费，是市场经济条件下一种值得关注的新倾向。鉴于文化遗产是独特资源，不是完整的产品形态，不可能直接进入市场，只有经过经营开发才能实现它的价值。而开发文化遗产所涉及的要素包括资源、资金、技术、管理、人才等诸多方面，只有协调好这些要素的投入才有可能实现遗产价值的增值，若片面追求直接经济价值，势必会对文化遗产造成伤害，导致无可挽回的损失。因此，对文化遗产的研究，就是致力于找到解决这一矛盾的有效方法。

间接经济价值是指文化遗产所带来的综合性经济效益。譬如，文化遗产品牌带动的文化旅游业的关联效应，直接促进地方交通、旅馆、餐饮、旅游礼品等相关行业的发展，创造许多新的就业机会。对文化遗产研究很重要的一个方面，是在保护的前提下，通过产业化运作合理开发文化遗产的间接经济价值。简言之，是通过文化创新把文化遗产资源形成文化品牌效应，转化成为文化生产力。随着经济的发展、物质生活的富足，人民对精神生活的要求不断提升，与文化遗产相关的产业所涵盖的范围已越来越大，促进经济发展的功能也越来越显著，甚至成为很多行业的核心竞争力。

2. 文化遗产研究的任务

文化遗产研究是一门综合性的学科，有其独特的研究视角，与历史学、考古学、人类学、民族学、宗教学、语言学、文艺学、建筑学、景观科学等诸多学科都有着密切的关联。文化遗产的研究，必须加强如下课题的探索。

其一，文化遗产形成、发展和消亡规律的研究。作为自然遗存或人类创造物的文化遗产，有一个产生、发展及消亡的过程，加强对这一过程规律的研究，有利于各有关部门采取更加有效的措施加大对文化遗产的保护力度，尽可能地延长文化遗产的寿命，从而使其发挥更大的作用。

其二，文化遗产保护与利用的政策与法律体系研究。推进文化遗产保护的法制化、制度化和规范化是进行文化遗产保护与开发利用的重要基础，国际社会曾制定很多文化遗产保护的国际法规和公约，如1968年《关于保护受到公共或私人工程危害的文化财产的建议》、1972年《保护世界文化与自然遗产公约》、1978年《关于保护可移动文化财产的建议》和1990年《考古遗产保护和与管理宪章》、1998年《人类口头与非物质文化遗产代表作宣言》和2003年《保护非物质文化遗产公约》等。由于我国的文化遗产保护和利用的研究起步较晚，虽然许多学者借鉴国外经验，结合我国文化遗产保护的现状取得一些有效的研究成果，但在如何建立一套强有力的政策和法制体系仍亟待深入的探索研究。

其三，文化遗产管理和经营方式的科学研究。任何科学的理论和方法最终都必须落实在切实可行的管理制度上，除了理论研究体系创建之外，还必须落实管理和经营方式在的探索研究，否则难达实现文化遗产有效管理和开发利用之目的。如加强文物资源调查研究、依法登记、建档；分类制定文物保护规划、认真组织实施；文化遗产的经营和产业化内容等方面的探索。

其四，文化遗产的真实价值及货币化评价体系和管理体系的研究。人们对文化遗产价值内涵的认识是不断发展的，其真实价值应该根据时代因素、地域因素、经济因素等实际情况作相应的具体分析，探索科学的文化遗产的货币化评价体系和管理体系至关重要。

其五，文化遗产可持续发展有效途径的研究。在进行科学的文化遗产价值评价的基础上，要实现文化遗产资源的不断重复使用，就必须寻求可持续的发展方式，亟待在文化遗产的利用方法、使用强度等方面进行深入有效的研究。

三、世界文化遗产保护管理模式的经验与教训

1. 先进的理念和科学的方法

先进的理念对文化遗产的有效保护起着至关重要的作用。先进的理念来自对文化遗产的深入研究和深刻理解，它同时又具体表现在贯穿于文化遗产保护整个过程中的科学的方法。19世纪末20世纪初兴起的意大利学派提出过以下观点[1]：一是强调文物建筑具有多方面价值，要求对其所携带的全部历史信息，进行全面保护，并使这部历史清晰可读（包括变动和增添的内容）；二是强调调查研究，以确凿的考古学证据为基础，反对修缮工作中的主观臆测，修缮的目的只是保护，并使后加内容在材料和特点上与原迹有所区别，避免任何形式的伪造；三是强调对文物建筑原有周边环境的保护。以上观点经过理论梳理和实践检验，总结为原生性原则、最低干预原则、可识别原则、可逆性原则、与环境协调原则等等内容，载入《威尼斯宪章》等国际公约而成为国际公认的文化遗产保护诸原则。

世界文化遗产保护先进国家和地区的重要经验表明，只有学术的有效监督和指导下，才有可能做好文化遗产保护工作。意大利、法国、美国、日本等文化遗产保护的先进国家，文化遗产保护早已成为一门专业的学问，由高水平的学术机构和科研人员，就相关的理论、方法、技术、材料等方面进行深入研究与开发。

以下就“文化遗产保护第一步”的普查工作为例，自上世纪五十年代开始，意大利、英国、法国、德国和亚洲的日本、韩国等先后对本土的文化遗产进行大普查，既使得这些国家梳理和查明了自己的文化遗产状况，发现和抢救了一大批濒危文化遗产，又在大普查中向国民普及了文化遗产保护理念，使得文化遗产保护意识大为提高。再如20世纪60年代，法国开始文化遗产大普查登记，其标准化、系统化、科学化学术监督和指导的严谨和高效，对此后的相关学术研究又带来了极大的便利。在我国台湾地区，始于20世纪80年代的数次文化遗产普查工

1　刘曙光：《意大利文化遗产保护讲座》（未发表稿，2005年3月），转载自顾军、苑利《文化遗产报告》，社会科学文献出版社，2005年7月版P.32。

作，更是依据台湾地区《文化资产保存法实施细则》第63条与70条的规定，重视科学化的管理：一是委托学术机构和专家学者直接参与调查研究或进行指导；二是对调查中所采用的现代技术设备和手段也进行了详细规定，譬如要求“民族艺术之调查及采集，除文字、图片、纪录片外，并得利用摄影、录音、录像、信息技术等方法为之”。

2. 严格的法律体系和奖惩制度

文化遗产的保护需要在法律层面上予以保障，在具体管理过程中做到有法可依。世界文化遗产保护先进国家和地区，无一不注重法律的制定和实行，并在长期的法制建设和实施工作中提供了宝贵的经验，意大利和法国特别突出。

早在公元15世纪，统一前的意大利就由罗马教廷颁布了世界上首部文化遗产保护法。1820年，红衣主教团以政府名义颁布《历史文物及艺术品保护法》，对分布在亚平宁半岛的各国产生影响。1902年，意大利政府颁布国家统一后的第一部文化遗产保护法令“第185号法令”，1909年，又颁布“第364号法令”作为意大利文化遗产保护综合性法规，一直沿用到1998年；1999年，意大利颁布文化遗产保护大法《联合法》。

1840年，法国颁布首部文化遗产保护法“梅里美《历史性建筑法案》”，在这之后的一百多年时间里，法国颁布过一百多部有关文化遗产保护的“文化遗产法”，处于世界的领先水平。法国的这套文化遗产保护法不仅相当全面、系统和细致，而且能够及时体现出其先进的文化遗产保护理念和发展成果。例如在1930年就颁布了《景观保护法》，把文化遗产保护范畴扩展到自然领域；而在1967年修改后新颁布的《景观保护法》中，不但对文化遗产本身的保护提出了更高要求，而且对其周边环境的保护也提出了明确要求。

需要着重指出的是，近年来文化遗产保护先进的国家，特别强调法律与规章的可操作性，具体体现在法律内容的细致、规范和标准的量化方面[1]。此外，文化

1 如英国建筑类文化遗产保护法规《规划法》为例，它不但明确规定了“必须具有建筑学价值、历史学价值、普遍价值和与国家重要人物或重要时间相关”列入文化遗产保

遗产保护立法的一个重要内容和手段，是以法律形式制定出严格的奖惩制度，褒扬对文化遗产的保护行为，罚处破坏文化遗产的行径。

3. 专业高效的管理体制

在世界各文化遗产保护先进国家和地区中，都建立有专业高效的管理体制以负责文化遗产的保护工作，构建了自中央到地方、从决策到实施、从组织管理到技术咨询的完整、系统的立体化管理体制，它一般以国家各级政府中的专门管理部门、各级学术科研咨询机构、民间组织等部分组成。文化遗产被理解为国家和全民财富，因此对其实行保护也被认为是国家义务。世界各文化遗产保护先进国家和地区，一般都在国家层面上设有专门管理机构，如意大利的文化遗产部和日本、韩国的文化财厅等，当然也有的和中国一样采取多头管理、连署办公模式，但随着世界各国对文化遗产保护的日益重视，设立单一专门管理机构已经成为主流和趋势。

由于注重文化遗产保护工作的专业性，各文化遗产保护先进国家和地区通常从中央到地方政府都配置有相应的科研和咨询单位，譬如以专家学者组成“文化遗产保护委员会”，对文化遗产保护工作进行学术监督和指导。在有的国家，甚至有的仅仅在中央一级就有十几个这样的专业机构，他们从各自不同的知识和技术角度为文化遗产保护出谋献策，提供高质量的专业服务，为这项工作的开展和进步做出了不可替代的贡献。

但值得强调的是，在世界各文化遗产保护先进国家和地区，把文化遗产保护视为全民的共同事业而不仅仅是政府行为，并将其这一理念落实到实际工作中。在意大利、法国、英国等地，文化遗产保护工作常常由政府委托给民间组织具体管理和实施，参与文化遗产保护工作的民间组织不仅数量庞大，而且各组织

护名录四要素，而且细分了相关的时间标准，规定“公元1700年以前的建筑，只要保存完好，均可列入保护范围并受法律保护；公元1700-1840年之间的建筑，大部分受法律保护；公元1840-1914年之间的建筑，风格独特、质量精良者受法律保护；公元1914-1939年之间的建筑，质量精良或者为著名建筑师代表作者，也受法律保护，不到30年的建筑只保护其中佼佼者，少于十年的建筑，无论多么优秀，都不列入文化遗产保护名录。”这样清晰的量化标准，为法律得到明确实施提供了极大的可操作性。

会员人数可观，能量和水平更让人刮目相看，对文化遗产的保护也发挥了重大的作用。如英国“国民信托”组织的人数达到了250万人，管理着2700多处文化遗产，其中开放经营的达到500多处。

4. 多元化的资金保障

毋庸置疑，充足的资金是文化遗产保护必不可少的条件。观察世界各文化遗产保护先进国家和地区，文化遗产工作的资金来源大致有三个渠道：一是政府直接投入；二是政府通过发行专项彩券等的间接来源；三是来自社会团体或个人的捐赠。如在英国模式中，文化遗产保护资金除了政府通过“文化、媒体与体育部”进行直接的专项经费投入外，还设有“遗产补助基金”、“国家遗产纪念基金”、“遗产彩券基金”等提供经费支持。在美国模式中，则以社会投入为主，文化遗产的保护资金只有小部分来自政府的直接投入和减免相关税收的间接投入，其余大部分来自民间财团和个人的捐助。近些年来，由于文化遗产资源的重要性逐渐显现，社会捐赠资金也随之显著增多，一定程度上减轻了联邦政府的财政负担。而在意大利，文化遗产作为重要的旅游资源和文化资源，通过旅游产业和文化产业的成功运作和持续发展，已经成为社会财富和国民收入的主要来源之一，因此文化遗产的保护也顺理成章地成为一项全民的事业。此外，意大利各企业、财团和个人对文化遗产的保护也有全面而持久的资金投入，和政府一起为文化遗产保护提供了充足的资金保障。

5. 良性的市场运作

对文化遗产保护来说，市场化运作并不意味着追求利润最大化以及随之而来的破坏。世界各文化遗产保护先进国家和地区，对文化遗产保护的理解，早已经超越了被动消极维护层面，而是在完善法律体系、科学管理制度和专业知识约束之前提下，采用文化遗产保护的市场化与产业化运作方式。借助市场的力量发展文化遗产产业，通过对文化遗产的科学管理和有效经营，发挥其作用、体现其价值，由此创造出国民财富的同时，又筹集文化遗产的保护资金，也成为世界各文化遗产保护先进国家和地区的宝贵经验。

譬如，意大利、英国等将文化遗产保护和旅游产业、文化产业构成良性互动，已经成为文化遗产保护和市场化成功结合的范例。即在确保文化遗产安全的前提下，让文化遗产借助于相关产业进入市场，并通过专业高效的市场运作，开发出文化遗产的潜能，反过来让文化遗产得到更切实的保护。再譬如，法国等其他文化遗产保护先进国家和地区，除了政府拨款和社会赞助外，有相当一部分保护资金正是来自于文化遗产的产业化经营所得。

6. 充分重视“人”的因素

文化遗产保护中“人”的因素主要体现两个方面：一是指从事文化遗产保护的管理和工作人员；二是指无形文化遗产的传承人员。

文化遗产保护既被视为专门学问，世界各文化遗产保护先进国家和地区对相关人才的聚集与培育。譬如，意大利文化遗产保护的教育体制与培训体系十分发达，专门设有罗马修复中心、佛罗伦萨文物保护研究所等国家级教育培训基地，通过严格筛选和全面教育，培训出合格的文物保护专业人才，还有如维泰尔堡大学文化遗产保护系等国立和私立大学的相关专业课程教育，为意大利文化遗产保护工作培养了庞大的多学科、高素质的专家队伍。再如，法国从20世纪60年代的文化遗产大普查活动开始，就注重专家学者的主导作用，并有意识地把大学、科研机构、建筑事务所、博物馆、图书馆等方面的专家学者吸引和组织到文化遗产保护的人才库中，让他们发挥各自特长，在文化遗产保护工作中发挥了极其重要的作用。

另外一方面，“人”本身还可能是文化遗产的承载体，从这个角度重视文化遗产保护中“人”的因素，也是极其重要的工作内容。譬如，日本于1950年颁布的《文化财保护法》中提出“无形文化财”的理念，承载着非物质文化遗产的各种表演艺术家、工艺美术家等，经过认定后被称为“重要无形文化财持有人”，其中技艺高超者甚至被提高到了“人间国宝”的高度，受到充分的重视和尊重，对非物质文化遗产的保护起到了开拓性的积极作用。统计至2004年止，日本已经认定重要个人无形文化财78项，传承人270名；重要综合无形文化财13项，传承团体13个；重要团体无形文化财11项，传承团体11个；重要无形民俗文化财202项，文化财保存技术个人持有者46名，持有团体16个[1]。日本《文化财保护法》中规定："无形文化财持有人"同时也应当是"无形文化财传承人"，如果其技艺密不传人，那么将失去"无形文化财持有人"和"人间国宝"的资格。从中可见"人"的因素在非物质文化遗产中的不可替代的重要性。借鉴日本经验的韩国，其《文化财保护法》中同样明文规定：将相关技艺传授给他人，是获得"重要无形文化财持有者"称号的基本条件。韩国政府还设立奖学金，用以资助那些经过选拔后学习非物质文化遗产相关技艺的"传授奖学生"，充分体现重视"人"对文化遗产传承的关键作用。

7. 实行文化遗产的整体性保护

对文化遗产实行整体保护，已经成为世界各文化遗产保护先进国家和地区的共同理念和普遍做法。文化遗产可分为有形文化遗产（含自然遗产）和无形（非物质）文化遗产，有形文化遗产中又包含着，在文化遗产保护的实际过程中，人们发现这几者之间的关系并非截然不同而常常是混为一体的，将之切割开来分别进行保护并不可行，只有对其进行全面的整体保护，也才可能真正做到对其中个体进行完整的保护。

在世界各文化遗产保护先进国家和地区中，美国是对文化遗产进行整体保护的领先国家，除了对建筑类、遗址类、工艺美术品类等有形文化遗产的保护之外，美国是首先提出世界遗产地概念的国家，也是首个以国家力量介入自然文化遗产保护并且取得较大成功的国家。美国关注自然遗产的保护是与"国家公园"概念密切相关的。1832年美国画家乔治·卡特林前往犹他州写生，发现西部大开发对当地自然环境和印第安人文化造成了破坏，他在日记中写道："如果政府能够以某种强制性保护政策介入，保护原住民文化及原始自然景观，那么人们便可以永久欣赏到壮观的自然公园……一个国家公园，人和野兽生活于其中，一切都

---

1 "日本文化财保护部传统文化科资料"（2004年），转载自顾军、苑利《文化遗产报告》，社会科学文献出版社，2005年7月版P.109。

处于原始状态，到处体现着自然之美。”由此诞生了“国家公园”这一先进的理念。经过环保人士的共同推动，40年后的1872年，美国国会批准建立了世界上首个国家公园“黄石国家公园”。 截止至2004年，美国国家公园体系包括57座国家公园，327处自然和历史胜地，1.2万个历史遗址和其他建筑，另有8500座纪念碑和纪念馆，总面积达33.7万平方公里，年度财政预算达到26亿美元，接待游客超过3亿人次。目前，美国的自然文化遗产体系主要由国家公园、国家森林、国家野生动物保护区、国土资源保护区、州立公园和某些博物馆等组成，其中以国家公园体系规模最大，并且包括了自然资源和文化资源。另外受到日本、韩国的影响，1976年美国国会通过了《民俗保护法案》，并在以后的实际工作中，在保护印第安原住民文化、口述史学等方面做了大量的有益尝试，其对非物质文化遗产保护的重视和努力，在欧美发达国家中也处于领先地位。

总而言之，对文化遗产实施整体保护已经成为文化遗产保护的一个原则，只有达到整体整合这个高度，文化遗产保护才是系统、全面、彻底的过程。

8. 文化遗产保护的国际化倾向

文化遗产保护的国际化倾向表现在两个方面，一是把本土的文化遗产保护工作纳入到国际框架之中，既享受国际社会给予帮助和协作的权利和机会，也履行接受国际组织进行监督和规范的义务和责任；二是广泛学习和吸收各文化遗产保护先进国家和地区的先进理念和技术，并与文化遗产保护国际组织及其成员国进行交流和协作。

目前在文化遗产保护领域发挥最大作用、拥有最权威地位的国际组织无疑当属总部设在法国巴黎的联合国属下专门机构“联合国教科文组织”（UNESCO，United Nations Educational，Scientific and Cultural Organization）。1946年联合国教科文组织成立以来，陆续颁布过一些文化遗产保护的国际宪章。随着1972年第十七届会议上《保护世界文化及自然遗产公约》的出台，联合国教科文组织的世界文化遗产保护工作翻开了一个新篇章。根据该公约设立了“世界遗产委员会”和“世界遗产基金会”， 其中世界遗产委员会是政府间组织，由缔约国中的21

个成员国组成，负责全球范围内文化及自然遗产的保护，确定《世界遗产名录》并监督入选项目的保护工作，首次把各成员国的文化遗产提高到“全人类共同财富”这样一个国际视角和高度，在全球性框架中对文化遗产保护工作进行监督、指导、协作和赞助。随着1998年《人类口头及无形文化遗产代表作条例》和2001年首批《世界无形文化遗产名录》的公布，联合国教科文组织在文化遗产保护领域的工作进一步走向纵深和完善。

除了联合国教科文组织以外，目前世界上还有数百个国际社团和专业组织从事世界文化遗产的保护工作，如颁布《雅典宪章》的国际现代建筑协会、颁布《威尼斯宪章》的历史古迹建筑师及技师国际会议、颁布《华盛顿宪章》的国际古迹遗址理事会等，这些国际社团组织通过颁布各种国际公约、宪章和建议案以及具体的专业监督和指导工作，密切配合和协助联合国教科文组织，为世界文化遗产的保护做出了杰出贡献。

努力把自己本土的文化遗产保护工作融入到国际社会，是各文化遗产保护国家和地区开展相关工作的宝贵经验和发展趋势。包括中国在内的《保护世界文化及自然遗产公约》缔约国，近年来把本土的文化遗产列入《世界遗产名录》和《世界无形文化遗产名录》的申报方兴未艾，就是这种趋势的典型表现。另外，对世界上各文化遗产保护先进国家和地区相关成功经验的吸收和借鉴，也是文化遗产保护的国际化倾向的一项重要内涵。文化遗产在很大程度上属于不可复制和恢复的独特资源，因此在保护过程中不容有过多的试验成分。从这个意义上来说，文化遗产保护的国际化倾向，无论是尽可能加入国际组织以获取国际先进理念和技术资源，还是对其他国家和地区先进经验的吸收和借鉴，都是文化遗产保护工作中必不可少的重要环节。

作为世界上老牌文化遗产大国和先进国的意大利，其经验对整个国际社会的文化遗产保护工作产生过重大影响，同时他们也在积极吸收和借鉴其他国家的先进经验和技术，并应用到自己的文化遗产保护工作中。对日本模式的大胆借鉴，是韩国文化遗产保护工作取得飞速发展的重要原因之一。1962年，韩国颁布的《文化财保护法》，不仅名称和1950年日本颁布的《文化财保护法》完全相同，里边的内容更是在很大程度上借鉴了日本的诸多先进理念，包括“有形文化财”、“无形文化财”和“民俗文化财”的概念界定和分类体系。

9. 数字化管理与文化遗产保护

1995年，美国技术专家尼葛洛庞帝在《数字化生存》一书中说：“计算不再只和计算机有关，它决定我们的生存”。数字化技术已经成为科学研究的重要工具，广泛运用到生产和生活的各个方面。数字技术的发展，为文化遗产的保护提供了全新的高科技技术手段，因此世界各文化遗产保护国纷纷推出相关的措施和计划。1992年，联合国教科文组织就已经启动“世界的记忆”项目，旨在“通过文化遗产数字化推进社会公众更广泛地享有人类的文化遗产”。2002年，联合国教科文组织遗产中心与全世界的一些国家政府、文化和科学社团、机构、大学联合召开了“虚拟大会”，会议主题是研究中国、埃及、塞内加尔、墨西哥和法国的“数字时代的世界遗产”。

在中国，故宫博物院和国家图书馆利用数字技术在文物和古籍保护方面取得佳绩；中国艺术研究院利用数字技术对大量的传统音乐资源进行修复和保护。但影响最大的，还在于遍布中国各地的“数字化景区”项目。2004年，由建设部和科技部共同启动了“数字化景区”建设工作，使景区在资源保护、规划建设、旅游服务、规范管理等各领域的数字化信息资源得到有效整合，并为全面推开数字化景区建设提供示范经验。2005年4月和6月，两个示范工程黄山和九寨沟风景名胜区分别通过科技部一期工程验收；当年12月，建设部城建司下发《关于搞好国家重点风景名胜区数字化建设试点工作的通知》（建城景函2005143号），正式确定24个景区（包括2个示范）为数字化景区建设的试点单位，并提出了数字化景区建设试点工作的目标和具体任务，基本形成以世界遗产地为主的国家级风景名胜区数字化建设试点体系。数字景区的建设基本上以数据中心和指挥调度中心的建设为核心，以网络通信和信息安全为基础，并针对景区的管理、资源管理和经营三个方面进行应用层的建设，实现资源保护数字化、网络进程智能化、产业整合网络化，其中应急系统、医疗救助、GPS车辆调度及其他相关的游客服务系统的建设，有效地提升了现代旅游服务业的发展水平。

然而，数字技术毕竟只是技术手段，它不能直接替代人类的智慧和精神。如果没有正确的理念加以引领，它可能堕落成一种“数字陷阱”，数字技术高超的虚拟性有可能让一种文化变成一种“真实的”幻境，同时也可能使那些不具备传播强势的文化样式受到来自“文化单极化”的挤压，从而在“马太效应”中更加速其弱势趋向而濒临灭绝。因此，如何理性地驾驭数字技术，使之服务于文化遗产的保护，是个需要全面思考和深入探讨的重大课题。2008年12月，由中国文化部和美国国家人文基金会共同举办的“中美文化论坛———数字化时代的文化遗产保护和展现”学术研讨会在北京举行，会议探讨了文化遗产保护在“数字时代”的路向与选择。在此次会议上，文化部部长蔡武感慨道：数字技术不仅对科技、经济、军事等诸多领域产生了重大推动，同时“昭示了人类文化发展的一个新方向”。

中国全国有2300多座博物馆（其中文物系统1500多座）、1600万件馆藏文物（其中珍贵文物320多万件、一级文物进万件）、数十万处文物保护单位（其中2351出全国重点文物保护单位），以及其他大量的物质文化遗产和非物质文化遗产，对于数字管理技术未来仍具有非常广阔而且日益增长的需求。

第二节 大陆地区文化遗产保护管理与经营

文化遗产指定与维护的工作牵涉到公权力的执行，必须由具有公权力的部门来负责。如联合国教科文组织通过的《世界文化与自然遗产保护公约》，就由1976年运作的“世界遗产委员会”与“世界遗产基金”来推动世界级文物保护成果。联合国有《保护非物质遗产公约》和《保护世界文化和自然遗产公约》，前者管“非物质”遗产，后者管“物质”遗产。中华人民共和国在1985年11月22日加入《保护世界文化与自然遗产公约》的缔约国行列以来，截至2012年，经联合国教科文组织审核被批准列入《世界遗产名录》的中国的世界遗产共有43项（包括自然遗产9项，文化遗产30项，双重遗产4项），在数量上居世界第三位，仅次于意大利（47项，含跨国项目）和西班牙（44项，含跨国项目），其中首都北京拥有6项世界遗产，是世界上拥有遗产项目数最多的城市。另2002年，联合国粮农组织发起了全球重要农业文化遗产（GIAHS）保护项目，中国是最早积极参加的国家之一。自2004年起，农业部和中科院地理资源所携手合作，加强了对我国重要农业文化遗产的调查与保护工作，浙江青田稻鱼共生、云南哈尼梯田、江西万载稻作系统、贵州从江侗乡稻鱼鸭系统相继跻身全球17个重要农业文化遗产保护试点。2012年9月10日，云南普洱古茶园与茶文化系统和内蒙古自治区敖汉旗旱作农业系统被批准为全球重要农业文化遗产（GIAHS）保护项目试点，我国的GIAHS保护试点已达6个，居世界各国之首。这意味着这些历史悠久的农业文化系统将被进行整体保护，除了传统的农耕技术和农业生物物种，它们赖以生存的人文环境和自然环境都将在保护之列。据初步统计，目前全国非物质文化遗产资源有几十万项，国务院先后公布了两批国家级非物质文化遗产名录。苏州是至今唯

一承办过世界遗产委员会会议的中国城市（2004年，第28届）。

文化遗产是我国各民族智慧的结晶，也是全人类文明的瑰宝，更是维护世界文化多样性和创造性，促进人类共同发展的前提。加强中华文化遗产的保护，是建设社会主义先进文化，贯彻落实科学发展观和构建社会主义和谐社会的必然要求，更是保持民族文化的传承、连接民族情感、增进民族团结和维护国家统一及社会稳定的重要文化基础。

一、文化遗产工作的分工及管理运作

大陆地区对文化遗产保护工作逐步走上法制化的正轨。1982年11月19日，第五届全国人民代表大会常务委员会第二十五次会议通过《中华人民共和国文物保护法》；1991年6月29日，第七届全国人民代表大会常务委员会第二十次会议通过《关于修改〈中华人民共和国文物保护法〉第三十条、第三十一条的决定》；2004年8月中国正式加入联合国教科文组织《保护非物质文化遗产公约》，成为全球为数不多批准加入该公约的国家之一。2002年10月28日，第九届全国人民代表大会常务委员会第三十次会议再次修改条文；国务院决定从2006年起，将每年六月的第二个星期六设立为我国的“文化遗产日”，体现了政府对保护历史文化遗产的高度重视；2007年12月29日，第十届全国人民代表大会常务委员会第三十一次会议《关于修改〈中华人民共和国文物保护法〉的决定》第二次修正，现在通行的就是2007年的修订本。该法第一次写入文物工作的16字方针：“保护为主、抢救第一、合理利用、加强管理”， 强调文化遗产的三大价值，即历史、科学与艺术价值，明确了国务院文物行政部门为全国文物管理的最高事权机构。

为使中国的非物质文化遗产保护工作规范化，2006年国务院发布《关于加强文化遗产保护的通知》，并制定“国家+省（市、区）+市+县”的4级保护体系，要求各地方和各有关部门贯彻“保护为主、抢救第一、合理利用、传承发展”

的工作方针，切实做好非物质文化遗产的保护、管理和合理利用工作。总体目标是：到2010年，初步建立比较完备的文化遗产保护制度，文化遗产保护状况得到明显改善。到2015年，基本形成较为完善的文化遗产保护体系，具有历史、文化和科学价值的文化遗产得到全面有效保护；保护文化遗产深入人心，成为全社会的自觉行动。2006年6月，国务院在中央政府门户网上发出通知，批准文化部确定并公布第一批国家级非物质文化遗产名录。其中包括：白蛇传传说、阿诗玛、苏州评弹、凤阳花鼓、杨柳青木版年画等共518项；2008年6月，文化部又出台第二批国家级非物质文化遗产名录共510项和第一批国家级非物质文化遗产扩展项目名录共147项。目前各省、直辖市、自治区也都建立了自己的非物质文化遗产保护名录，并逐步向市/县扩展。越来越多的专业学者从文化遗产保护的根源性、重要性，一级保护的原则、范围、环境和体制等方面做了一定的研究，并提出了相应的保护实施措施[1]。与此同时，研究者也指出文化遗产保护工作存在的八大难题：一是体制上存在多头管理、政令不一现象；二是管理上存在法律依据不足和执法不严的困扰；三是学术研究上存在缺乏基础研究、缺少强有力理论指导的问题；四是对管理队伍缺少必要的行政督察机制；五是文化遗产保护专业人才严重短缺问题；六是在指导思想层面，存在片面强调经济效益的问题；七、在保护对象上，存在重物轻人的问题；八，在行业管理上，存在漏洞与问题。

二、文化遗产管理类型与模式议题

对文化遗产的管理方法或管理体制的区别，一方面基于不同的指导思想，另一方面则源于不同的经济体制。2006年推出的《关于加强文化遗产保护的通知》就是文化遗产保护管理一个纲领性文件，对于大陆地区文化遗产保护管理的法制化、规范化、科学化、民主化建设起到关键推动作用，成为“十一五”时期是我

1　王登杰、周锦：“文化遗产经济学研究综述”，见顾江主编：《文化产业研究：文化软实力和产业竞争力（第3辑）》，东南大学出版社2009年出版P.230-231。

国全面建设小康社会的重要组成部分。一是在实践层面，明确指出将着力解决的几大突出问题：一是搞好文物调查研究、不可移动文物保护规划的制定实施，重点抓好文物维修工程，加强历史文化名城（街区、村镇）保护，提高馆藏文物保护和展示水平，清理整顿文物流通市场等；二是在政策制定层面，提出要抓紧制定和完善有关社会捐赠和赞助的政策措施；三是在机构建设层面，要求成立国家文化遗产保护领导小组，统一文化遗产保护与管理工作，并要求地方各级人民政府也要建立相应的文化遗产保护协调机构；四是在制度建设层面，要求建立历史文化名城重大建设项目公示制度、文化遗产保护责任制度和责任追究制度、文化遗产保护定期通报制度、专家咨询制度等。从国际视野观察大陆地区文化遗产保护工作，加大改革力度的两个关键：一是迫切需要完善法律制度；二是提高百姓的文化遗产保护意识。

只有在实践中探索又不断接受实践检验，方可建立起适应国家的文化遗产管理模式。整体观察而言，大陆地区文化遗产的保护管理尚未形成标准化的管理模式，经营的层次偏低。与发达国家遗产管理体系比较，大陆地区存在三方面的较大差异：

一是政府层面。对文化遗产监测、咨询、规划等遗产管理工作分属不同部门，存在管理事权不统一的矛盾。首先。文化遗产属国家文物局管理，基本实施“博物馆体系”；自然遗产分别由国家环保局、林业局、中国科学院等管理，基本实施“自然保护区体系”；属自然和文化双重遗产之列的“风景名胜区”与“历史名城”则由建设部管理，基本实施“自然保护区体系”和“历史名城体系”。其次，1994年，世界文化遗产委员会正式通过“监测”工作列为该会的职责之一，并随即在1996年版的《世界遗产公约执行作业指南》中正式纳入“系统监测与报告”与“反应式监测”两大监测工作。2005年最新版的《世界遗产公约执行作业要点》出台后，“监测”工作已成为世界遗产最重要的经营管理项目之一。“监测”最主要的工作乃是确认文化遗产，提供不同层级文化遗产的必要资讯，这是转变文化遗产管理消极被动现状的重要途径，亟待加强。再者，我国现有的知识产权制度尚难以满足对非物质文化遗产知识产权的保护，因此，应尽快健全非物质文化遗产知识产权保护制度。

二是社会层面，除遗产研究单位与专业协会外，资助性组织和志愿者团体等支持性机构很少。如遗产管理单位与旅游、文物交易等行业的关系远未规范化；遗产管理单位与学校、社区的联系也很薄弱。

三是经济与教育层面。在市场经济的环境下，文化遗产的价值判断和定价乃至管理与运作的某些方面无法、也不必回避市场这只看不见的调节之手，但是，需要明确的是市场的力量在很多方面又是十分有限的。如在目前大规模开发老城区的过程中，出现某些未经验证、弊病丛生的“现代化”，因所谓的政绩和眼前利益而忽视成百上千年积累起来的文化遗产价值。市场不能亵渎作为社会发展与人类持续生存之灵魂的文化与文化遗产，我们必须从道德、观念、文化、规划、法律与市场等多重角度来设计全社会和未来人的文化遗产权利和利益分享机制，建立多元化、开放式、前瞻性的文化遗产价值定价与讨价还价的对话平台，应该教育动员民众，创建由全社会广泛参与的新的运行体制与机制，避免因经济学所说的信息不对称性，即利用人们对文物和文化遗产价值的无知或者所知甚少，对文化遗产进行竭泽而渔的开发和改造，导致文化遗产的管理与运营背离了它的公共性和应该具有的真正价值，对文化遗产保护及长远持续发展带来严重的负面效应。

2001年12月中科院环境和发展与研究中心承办了“改进中国自然文化资产资源管理”的国际会议，与会者认为，中国文化遗产管理存在“认识、立法、体制、规划、技术、能力、环境”七方面不到位的问题。观察已开发先进国家的文化遗产保护与管理体制，大体上分为垂直管理模式、综合管理模式和属地管理模式三种类型，专家学者们从完善立法、理顺机构、经费保障等方面加强研究，认为逐步建立起适合中国国情的文化遗产管理模式，亟待从四个方面解决：一是分等级管理；二是以法规与标准进行管理；三是管理工作应与时俱进；四是根据中国特点进行管理。这一特点有二：一是背景特点，指中国的社会、经济、文化的

发展水平与制度；二是资源特点，指中国文化遗产的类型[1]。在文化遗产管理中引进市场机制，能够很好地解决管理的经费问题以及对在地的经济贡献问题[2]。

三、文化遗产产业化的战略选择与运营模式

文化遗产经营是文化遗产事业使命扩张的产物。传统上，遗产管理使命在于“保护”，主要包括收藏、保管、保存、养护、修复、恢复等；另外，还为研究者提供资料服务，为学生提供教学服务。文化遗产管理的使命自20世纪80年代开始发生变化，通过产业化开发，为文化遗产的传承和保护提供了动力源泉。文化遗产产业化是指把某些珍贵的文化资源如遗址、重要史迹及代表性建筑、历史文化名城或民间技艺、技能及其有关的工具、实物、工艺品和文化场所等，变成完完全全按照市场规律运作的经济形式，以达到相当规模、规格统一、资源整合、产生利润的过程。从整体情况来看，大陆地区文化产业的兴起与发展较晚，文化遗产产业尚未形成规模化的发展态势，许多非物质文化遗产无论从产品品质还是产业规模都没有形成足够的影响力[3]。

欲达到文化遗产的产业化，不但需要资金、技术、设备等“硬资源”，也需要品牌、信息、客户、人才、创意和经营等“软资源”。文化遗产产业化运作的战略选择，包括：

1. 实施世界文化遗产的品牌战略。利用世界文化遗产的品牌效应是文化遗产产业化的重要途径之一。

经文化部、国家文物局批准，中国历史文化名街评选推介活动组委会自2008年以来已成功举办了两届“中国历史文化名街”评选推介活动，吸引了全国各地

---

1 苟自钧：“中国自然文化遗产要走专业化经营管理之路”，《经济经纬》2002年第1期。
2 王登杰、周锦：“文化遗产经济学研究综述”，见顾江主编：《文化产业研究：文化软实力和产业竞争力（第3辑）》，东南大学出版社2009年出版P.234-235。
3 郭新茹：“文化遗产产业化的战略选择与运作模式”，见顾江主编：《文化产业研究：文化软实力和产业竞争力（第3辑）》，东南大学出版社2009年出版P.216。

400多条街道报名参评。

2. 打造文化遗产的资源链。

以核心的创意理念去组合不同的资源，把文化遗产资源的要素和现代的、品牌的、市场的，甚至是全球的开发理念结合起来，走市场化的文化遗产资源开发道路。

3. 构建文化资源的产业链。

即以文化遗产产业运作为核心来带动周边相关的产业链。观察文化遗产保护工作先进的国家，文化遗产与商业行为共荣的情况比比皆是，文化遗产商业行为的深层意义还在于，不仅可以强化遗产保护的财务机制，还可以开发文化纪念商品，使参访者或游客可以带回文化记忆。

4. 发展文化遗产产业集群。

文化遗产产业核心竞争力的提升离不开高效的文化产业的集群化趋势，建设特色鲜明、优势突出的文化遗产产业基地与文化遗产产业园区是重要的途径。

5. 构筑文化遗产产业发展的支撑体系与服务体系。

首先，需要政府制定可行的开发战略、产业政策的扶持和激励机制的促进；其次，政府和相关的管理部门要为文化遗产产业化发展提供一系列的服务平台，如公共技术服务、人才培训、产品评估咨询、对外宣传、等服务平台，加强文化知识产权保护体系、营造尊重和保护知识产权的法治法治环境，为文化遗产产业化发展创造一个良好的外部环境。

6. “十二五”时期文化遗产工作安排与新举措

2012年5月10日，《文化部“十二五”时期文化改革发展规划》出炉，与之前颁布的《国家“十二五”时期文化改革发展规划纲要》相比，重点更突出、措施更具体。以下就“十二五”时期大陆地区文化遗产工作的安排与举措作简要介绍：

1. 国家艺术作品引导发展工程。

《规划》中提到的国家艺术作品引导发展工程包含11个项目，强调继续实施

国家非物质文化遗产的艺术抢救、保护和扶持工程等。

2. 公共文化服务体系建设。

《规划》提出，到2015年，覆盖城乡、结构合理、功能健全、实用有效的公共文化服务体系基本建立；初步形成需求为牵引、政府为主导、公益性文化单位为骨干、市场和社会积极参与的公共文化产品生产和供给体系，公共文化产品日益丰富，服务能力明显提高。

3. 博物馆免费开放。

国家文物局指出，期间逐步将国有行业博物馆以及符合条件的民办博物馆纳入国家免费开放支持范围。力争到“十二五”末，在数量上让全国免费开放博物馆从现在的1804座增加到2500座左右；在质量上创新博物馆文化传播内容、形式和手段，实施数字博物馆计划，加强免费开放博物馆绩效考评，建立健全激励机制，推动博物馆公共文化服务专业化、规范化、社会化，提升博物馆公共文化服务水平。以此同时，一方面联合相关部门，制定博物馆纳入国民教育体系的政策制度，将博物馆教育纳入中小学课程和教学计划；另一方面推广实施博物馆进校园进社区行动计划，制定博物馆纳入文化旅游、红色旅游体系的措施，在“十二五”末实现省级以上博物馆纳入国内旅游精品线路，其中半数纳入国际旅游精品线路。

4. 建立健全非物质文化遗产知识产权保护制度。

国务院已先后公布了两批国家级非物质文化遗产名录，目前全国非物质文化遗产资源有几十万项。非物质文化遗产大都属于传统民族民间文化，是人类智力活动的产物，具有知识产权的本质特征，对它的保护依赖于以知识产权制度为基础的综合手段。非物质文化遗产的知识产权保护有专利权保护、著作权保护、商业秘密保护、商标权保护等模式，应尽快健全非物质文化遗产知识产权保护制度。具体来说，有以下几个方面：一是建立健全非物质文化遗产登记注册制度。通过登记注册制度的建立和完善，能够全面了解某种非物质文化遗产的现实状况、权利主体等情况，为开展保护工作提供依据，并进一步将非物质文化遗产保护纳入法治轨道。二是建立健全非物质文化遗产集中管理制度。集中管理制度便于明确非物质文化遗产知识产权保护的主体，从而有利于非物质文化遗产的抢救、保护、传承、开发、利用和可持续发展。三是明确非物质文化遗产权利的内容。关键是应赋予经认定的权利主体合法使用权与收益权。应当强调的是，非物质文化遗产权利不包括转让权，且通过这些途径所获得的经济收益应该回馈非物质文化遗产的保护和传承事业，以保证其旺盛的生命力，让非物质文化遗产的知识产权、民族群体利益与国家利益之间协调一致。

5. 非物质遗产传承人抢救性记录。

“十二五”时期，非物质文化遗产保护工作将由起步阶段的基础性工作转到深入进行科学保护的发展阶段。传承人保护工作是关键环节。目前，已命名的1488名国家级非物质文化遗产项目代表性传承人已去世40人，为避免“人走歌息”、“人亡艺绝”再次发生，急需对国家级非物质文化遗产项目濒危、传承链条几近断裂、年老体弱的代表性传承人采取抢救性记录措施。具体做法是，根据非物质文化遗产“以人为本、活态传承”的特点，采用录音、录像、数字多媒体等现代信息技术手段，真实、系统地记录代表性传承人口述史、传统技艺流程、代表剧（节）目、仪式规程等全面的信息，为后人留下民族传统文化的珍贵基因。“十二五”时期，将完成300名国家级非物质文化遗产项目代表性传承人的抢救性记录工作。

第三节　台湾地区文化遗产的保护管理与经营

丰富多样的文化遗产是台湾地区一笔潜力无穷的财富，被台湾人称为文化资产。1945年日本投降台湾光复，国民当当局将1939年在大陆颁布的《都市计划法》移植台湾，但由于条文过于简陋，无法适应台湾新都市发展的需要。台湾当局曾于1964年、1973年两次大幅修改原有的《都市计划法》，将其中的法律条文从原来的32条增至87条，并明文规定在拟定主要建设计划时应标明“名胜、古迹及具有纪念性或艺术价值应予保存之建筑”，但仍然很难有效保护台湾的历史建筑及古迹。进入20世纪70年代之后，台湾的经济腾飞、都市更新给传统文化，特别是传统建筑、历史街区带来巨大冲击。1978年8月，台北市政府为了实施城市改造工程，准备拆除林安泰古厝，在社会上引发了一场“拆”与“留”的大讨论。在这场论战中，论辩者眼中的古厝所代表的已经不是一座单纯的庙宇，而是一种文化的象征，不但可以见证台北市悠久的历史，同时也可以见证海峡两岸撕扯不断的文化情缘。古厝拆除事件对台湾学界震动很大，直接推动了后来台湾当局“文化建设委员会”的成立及《文化资产保存法》的制定。可以说，这一事件是台湾传统文化遗产保护运动的一个重要转折点。

据台湾有关资料统计，截至1997年，台湾共有建筑类文化遗产297座，其中一级文物24座，二级文物50座，三级文物223座。这些古迹遗产主要是创建于明末清初的宅第、祠庙、园林、书院、教堂、城郭、衙署、关塞、陵墓、牌坊、灯塔、遗址、桥梁、碣碑、石井等功能性建筑，大多具有重要的文物价值。

一、文化遗产工作的分工与管理运作

随着台湾工业化与现代化的前进步伐，带来各种土地开发及大型工程的建设，给各地的文化遗址保护带来新的威胁。据台湾文化管理部门的有关资料：1980年，因为台湾铁路局东线铁路拓宽、改道及台东卑南新站的建设工程，对具有3000以上历史的卑南人类墓地遗址造成了无可挽回的破坏，引起台湾社会的极大关注。在民间社会的强烈呼吁之下，台湾当局于1991年11月26日召开“研商有关古迹一遗址之评鉴事宜”研讨会，会议决定：（1）尽快调查评估重要且急需保护的遗址；（2）对主要遗址做进一步调研；（3）对台闽地区（指目前台湾地区所涵盖的台湾本岛与外岛澎湖、金门和马祖）考古遗址进行全面普查。根据这个决议，在《台闽地区古迹维护计划》第一期及第二期工程中，先后完成了《台闽地区重要考古遗址初步评估》（1992年）和《台闽地区考古遗址普查研究计划》(1993~1997年)两个报告书，同时还完成了台闽地区重要考古遗址的资料建设和屏东、高雄、台南、嘉义、云林、彰化、台中、台东和澎湖等县市考古遗址的资料建设，而台湾地区地下遗址的资料建设，计划于21世纪初完成。

为了加强文化遗产保护工作，1981年11月，台湾当局成立了“文化建设委员会”，并于1982年5月26日颁布了“文化资产保存法”，至此，文化遗产的保护有了法源依据。“文化资产保存法”第5条规定，古迹之保存、维护、宣扬、权利移转及保管机构之监督等事项，均由“内政管理部门”负责；依据该法的第7条规定：“关于文化资产保存之策划与共同事项之处理，由‘文化建设委员会’会同‘内政管理部门’、‘教育管理部门部’、‘经济管理部门’、‘交通管理部门部’及其他有关机关会商决定之。在详细办法尚未出台前，先请‘文化建设委员会’对于各类古迹古物会商‘内政管理部门’、‘教育管理部门部’及有关机关负责鉴定，……将来各项鉴定及管理办法决定后，再依该办法办理”。1984年，台湾当局颁布“文化资产保存法施行细则”，为依法保护文化遗产提供了更多的可操作性。1987年8月，台湾行政部门成立了“环境保护署”，进一步从组织建构上为台湾地区地下文化遗产增添了一张保护伞。

台湾当局的“文化资产保存法”规定的文化遗产类别相当广泛，包括有历史、文化、艺术、科学等价值，并经指定或登录的文化资产，可分为七类[1]：1、古迹、历史建筑、聚落：指人类为生活需要所营建之具有历史、文化价值之建筑物及附属设施群等。2、遗址：指蕴藏过去人类生活所遗留具历史文化意义之遗物、遗迹及所定着之空间。3、文化景观：指神话、传说、事迹、历史事件、社群生活或仪式行为所定着之空间及相关联之环境。4、传统艺术：指流传于各族群与地方之传统技艺与技能，包括传统工艺美术及表演艺术。5、民俗及有关文

1　傅朝卿：“国际文化遗产保存与经营管理“，台湾《研考双月刊》2012年2月第三十六卷第一期。

物：指与国民生活有关之传统并有特殊文化意义之风俗、信仰、节庆及相关文物。6、古物：指各时代、各族群经人为加工具有文化意义之艺术作品、生活及仪礼器物及图书文献等。7、自然地景：指具保育自然价值之自然区域、地形、植物及矿物。

据此，台湾文化建设管理机构会同“内政管理部门”全面勘察“台闽地区”的文化遗产，暂定各类古迹400多处，其中一级古迹18处，二级古迹36处，三级古迹171处，合计225处，经主管机关“内政管理部门”认可后，正式公告社会并依法实施保护。

二、台湾文化遗产经营管理的实践

依据台湾当局实施的“文化资产保存法”，古迹的管理维护主要有下列工作：（1）日常保养及定期维修；（2）使用或再利用经营管理；（3）防盗、防灾、保险；（4）紧急应变计划之拟定；（5）其他维护管理事项。简言之，实质内容包括管理与经营两部分，文化遗产除了管理之外，还必须被经营。在台湾，观光与文化遗产保护的结合已经不是单纯的历史文物的保存，其已是城镇聚落发展中的策略，因而有效的经营管理是成败的关键。日本、欧美等文物遗产保护与管理以及利用文化遗产来创造财富、进而回馈文化遗产保护事业之良性循环的经验，给台湾文化遗产事业带来借鉴与思考的空间，同时也积极寻求有效的经营管理策略与途径：一是积极规范城镇聚落中文化遗产的识别系统的设计特色与考量。譬如导览系统，常见的方式包括口头导览、固定式图片与录音导览、移动式录音或影音导览、图书导览、多媒体导览及网站导览等，此外导览人员与导览之场所都必须受到规范，还要建构导览人员本身之伦理。二是文化遗产作为文化教育的据点。台湾的文化经营管理组织一方面通过各级学校的乡土教育，另一方面促进文化遗产成为社区发展的核心价值。三是文化遗产工作有了永续经营的概念。在台湾的“古迹管理维护办法”第三条中，就明定了古迹使用或再利用经营管理的项目：（1）开放参观计划：包括开放时间、开放范围、收费、解说牌示、导览活动、图文刊物及纪念品等；（2）经营管理计划：包括组织结构、业务章程、营运作业流程及其他营运财务计划等；（3）维护利用计划：如变更原用途并为内部整修或外加附属设施者，应以使用强度及形式就保存原则与经济效益予以分析、说明，并依古籍修复再利用办法有关规定程序办理。（4）社区发展计划：结合当地文化特色、人文资源，建立古迹沿革与社会发展史料，配合文化传承教育，并建立社区志工参与制度。以此同时，为文化遗产在财务机制上提供了另外一种可能性："共有财产估计因管理维护所衍生之收益，其全部或一部分得由各管理机关（构）作为顾及管理维护费用，不受台湾共有财产法规定之限制"。

在修复古迹方面，台湾地区取得了一定成绩，其中，较大的动作有"台闽地区古迹维护计划（第一期三年计划）"（1990-1992年度）、"台闽地区古迹维护计划"（1992- 1996年度）、"台闽地区古迹维护计划（第二期五年计划）"（1997-2001年度）等若干重点工程。最值得关注的是台北故宫用古文物创造出新的价值。"台北故宫博物院"是中国著名的历史与文化艺术史博物馆，坐落在台北市士林镇外双溪，始建于1962年，1965年夏落成，占地面积1.03万平方米。中国宫殿式建筑，共4层，白墙绿瓦。院前广场耸立由6根石柱组成的牌坊，气势宏伟，整座建筑庄重典雅，富有民族特色。院内设有20余间展览室，现代化的空气调节、防火、防潮、防盗等设施，以维护珍贵的文化瑰宝。院内收藏有自旧北平故宫博物院及沈阳故宫，热河行宫运到台湾的24万余件文物，所藏的商周青铜器，历代的玉器、陶瓷、古籍文献、名画碑帖等皆为稀世之珍，展馆每三个月更换一次展品。

在此，先对台北故宫博物院馆藏的来历作简要介绍：回顾国民政府接管紫禁城之后，于1925年10月10日正式成立故宫博物院。然而，由于军阀混战导致北方政局飘摇，故宫博物院的院务长期无人负责，直至1929年，易培基任职院长后各项业务才日见起色。孰料，营运刚步入正轨，"九一八事变"骤然爆发。1932年秋，故宫博物院开始打包作业，将文物藏品装箱南迁，13491箱故宫文物先后分5

批运离北平至西南。抗战结束后，1947年12月，迁往内陆的文物悉数回到南京朝天宫。1948年11月，国共徐蚌战争打响，南京动荡不安，蒋介石专门拨款800万元，在海军的协助下将故宫文物跨海迁徙到台湾。负责挑选这批运台文物的有号称“故宫四大金刚”的专家：即书法专家庄尚严、瓷器专家吴玉璋、图书专家梁廷伟以及玉器专家那志良，他们从堆积如山的文物箱中抽出自己眼中的精品，构成了今日台北故宫价值连城的馆藏。国民党当局从大陆共运走2972箱故宫文物，虽只占当年南迁文物的四分之一，但多为精挑细选的珍品，主要包括书画、铜器、瓷器、玉器、漆器、珐琅、雕刻、文具、图书、文献及其他工艺品。据杭立武《中华文物播迁记》一书记载：“南迁书画9000多件，运台5458件，其中就有堪称‘中华第一宝’的书圣王羲之《快雪时晴帖》；南迁铜器2787件，运台2382件，其中就有铭刻字数最多的西周重器毛公鼎”。另据台湾《商业周刊》的一篇报道估算：台北故宫文物中，光郎世宁的《百骏图》至少值8亿元；一件宋代汝窑杯可以盖一座故宫（1965年故宫花费6000万落成，物价换算后，相当于现值84亿元），而故宫拥有21件汝窑杯，价值上千亿元。

台北故宫博物院以65.5万多件的耀眼藏品，包括“毛公鼎”、“翠玉白菜”以及“东坡肉形石”等无价之宝[1]，成为世界上最大、最完整、最丰富的华夏文物博物馆，名列世界五大博物馆之一。目前，台北“故宫博物院”出版有《故宫宝藏》、《中华五千年文明集刊》、《国之重宝》、《惠风和畅》、《文物光华》、《元四大家》、《唐寅的研究》、《山水画皴法点苔之研究》、《清代通鉴长编》等著作，并影印出版了文渊阁《四库全书》，院内还有定期刊物《故宫文物月刊》和《故宫学术季刊》等。台北故宫的亮点，还在于其结合高科技与文化创意，与时俱进地将典藏的古文物创造出新的价值，成为台湾社会进步的象征

1　清道光年间陕西出土的毛公鼎，传言为周宣王叔公毛公所铸，高53.8厘米，口径47.9厘米，因内壁刻有500字铭文，乃迄今出土的商周青铜器之最；高18.7公分的“翠玉白菜”由一块半白半绿的翠玉原石雕刻而成，绿色菜叶，白色菜帮，望去青翠欲滴，菜上停有蝗虫、螽斯各一只，精雕细琢，灵动鲜活；同在玉器展区的“肉形石”，纹理清晰、毛孔毕现，初见此石，人常误为连皮带肉、肥瘦相间的东坡肉。

之一。表现形式主要有二：第一，通过与文创产业合作挖掘文物的应用价值。主要途径：一是建立起台北“故宫”与文创产业的合作模式。台北“故宫博物院”通过举办文化创意产业研习营，聘请专家学者讲授美学与感知、文物传习、设计与创意，并搭配数字技术应用、体验与户外教学等五感生活美学活动，为产业界搭建起吸收创意文化养分的平台，每期半年，突显出“文化就是文创的活水源头”。文化创意产业研习营学员的作品经评审获选后，与故宫以双品牌方式行销，不仅提升相关产品品质，厚实文创产业的深度，还建立起台北“故宫博物院”与文创产业的跨业合作模式，结出丰硕的成果。二是贩卖礼品。已有19家海内外企业与台北“故宫博物院”的品牌合作，推出创意商品、礼品，享誉全球，营收的效益即可说明。据统计，台北“故宫博物院”经营的商品、礼品的收益，从2008年的3.6亿元（新台币、下同）成长至2010年的6.8亿元。三是台北“故宫博物院”与岛内的高科技企业台达电合作，将过去研制的多媒体内容整合推出全新的书画多媒体室，逐步活化静态文物遗产，让古物不再遥不可及。譬如2010年11月在台北华山创意文化园推出的“精彩数字故宫”，就是古文物通过新科技重新开出的艺术花朵。第二，体现教育性的内涵。除了发挥展览的社会功效之外，台北“故宫博物院”依靠教育提升价值，广开研习营是其独特之处，提供了分龄分众的美学教育机会。如2008年5月，台北故宫博物院推出“儿童艺术中心”，结合数字动画与多媒体游戏，启发培养孩子的文化创作素养，2年多时间就已经服务35万人次；2010年台北“故宫博物院”与出版社合作，帮助原住民小学设计教材，带给孩子美学飨宴。台北“故宫博物院”教育的触角还延伸到受刑人，让他们能在服刑期间深入学习文化之美，激发出创作热情。2008年11月开始，台北“故宫博物院”还通过举办“当young people 遇上故宫——故宫周末夜艺文表演活动”，达到培养年轻艺术人才的效益，截止2010年底，共有116个青年团体参加演出，吸引了近24万人次欣赏。

三、文化遗产运营模式与经营管理待改善的内容

我国台湾地区建构了非物质文化遗产的行政保护制度，并对少数民族传统智慧创作设专用权；鼓励与扶植民间社团成为保护民族文化遗产的重要力量。但不可讳言，台湾岛内对于历史文物保存的认知与观念，大都还是停留在复旧、复原和怀旧的想象，缺乏大胆创新与时代精神，这正是台湾在文化遗产保存与再生推展上面临的难题之一[1]。遗产管理单位现在面临的是任何经济企业都会面对的问题，即：如何提供最好的服务——吸引更多的消费者；如何以最小的成本提供最好的服务；如何以最恰当的服务获取最大的经济效益 。

台湾文化遗产经营管理待改善之处：

1. 还没有一个强有力的机构来整合台湾重要文化遗产的经营管理工作。这个组织必须拥有或管理建筑文化遗产，并且广收会员和义工以储备人力资源。因为台湾法定的建筑文化遗产有1千多个，不少文化遗产或古迹由公部门指定，委由专业机构进行实质维护，后续的经营管理和教育推广工作却明显不足，因为仍缺乏行政单位、研究机构与经营管理保存组织统筹管理的合作模式，文化遗产管理工作仍显琐碎也与此有关。此外，通过监测提供不同层级文化遗产的必要资讯，及时送达相关负责经营管理的单位或关系人，及时有效地评估、修正或同意管理的行动都还待加强。

2. 保守观念的影响。由于“认为文化遗产就是被人观赏的古物，所以如果有损坏只要加以整修就好”的保守观念使然，文化遗产保护在台湾社会一直非常被动，还很少人会主动争取所拥有的建筑被指定或登录为文化遗产。

3. 文化遗产产业和旅游业等综合管理、组织、沟通和协调。由于文化遗产

1 颜世桦：“古都保存再生文教基金会”，见韩良露、廖嘉展、钟永丰、颜世桦、王玉萍等著《文创进行式》，台湾远流出版事业2011年出版P.190。

和旅游观光分属不同的行政体系，两者的配合并不是十分密切，未能通过旅游业为文化遗产本身与周边创造理想的环境，影响文化遗产资源的妥善发挥。如文化遗产识别系统显得单调，文化遗产保护与商业行为的共荣等方面还有很大的思考与改善空间。

四、台湾古迹分布及世界遗产的潜力点

1. **遗址**。台湾考古发现的史前遗址已有1000多处，代表了14个史前文化，时间跨越了至少15000年。主要包括：**（1）旧石器时代遗址**[1]。代表性遗址有八仙洞、小马海蚀洞、鹅銮鼻第二及龙坑。**（2）新石器时代前期遗址**。一是大坌坑文化[2]，又称“粗绳纹陶文化”，代表性遗址有大坌坑、凤鼻头、八甲、长光及果叶；二是牛骂头文化、牛稠子文化为东部绳纹陶文化[3]，又称“细绳纹陶文化”，代表性遗址有万里加投、牛骂头、牛稠子、凤鼻头、垦丁、富山及锁港；三是圆山文化为台北盆地的史前文化[4]，代表性遗址有圆山、芝山岩、土地公山及狗蹄山。**（3）新石器时代后期**。指3500－1500年前，台湾的遗址数量激增，分布广泛。这个时期有定居的聚落，有农耕及畜牧，制作石器的技术越来越进步，也开始有纺织、编织等工艺，且文化的来源与发展方向更多元。具代表性的：一是大湖文化：遗址为贝冢堆积，有大量骨、角、贝器，陶器以红、黑两色为主，分布于大湖台地和台南台地，代表性遗址有大湖、凤鼻头及乌山头；二是营埔文

1 长滨文化是台湾最古老的史前文化，年代大约在5000多年前到15000年前之间，或可早到50000年前。当时人们以狩猎与采食为生，使用石片石器、砍伐器和骨器。

2 大坌坑文化是最早的新石器时代文化，年代约距今6000-5000年，是从大抵东南沿海的新文化，又称“粗绳文陶文化”，遗址大多出现在海滨、河口或湖滨。

3 牛骂头文化、牛稠子文化为东部绳纹陶文化，年代为4500－3500年前，又称“细绳纹陶文化”。分布在各沿海地区，晚期向内陆移动。生活型态以谷类农业为主，仍有狩猎及渔捞。

4 圆山文化为台北盆地的史前文化，年代距今4500－2000年，是来自大陆东南沿海的另一种文化。当时人们以农业及渔猎为生，已懂得栽种稻米，典型器物为有肩石斧、有段石锛、大型磨制石铲及双口圈足罐。

化，出土陶器以灰黑色陶罐及陶钵为主，表面常有丰富的纹饰，以羽状纹。

2. 古迹、历史建筑和聚落。根据台湾相关资料，“台闽地区”的古迹、历史建筑和聚落共有612处，分成六级：第一级24处、由台湾当局定的20处；第二级50处、省（市）定的92处；第三级222处、县（市）定204处。

3. 历史建筑、聚落及其他历史遗迹。共有542处：其中建筑物类428处、传统聚落类9处、古市街类21处、其他历史遗迹84处。

4. 世界遗产潜力点。

（1）史前文化地点－卑南遗址与都兰山。卑南遗址是台湾地区规模最大的新石器时代遗址，也是台湾考古学史上最早抢救发掘的面积最大的古代聚落遗址。发现了距今5300年至2300年前的住屋、储藏室和面积超过30万平方米的石板棺墓葬群。现已发现卑南文化遗址上百处。卑南文化与太平洋南岛民族的文化有关，现保存在卑南文化公园内，背靠都兰山。都兰山海拔1191米，由海底火山爆发的火山岩组成，以产蓝宝石著名。

（2）台湾少数民族文化地点。一是兰屿聚落与自然景观。十七世纪的中、西方航海日志和航海图中都有关于兰屿的记录。兰屿原名红头屿，是台湾与菲律宾之间海底喷发的火山岛，岛上山岭陡峭，兰屿海岸岩石因受海水侵蚀形成峭壁与海蚀洞穴。东岸与北岸有宽阔的珊瑚礁，生物丰富，其中珊瑚礁鱼405种、无脊椎动物石珊瑚45种、水螅珊瑚3种、软珊瑚11种、鱼珊瑚3种、节肢动物54种以及软体动物363种；兰屿植被是台湾最接近热带雨林的植被，有海演植群、草原、灌丛及森林等四种植物群，稀有植物121种，包括蕨类13种、裸子植物1种、被子植物107种。当地居住的民族为雅美族，雅美族人聚落有半地下房屋、工作房及船屋等建筑。二是太鲁阁国家公园。太鲁阁国家公园坐落于花莲、台中、南投三县，面积约92000公顷。区内大理岩为台湾最古老的岩石，为世界最大的大理岩峡谷，山峰林立，有海拔50米直上3742米，超过3000米的山峰有27座，峡谷深度超过1000米，还有许多瀑布、小峡谷、石灰质岩洞、温泉等；山谷的植被包括平地阔叶林、山地针阔叶混生林、高山草原以及近乎苔原的南湖圈谷。太鲁阁一带居住的主要是东赛德克群族人，纹面与猎头是东赛德克群人原始习俗，当地的苎麻纺织、木器、藤编等手工艺居台湾少数民族之冠。

（3）栖兰山桧木林。栖兰山桧木林蕴藏着原始巨型扁柏林，是世界上唯一位于亚热带地区桧木林，分布于台湾宜兰县、新竹县、桃园县及台北县四县，总面积约45000公顷。林区还伴生红豆杉、台湾杉、峦大杉、台湾粗榧等珍稀裸子植物，皆为北极第三纪孑遗植物，是残存的“活化石树”，也是地球生物在冰河时期大迁徙的证据；林区内有台湾黑熊及台湾野山羊、山羌等大型蹄科动物。栖兰山居住的是泰雅族人，泰雅族是台湾地区人口第二多的少数民族。

（4）金门岛与烈屿。金门旧名浯洲，又叫仙洲，还被称为浯江、浯岛、浯海、苍浯。明洪武二十年有军队驻守。因内捍漳厦、外制台澎，有固若金汤、雄镇海门之势，故有“金门城”之名。金门居民有多种历史来源，包括晋人避祸屯垦、唐朝陈渊牧马垦荒、宋泉州世家开发、元朝筑场晒盐、明清屯守海疆，以及邻近地区渔农商贾渡海谋生。金门自古为兵家必争之地，岛上防御工事甚多。金门建筑多为传统闽南式，清末民初外出经商的侨民多建中西合璧式洋楼，宗祠规模较一般民宅高大。

（5）澎湖玄武岩自然保留区。澎湖古称“西瀛”、“澎海”、“平湖”。元世祖于澎湖设置巡检司；明天启二年荷兰人攻取澎湖，修筑炮台；天启四年将荷兰人驱逐到台湾。甲午战争澎湖被割让给日本，1945年光复。区内有禽鸟天堂，据统计有计各类禽鸟10目19科52种。“石沪”是澎湖渔业文化特色，有大小不同、造型各异的“石沪”574口。玄武岩地质年代约为1320万至1180万年前，是岩浆从岩石裂隙中涌出、倾泻、凝固的写照。有的质硬、灰黑，含肉眼不易看见的矿物结晶；有的黄色或绿色，含橄榄石和辉石；岩柱造型奇特，呈倾斜状、放射状或倒卧状。

（6）殖民时期开发的聚落。

其一，淡水红毛城及其周遭历史建筑群。1629年，西班牙殖民者占领台北淡水（原沪尾），在淡水河口构筑圣多明哥城。1641年，荷兰人打败西班牙人，接收了圣多明哥城，次年重建城堡。当地人称荷兰人为“红毛人”，圣多明哥城被称为“红毛城”。红毛城内层由红砖砌成，外层以大石头堆栈，门窗极小，可承受炮火攻击。从淡水捷运站至沪尾炮台有16处古迹：沿海是海关、洋行、码头、机场；山坡上有红毛城、沪尾炮台、英国领事馆、总税务司官邸、马偕故居、日式宿舍群；最后面则是牛津理学堂、淡水女学校和妇学堂。

其二，金瓜石聚落。指金矿遗址，面积70多平方公里。1890年，台湾在修筑铁路时在金瓜石附近河砂中发现黄金踪迹，其后清廷设置砂金署。1895年，日本割据占领台湾，殖民当局设“砂金署”，于1896年在海拔560.5米处开凿第一坑；1900年设立第一炼制厂，初期仅产黄金，后来也生产铜；1978年开始大规模露天开采，全年金产量27794两，铜产量1，875吨；1987年矿场关闭。矿场遗址有露天矿场、采金坑道、长仁缆车道、无极索道、斜坡索道、滷洞炼金厂、礼乐炼铜厂；旧街巷建物有太子宾馆、日式房舍建筑群、旧商店街；还有黄金神社、劝济堂等庙宇神社。

其三，阿里山森林铁路。1906年，日本殖民者为开发阿里山桧木而铺设，横跨嘉义市、嘉义县及南投县三县，由海拔30米爬升至2274米，全长71.9公里。1912年，嘉义至二万平正式通车，1914年延伸至阿里山沼平。沿途经过72个隧道、114座桥梁，设25个车站。还有扇形齿轮直立式汽缸蒸气火车头、独立山螺旋登山路段和之字形登山铁道等独特的设计。少数民族邹族聚居在阿里山山麓一带、人口甚少，以农业及狩猎为生，主要分布在嘉义县阿里山乡，有来吉、里佳、乐野、新美、茶山和山美等八个村落。

其四，台铁旧山线。于1908年完工、是台湾最大坡度、最大弯道、最长花梁钢桥、最长隧道群的铁路工程，横跨苗栗县与台中县，全长约15.9公里。沿线每一条隧道、每一座铁桥和每一个车站，都记载着西方科技引进台湾的历史，其中鱼藤坪桥被喻为“铁道工艺的极品”。1935年，新竹、台中州大地震，火车停驶3年。1998年，旧山线停开。

第四节　海峡两岸文化遗产开发保护的交流与合作

在建立文化遗产价值评估系统时应具有充分的开放性，提倡跨文化、多视角的交叉对话。同时也必须通过大众媒体的参与，通过沟通、宣传和普及活动，让这些价值为所有的相关者所认同和分享。此外，文化遗产具有非人工再造性和破坏后的不可逆性，科技的进步无法提高它们的质量。文化遗产的价值会随着社会发展、人们认识水平的提高而有一个不断丰富的呈现过程。它是动态的、发展的和不断积累的。未来的人们会有更多更好的办法了解到关于同一个文化遗产的更多信息和价值。因此，遗产的价值应该是跨代的，遗产应对一代一代人发挥永续的作用。这也是为什么关于文化遗产的工作方针是“保护为主，抢救第一，合理利用，加强管理”，是把文化遗产尽可能完整地传诸子孙后代的原因。

许多国家的发展经验证明，文化遗产可以作为一种旅游资源和文化创新的资源对社会发展起到积极的推动作用，让大众参观欣赏文化遗产是其发挥作用、实现价值增值和传承的重要途径。

整体以观，文化遗产的保护与管理，已非单纯的历史文物保存，而是城镇聚落发展的策略选择，有效的经营就成为成败之关键。就文化遗产保护行业自身存在的问题而言，观念滞后、基础工作薄弱、体制障碍、人才匮乏等问题仍然束缚着事业的发展。我们的工作与经济社会的快速发展还有距离，与文物事业改革和创新的要求还有距离，与文物工作更好地服务全面建设小康社会大局的要求还有距离。如何使文化遗产为文化建设服务，是两岸所有从事文化遗产保护研究人员的共同心愿。从2008年年底起，无论是理论思考还是实践经验的交流与合作已在两岸之间展开。

一、理论研究层面交流合作与亟待探索的议题

海峡两岸文化遗产保护论坛始于2008年，成为弘扬中华文化的重要合作课题。南系古建以大陆闽越体系为主，随着大陆移民的传播，远及金、马、澎湖和台湾本岛及南洋各地，影响深远。首届以“南系古建艺术保护”为题的“海峡两岸有形文化资产论坛”在台北举办，就古村落调查、古建名词汇编、古建形制、故宫及民居古建维修、匠师口诀传承、传统吉祥图案运用及地震区域内古建保护等专题进行交流；第二届以“闽系红砖建筑保护”为题在泉州举行，与会的两岸专家学者就古村落调查、古建名词汇编、古建形制、故宫及民居古建维修、匠师口诀传承、传统吉祥图案运用及地震区域内古建保护等专题，进行两场主题报告会和综合讨论，考察泉州天后宫、蔡氏古民居等闽系红砖建筑。这两次论坛的成果均引起两岸有关方面的高度关注。2011年10月12日，第三届“海峡两岸有形文化资产论坛”在台中文化创意园区举行，为两岸有形文化资产的保存工作开创合作新思路。学者专家及有形文化资产保存修复工作者，从两岸各自保存的经验出发，针对古迹、古物、部落、遗址等文化遗产的保存技术、防灾风险措施、政策比较等方面进行了对话交流。台湾方面认为，大陆对文化资产保存非常用心，在保存科技方面也有很大进展，这是台湾需要跟大陆交流的地方。第四届“海峡两岸文化遗产保护论坛”于2012年12月3日至4日在广州举办，以“文化遗产的法制与管理”为主题，围绕文化遗产法制建设、文物进出境监管、水下考古、大遗址保护等课题展开讨论。台湾地区实施的“非物质文化遗产的行政保护制度”、少数民族传统智慧创作的专用权制度，直接对某些非遗授予知识产权特别权利等制度，能给予大陆正在研究制定的《非物质文化遗产保护法》提供可资借鉴的启示。

亟待加强共同探索的议题：（1）全面整体地对国家文化遗产资源进行考察评估、统计规划，应加强在法规制定、遗产管理、人才培训、信息输送、社区发展规划、文化产业发展等方面的研究；（2）探讨建立国家文化遗产信息与可持续发展研究中心，为国家文化遗产的传承保护提供更多的智能与技术信息支持；

（3）亟须规范文物鉴定的乱象，包括建立文物鉴定的资质、资格管理制度；规范文物鉴定市场的法律法规；创建对文物鉴定市场的法律监督与信用机制；（4）对少数民族传统文化遗产保护与管理方面的经验总结与深化研究；（5）国家专门机构与民间社团组织、志愿者组织对文化遗产开发与保护工作沟通协调与相辅相成的研究。

二、实践经验层面的交流合作与亟待探索的议题

台湾故宫博物院在多年前就与上海博物馆、北京故宫博物院等有文物研究、展览和文创商品方面的合作，目前数量有3000多种。由中华文化联谊会、财团法人沈春池文教基金会主办的“守望精神家园——两岸非物质文化遗产月”系列活动，已举办两届。第一届由中国艺术研究院、中国非物质文化遗产保护中心承办，台北市文化局、台北县文化局、台中市文化局、台中县文化局和台北市国立乐团参与合作举办的“国风-中华非物质文化遗产专场演出” 于2009年11月7日晚在台北中山堂举行，来自大陆的近150名民间艺人亲自登台献艺。第二届由湖南省文化厅承办，以“楚风湘韵”为主题，自2011年11月26日至2012年2月16日历时83天，活动范围涵盖了台湾的台北市、台中市、高雄市、台南市、新竹县等地。通过这一活动，既弘扬中华民族文化、促进两岸的文化认同，又营造两岸人民血脉相连的和谐交流环境。此外，台北“故宫博物院”以“创意生产力”为主题的理念，探索文化与创意、科技、市场和制造业融合的新兴产业之路，以及周边产品的研发与企业合作的文化创意，值得大陆的文物遗产管理研究人员以及文化创意产业界人士借鉴。

亟待加强共同探索的议题：（1）探讨增进两岸文化遗产法律制度的相互了解、两岸文化遗产法律规则的对接和互补、寻找两岸合力保护文化遗产的具体方法；（2）空间信息技术和数字技术对文化遗产保护的应用研究；（3）文化创意对文化遗产保护管理和产业化经营的探索研究（4）文化遗产产业和旅游业等社

会关联度高、影响面广的综合性产业的管理、组织、沟通和协调，统一认识、统一方向、统一步调；（5）开展更多如“守望精神家园——两岸非物质文化遗产月”这样两岸共同参与保护和传承中华民族文化遗产的有意义的活动。

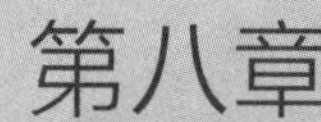

第八章

文化力与两岸文创产业之分析

DI BA ZHANG

WEN HUA LI YU LIANG AN WEN CHUANG CHAN YE ZHI FEN XI

第八章

文化力与两岸文创产业之分析

文化是立国的根本，也是国家兴盛与否的关键，换言之，没有丰厚的文化底蕴作为支撑，经济发展和社会进步是不会长远的。文化的本质是思想，是一个城市、地区或国家发展过程中所创造的一切成果的总和。面对全球化发展的趋势，文化是力，是精神生产力，但只有在文化转化为力量时，才能称之为文化力。文化力在国家崛起、民族复兴、经济腾飞、企业发展中都发挥着重要的作用。

21世纪是一个文化争雄的世纪，文化力作为软实力的核心，正在被世界各国普遍接受和认识。对一个国家或地区来说，文化力对内是未来经济力与国民创造力成长以及生活品质改善的基础，对外则是国家形象的延伸。如何提升文化软实力，一方面对内向下扎根，另一方面对外建立竞争优势，这就需要研究这种力量与其他力量的相互关系，怎样通过这些相互关系作用于经济的发展与社会的进步，也就成为众所瞩目的议题。

在知识经济时代中，在现代资讯通讯和科技革命的推动下，创意产业与创意经济的出现正成为一个国家或地区文化力发展的重要方向。随着以高科技资讯为特征的第三波产业的成熟，内容产业被视为“第四波”经济动力，成为兵家必争之地。也就是说，以文化与创意为主体的文化创意产业将成为新经济的核心。发展以内容为主的文化创意产业，最关键的是以“当代当地”的创造力作为其主要的价值。两岸共同拥有从未间断的中华文化优良传统，协手传递善良的生活价值，提供迷人的文化生活经验，除了各自经济的可持续发展之外，合作展示中华民族文化底蕴与发展潜力，创造对当代中国人文化更深远的影响力，都非常值得研究者探索，以及阅读者的细细品味。

第一节　关于文化力的论析

文化力就是哲学思想的辨析能力，不可否认，一个国家和民族强大与否，也取决于文化实力。中国是缔造文化的圣地之一，中华文化源远流长、博大精深，繁衍生息了中华民族几千年。文化是社会肌体健康的基因，是一个民族文明的基石。用胡锦涛同志的话说："一部人类社会发展史，是人类生命繁衍、财富创造的物质文明的发展史，更是人类文化积累、文明传承的精神文明发展史。人类社会每一次跃进，人类文明每一次升华，无不镌刻着文化进步的烙印。"[1]

一、文化力的概念与作用

传统文化是人类文明不断演化而汇集成的一种民族自身特质和精神风貌的反映，是各民族经过长期发展，聚集历史上各种文明素养、人文观念、思想形态的总体表征。中国传统文化是一个博大精深的体系，是中华民族的整体生活方式和价值系统的总和，从学术范畴来讲，大致可涵盖知识、信仰、艺术、宗教、哲学、法律、道德等等，它蕴涵着巨大的力。"以文教育之，以文感化之"叫文化，教育和感化受众的目的，是为了让更多的人认同说教者的价值观，这种"力"是人类用来'化'自身的。就此而言，文化就是引导力，文化就是创新

1　见2007年6月25日胡锦涛同志在中共中央党校的重要讲话。

力，文化就是推动力，文化就是发展力，文化就是竞争力。这种“力”在国家崛起、民族复兴、经济腾飞、企业发展中都将发挥重要的作用。

历史的经验证明，文化力是文化活动的引擎，它将一个民族、一个国家所创造的的物质成果和精神成果凝聚成永恒的民族精神。对于亟待深化改革开放的中国而言，比历史上任何时期都需要文化，需要大力提倡文化力。当前，文化建设已到了一个新的历史紧要关头：首先，随着人民群众物质生活水平的不断提高，民主法制意识的不断增强，广大人民群众对精神文化生活的需求已经越来越迫切，在思想道德观念和价值观念上越来越呈现多元化发展的倾向，亟需更加深入的改革与开放；其次，随着社会主义精神文明建设的不断拓展，特别是近年来文化产业、文化创意产业的迅速崛起，文化已经成为中国特色社会主义事业不可分割的重要组成部分，其地位和作用已经越来越突出；再者，随着改革的不断深入和开放的不断扩大，政治建设、经济建设、社会建设、生态建设和文化建设越来越紧密地交织在一起，迫切需要文化力为社会的可持续发展提供基础与支撑。简言之，文化力的作用是通过文化的精神力来调节和指导人性全面发展的一种平衡力量，是社会和谐进步、民主自由的强有力保障。也就是说，文化力推动着政治、经济和社会的协调发展、共奏凯歌。

文化属于上层建筑的范围，它是经济基础的反映。历史的事实已经明证，文化的大发展和大繁荣，必然促进经济社会的大发展与大繁荣，带来人民生活的大发展与大繁荣。中国共产党人以“和谐世界”为己任，不仅可以借鉴和利用传统中华文明的智慧和经验，也同样能够借鉴和吸收世界各种文明创造的一切有益成果，真正做到海纳百川。党的十五大报告说过：“文化是相对于经济、政治而言，精神文明是相对于物质文明而言”；党的十六大报告更明确提出，“全面建设小康社会，必须大力发展社会主义文化，建设社会主义精神文明”，总结概括了新的文化发展理念：牢牢把握先进文化的前进方向，把文化建设纳入国民经济和社会发展总体规划，把文化战略上升为国家战略。中共十七大进一步提出推动文化大发展大繁荣、兴起社会主义文化建设新高潮的战略任务，就深化文化体制改革、加快文化事业文化产业发展作出一系列重大部署。在十七大报告中，“文化创造活力”、“文化生产力”、“文化软实力”等表述形式频频出现，与之相关的重要论述还包括“文化越来越成为综合国力竞争的重要因素”、“增强中华文化国际影响力”以及“大力发展文化产业、繁荣文化市场、增强国际竞争力”等。字里行间可以看出，我国已确立从国家层面推动发展文化软实力的重大战略任务，并作出切实可行的系统部署。确认文化是社会进步、世界和平、人类发展的巨大力量，既是对人类发展史的深刻反思，也是对全球化时代世界发展态势的敏锐把握；既是对世界文化发展趋势的正确引导，也是对全球性文化融合交汇的深刻理解。十七届五中全会指出，文化是一个民族的精神和灵魂，是国家发展和民族振兴的强大力量。要推动文化大发展大繁荣、提升国家文化软实力，充分发挥文化引导社会、教育人民、推动发展的功能，建设中华民族共有精神家园，增强民族凝聚力和创造力。关键时刻召开的十七届六中全会，更将文化本质概括为：“文化是民族的血脉，是人民的精神家园”，同时指出：“文化越来越成为民族凝聚力和创造力的重要源泉，越来越成为综合国力竞争的重要因素，越来越成为经济发展的重要支撑”。以上对文化建设新思路的梳理，使我们更认清了：加强文化软实力建设，是对内增强民族凝聚力和向心力，对外增强国家亲和力和影响力，即全面增强综合国力的必然要求，是实现中华民族伟大复兴的战略之举。

党的十八大报告用相当大的篇幅论述社会主义文化强国建设，把文化建设摆在了更加突出的位置，进一步指明了文化改革发展的方向：文化具有“引领风尚、教育人民、服务社会、推动发展”的基本功能。胡锦涛同志在十八大报告时指出：文化是民族的血脉，是人民的精神家园；全面建成小康社会，实现中华民族伟大复兴，必须推动社会主义文化大发展大繁荣，兴起社会主义文化建设新高潮，提高国家文化软实力。在此强调的关键是开创全民族文化创造活力，让一切文化创造源泉充分涌流、持续迸发，形成社会文化生活更加丰富多彩、人民基本文化权益得到更好保障、人民思想道德素质和科学文化素质全面提高、中华文化国际影响力不断增强的新局面。

文化是一个民族的根脉，“建设社会主义文化强国”是在文化生产力基础上的新思考，顺应了时代的要求，符合社会前进方向与民众期望。文化强则民族强、文化兴则国家兴。从党的十六大以来的10年间，文化体制改革解放和发展了文化生产力：一方面，改革已经成为中国文化创新发展的强大推动力，根据时代发展变化不断调整，推陈出新，发展壮大，这是一种文化具有生机活力的重要标志；另一方面，文化在国家发展建设中的地位不断提升，文化的力量体现在国家发展的每一个阶段、每一个层面，文化已经成为中华民族伟大复兴的强大精神动力和巨大智力资源。10年改革和探索，中国文化收获的不仅仅是一连串耀眼的数字（如数千家报刊、570多家出版社、3000多家发行企业，2100多家文艺院团，上千家影视公司……通过文化体制改革从“吃皇粮”的事业单位转变为自负盈亏、自我发展、自我约束的企业），更有文化理念的更新，文化自觉和文化自信的提升。

纵观古今，人类的文化是一条流动的长河，文化建设的突飞猛进提升了全民族的文化素养和道德素质。从长远来看，全民族科学文化素质的提高，必然促使经济社会的发展更加协调、更加有后劲。抓住文化力的发展，使之成为物质与精神建设新的增长点，是实现经济社会可持续发展的重要途径。一个国家，只有当文化力的表现比物质力更强大时，这个国家才能进入更高的发展阶段；先进文化对于经济社会发展的支撑，也一定会更加明显、更加富有活力。毋庸置疑，文化力在人类社会的发展中是有反哺作用的，中华民族的复兴，要大力振兴文化力、发展文化力。

二、文化力是软实力的核心

软实力是近年来风靡国际关系领域的最流行关键词，从概念与理论的渊源来看，软实力概念由哈佛大学肯尼迪政府学院前院长、曾经担任过美国助理国防部长的约瑟夫·奈（Joseph S. Nye）最先在1990年提出的，原来指的是某个国家依靠文化和理念方面因素来获得影响力的能力，即通过吸引别人而不是强制他们来达到你想要达到的目的的能力。奈指出，一个国家的综合国力既包括由经济、科技、军事实力等表现出来的“硬实力”，也包括以文化和意识形态吸引力体现出来的“软实力”。“……硬实力和软实力依然重要，但是在信息时代，软实力正变得比以往更为突出”；认为美国在此前的几十年中利用文化和价值观方面的软实力，成功地获得了很大的国际影响力，但后来越来越多地使用“硬实力”（尤其是军事力量和经济手段），影响力反倒日趋式微。随后奈在2004年出版的《Soft Power：The Means to Success in World Politics》一书中，将“软实力”进行更清晰的概念化，认为一国的软实力来源主要有三：文化（有吸引他人的特色）、政治价值观（国内外形式原则的一致性）与外交政策（具备正当性与权威性）。总归而言，如果一个国家的文化或意识形态能“让人心生好感”；在自身的权力行使上能取得正当性；在外交政策与国际规则的制定上能具有道德说服力，那么便可在国际场域中达到风行草偃、近悦远来的效果。

中国政治精英已认识到软实力的重要性，并且逐渐将其整合进国家发展的战略议程中[1]。20世纪90年代初，王沪宁曾发表一篇题为“作为国家实力的文化：软实力”的研究论文，以文化理解是软实力，指出政治体系、民族士气、民族文化、经济体制、历史发展、科学技术和意识形态是构成文化力的重要来源[2]。1999年，张骥、桑红发表“文化：国际政治的‘软权力’”一文，针对文化与国家力量、文化与国家利益、文化与国家战略这三个层面进行分析，认为美国国家和民族均可充分地运用文化因素，以制定合理的政策与符合当今国际体系的对外战略，并累积文化软实力[3]。与此同时，学术界逐渐达成“软实力理论是制定国家、区域发展的关键要素”的共识，越来越受到各级政府的重视，此后，探究软实力的文献如雨后春笋般出现，相关讨论也日渐频繁。本研究以“文化软实

1 郭震远：《建设和谐世界：理论与实践》。世界知识出版社2008年出版P.190。
2 王沪宁：“作为国家实力的文化：软实力”，见上海《复旦大学学报》1993年第3期。
3 张骥、桑红：“文化：国际政治的‘软权力’”，见湖北《社会主义研究》1999年第3期。

力”为关键词在中国期刊网（CNKI）进行文献搜寻，统计所搜寻的文章数量，从1994-2006年的424篇猛增到2007-2011年的5301篇，足见学界对软实力概念的探讨与研究更加侧重于对“文化层面的探析”。首先，软实力的唯一构成要素是文化，软实力就是文化软实力。因为，诸如文化、意识形态、制度等要素，都可以归结为文化，而此类文化又可以区隔为两个层面：一是内涵的观念层面，包括价值观念、思维方式、理念思想等，另一则是外显的制度层面，也就是文化的“社会化”，他的表现方式为战略、规范、规则等[1]。其次，“国际政治经济学意义上的软实力，是一国以自身文化和价值观为基础而建立起来的，在国际关系中争取实现自身目标和影响他国行为，以达到本国所期望的目标与能力”。中国的软实力具有道德高度，其基础是中华民族的文化与价值观，包含对内对外两个层面：对内的表现是实现现代化，实现中华文化复兴；对外则是和谐世界的论述，强调与人为善的一面，目的是要把中华文化和价值观推向国际[2]。再者，软实力的竞争是文化对国际关系影响增强的表现，软实力是民族文化影响力在对外关系中的反应。就此，中国也必须思考在对外战略中增强其软实力的作用[3]。

中国软实力的累积过程和最终面貌都需要另辟蹊径，值得指出的是，北京大学现代中国研究中心于2005年成立“中国软实力课题组”，启动了“软实力”的相关研究，成为中国进行软实力整合型研究的重镇。“中国软实力课题组”的专家学者也认为，软实力就是“文化软实力”，文化软实力是软实力的基石，并构成软实力的深层魅力。在2008年春，该课题组已经形成几项重要的研究成果，其中包括《软实力：中国视角》、《文化软实力战略研究》两部理论专著初稿，以及《国家软实力》、《区域软实力》和《企业软实力》三套软实力评价体系；2009年初，课题组主编的“北京大学-软实力研究丛书”中的《软实力：中国视角》、《文化软实力战略研究》两部书由人民出版社出版；另外的《国家软实

1 李智：“软实力的实现与中国对外传播战略——兼与阎学通先生商榷”，见《现代国际关系》2008年第07期。
2 郑彪：《中国软实力》，北京中央编译出版社2010年出版，P.109-114。
3 与新天：“软实力建设与中国对外战略”，见北京《国际问题研究》2008年第2期。

力》、《区域软实力》、《军事软实力》和《企业软实力》等专著正在撰写之中。这些研究将中国软实力植入更为广阔的背景之下，从而构建起一个更具普适性的理论体系，成为中国软实力相当重要的依据[1]。

从发展的现实观察，中国目前已具有相当的"实力"，不以所谓的"硬软"之分，大概有以下两类：一是如今中国每年巨大的生产能力，已经积累的财富与力量；二是支撑中国实现并保有可持续发展势头的政治与文化能力。中国的软实力必以上述力量与能力为源泉，它们的水乳交融具有延伸与发挥的巨大潜力。2007年10月，胡锦涛在党的十七大所作的政治报告中明确表示："当今时代，文化越来越成为民族凝聚力和创造力的重要源泉、越来越成为综合国力竞争的重要因素"，简短的一句话对文化价值的高度给出了界定，标志着我们党对文化建设的认识达到了一个新境界，这不仅是我国文化建设的一个战略重点，也是我国建设和谐世界战略思想的重要组成部分，更是实现中华民族伟大复兴的重要前提，在发展的逻辑上具有相当深层的意义。在2011年出版的《中国文化软实力研究报告（2010年）》[2]开宗明义就强调：软实力是"关乎民族兴衰、国家强弱、人民贫富"的要素，更清楚地界定了中国文化软实力的研究现况、基础理论、权力要素、详细对策，并且直接通过政治化的框架思考文化软实力如何融合中国国情和发展需求[3]。

综上所析，软实力既是对硬实力的补充，更是硬实力的支撑力。软实力的内容虽很广博，但就其主要内涵来说，可以简括为"五力"，即政治导航力、社会文化力、民众精神力、制度约束力、外交决策力，这些软实力都以文化力为基础。世界大国纷纷重视软实力的建设，这是与全球化和信息化时代相伴随的，也是与一个国家和地区发展的强盛和自信相统一的。中国社会特有的历史文化成为

1 参见人民网（http://theory.people.com.cn）等关于"北京大学中国软实力课题组介绍"。

2 张国祚：《中国文化软实力研究报告（2010年）》，北京社会科学文献出版社2011年出版。

3 黄金辉、丁忠毅："中国国家软实力研究述评"，见上海《社会可选》2010年第5期。

中国发展并打造具有中国特色软实力的重要资产，同时也被视为是中国在国际社会中竞争与争取国际信任以消弭“中国威胁论”的战略工具。

三、文化力与文化创意产业

文化力之所以能称得上是软实力的核心，是因为在软实力范畴中文化具有主导性，在硬实力范畴文化具有先导性，且两者相辅相成，缺一不可。在21世纪，综合国力的博弈对一个国家在未来世界秩序中的排序起着关键性作用，只有强大的文化力，才能形成实际意义上的影响力。任何一个国家在提升本国政治、经济、军事等硬实力的同时，提升本国文化软实力是更为特殊和重要的。所以，中国未来的强大，除了国防实力和经济实力之外，更重要的是中华文化的发展与传播。简言之，向文化力要生产力，是维持经济社会可持续发展，以及提升国家影响力的正能量。

一个地区若具有成功的文化力，将会反映在输出该地的生活形态所带动的经济效应。当地的文化创意工作者，销售其创造出来的文化内容所形成的经济，就是文化创意产业。文化创意产业的最特殊之处，在于其经济效应的发生是来自“无限复制的可能性”：如一个故事成为小说、电影或戏剧，被千万人所观赏；如一首歌成为CD、MP3或手机铃声，被千万人所聆听；如一个设计被广泛应用在服装、装饰、制品或生活用品，被千万人所使用……大力发展文化创意产业，推进文化的创新和产业升级，让中华文化内容被无限复制，使其产生销售及传播的经济效应，让中华民族的生活风格、美学创造力与价值观被无限蔓延，不仅是经济全球化条件下增强国家经济实力的重要任务，也是文化多样化背景下提高国家文化软实力的工作重点。作为一种以文化为内容的现代产业，文化创意产业的拓展和提升，也有利于让中华文化为世界上更多的人了解、理解和认同，有助于加强国家的形象与国际亲和力，让中华民族文化通过文化创意及无限复制的可能性而走向世界。

作为共同历史的见证和结晶，传统文化是历史除了历史知识之外的另一种体现。因此传统文化的复兴对于增强民族凝聚力也就承载着重大的使命，中国文物学会名誉会长谢辰生说过，“文化遗产保护本身就是现代化建设的重要组成部分，它是中华民族文化凝聚力和中国国际文化形象塑造的重要基础。”显而易见，一个拥有丰富的高雅文化资源的民族，势必具备深厚的文化底蕴，是一个伟大的、值得尊敬的民族，正是高雅文化的这种含义，使得它成为了一种软实力资源。

创新是文化的灵魂。文化领域的创新，首要条件是形成一个使尽可能多的人们竞相迸发创新智慧、使各方面创新人才大量涌现的制度环境、文化环境和教育环境。党的十七大就已指出，“大力发展文化产业，实施重大文化产业项目带动战略，加快文化产业基地和区域性特色文化产业群建设，培育文化产业骨干企业和战略投资者，繁荣文化市场，增强国际竞争力。”十七届五中全会指出，要提高全民族文明素质，推进文化创新，深化文化体制改革，增强文化发展活力，繁荣发展文化事业和文化产业，满足人民群众不断增长的精神文化需求，基本建成公共文化服务体系，推动文化产业成为国民经济支柱性产业，充分发挥文化引导社会、教育人民、推动发展的功能，建设中华民族共有精神家园，增强民族凝聚力和创造力。

中国的软实力因经济活力而产生，反过来又增强了经济活力。作为软实力的核心，文化力与物质科技硬实力，相互作用，相互依靠，难以分离。两者如车之两轮，鸟之两翼，风鹏并举，协同前进。在现代化的进程中，世界各国都在谋求文化事业和文化产业的发展，以获得企业综合竞争力、支撑综合国力持续增长的动力。

概而言之，文化力不仅构成综合国力，而且是促进综合国力、增强综合国力的重要力量。文化软实力可以产生乘数效应，成倍地扩充和放大硬实力，使综合国力变得更强大。民族的复兴需要以民族文化的复兴为支撑，应该从文化力是构建国家软实力的核心力量这个高度来认识它的重大意义，指导社会对文化力的认识，希望能唤起全社会发掘文化力，从而提升文化力，达到提高我们国家的文化竞争力。解放和发展文化生产力，体现了实现科学协调可持续发展的基本内涵，为我们探索研究生产力问题开辟了新视野，提供了新思路。不断提高自主创新能力，通过文化创意产业化的经济思维是必由的途径，最关键的问题就是对人的创造力的释放，让当代中华文化的影响更加深远，唯有如此，文化力对经济社会发展的支撑，也一定会更加明显、更富有活力。鉴于文化创意产业是跨域、动态并具弹性的产业，并没有绝对的一套标准、模式或公式，因此，需要吸引更多的人参与研究与实践。

第二节　文化力的展示——以“韩流”为例

中国在过去或许确实有着自己的历史传统，但是到了近代，中国错过了工业革命、错过了启蒙运动，导致中国无法成为近代世界规则的制定者，只是全球化过程中的迟到者。中国没有及时跟上的原因很多，有中国文明本身的因素，也有中国市场不发育的因素，但无论如何应该看到，工业化、世界化是中国的必由之路[1]。当地球被科技碾平，全球化市场美学经济时代来临的当下，我们不能再错过通过文化资本驱动经济增长转型的实践，让中华民族的软实力成为今后世界规则制定的参与者，文化力的展示是关键。盼望祖国强盛，是我们共同的心声，我们相信：世界的中国，美丽青春如火；世界拥抱中国，中国更蓬勃，世界更祥和。

20世纪80年代以来，世界文化产业发展迅猛，文化创意产业是重要的策动力。根据联合国的一项统计，1980年到1998年文化产品的年度贸易额从953.4亿美元增长到3879.27亿美元，文化发展之快可见一斑，但有数据表明，目前美欧先进国家占据世界文化市场总额的76.5%，美国文化产业创造的价值早已超过了重工业和轻工业生产的总值；而在亚洲、南太平洋国家19%的份额中，日本和韩

1　马勇：“如何读懂近代中国”，见《南方周末》2012年8月9日第25版。

国各占10%和3.5%。

一、流行文化的吸引力

流行文化是表示按一定节奏、以一定周期、在一定地区或全球范围内，在不同层次、阶层和阶级的人口中广泛传播起来的文化。它以商品经济为基础，以大众传媒为载体，以娱乐快感为目的，以流行趣味为引导，是时装、时髦、消费文化、休闲文化、奢侈文化、物质文化、流行生活方式、流行品味、都市文化、次文化、大众文化以及群众文化等概念所组成的一个内容丰富、成分复杂的总称。流行文化具以下特征：（1）生产与生存周期缩短，复制的效率不断提高。随着生产力的发展、效率的提高及生产成本的降低，使得文化产品在市场的流通速度加快，为产品的快速更替与循环创造了可能，流行产品的生产周期越来越短。（2）颠覆传统意义，重新建构文化格局。流行文化不是精致的文化，也不是静止的文化，它没有一成不变，也没有一定之规。流行文化的魅力在于其粗犷的包容性，轻盈的流动性，易于沟通与理解的表现方式，以及深入人心的感染力，对于“美”的解读不再依据传统的美学经典加以注解，对于任何标准的建构与解构都出于当事人的生活经验与生活旨趣。（3）商业化运作更为完善，文化消费观念深入人心。所谓商业运作，是一套连锁的环节，商机带动生产，并且刺激消费，完备的商业运作让流行文化站稳了广大的市场。流行文化吸引了一批稳定的消费群，而这些坚定的消费群又带动了流行文化市场，配合流行文化环环相扣的商业活动，保证了复制工业的连续性。流行文化以利益为驱动，成为被市场控制的商业行为，其直接结果便是产品风格流于套路化、程式化，加之与商业并生的追逐经济利益的“小商人”气质，被精英阶层所不齿。（4）审美多元化。流行文化是一个培养的过程，人在文化中的自我实现产生出丰富且独创的话语，这些文本具有多元的文化色彩，消费大众将流行文化作为一个事实加以接受，并仔细地讨论它和热情地消费它。

当今，流行文化盛行的机制，得益于如下数端：一是文化语境的全球化。全球化极大丰富的文化养料，为本土人民思想的启蒙与开化奠定了基础，流行文化就是跨越国界与民族的通用语言，用时间的流逝抹平了地域的和民族的文化差异。二是经济层面的商业利益驱动。流行的含义从某种程度上是市场占有率的多少，流行文化存在的意义就是获取商业利润，因此与传统文化内涵有着本质的不同，流行文化总是在被建构与解构的过程中成长，形成一种大众消费趋向，使市场更加成熟。三是社会心理的“自我”确认与人性解放。流行文化以其“后现代”的时髦面孔证明着自身存在的现实合理性，它所展现的正是一个“平民说话”、“弱者狂欢”的新世界。从某种意义上讲，流行文化更是一种人的文化，摒弃制度与尊严，权贵与等级的束缚，人性得到彻底的释放。四是大众传播促进了文化流行。大众传媒是流行文化的载体，二者是相生相息的关系，传播技术的发展为流行文化提供良好的延续与发展的平台，形成并规定着流行文化的基调。大众传播的力量就是将文化信息化、大众化，变成可认知、可消费的产品，从某种意义上说，流行文化就是大众传播标签化的结果。

约瑟夫·奈指出，“流行文化具有的政治效应并不是全新事物”。流行文化的吸引力甚至帮助美国达到了重要的外交政策目标，例子之一就是二战后欧洲民主的重建。如荷兰历史学家罗伯·克鲁斯（Rob Kroes）指出，早在20世纪的消费革命之前，19世纪欧洲有关航线及移民社会的海报就勾勒出了美国西部作为自由象征的形象，年轻的欧洲人“长大后建设的富有意义的世界带有美国的因素和象征”；澳大利亚历史学家雷纳德·瓦恩莱特纳（Reinhold Wagnleitner）说：“二战后许多欧洲国家对美国流行文化的快速适应对它们社会的民主化进程做出了积极贡献。它以自由、随意、活力、解放、现代化、年轻化等基本内涵使欧洲战后文化大地回春并充满活力……顺从市场和商业的指令也包含了从传统习俗及其他多种束缚中得以解放的因素。”还有如一位美国历史学家所总结的，“不管军事力量和政治许诺为美国在冷战期间赢得在欧洲的成功奠定了多么重要的基础，是美国经济和文化的吸引力真正赢得了大部分年轻人的心智，使其拥护西方民主……”[1]。流行文化是急速传播的文化，这种快速传播必须突破地域文化和民族文化的障碍，而要达成这一目标，就只能采取一种超越地域性和民族特性的方式出现。可以说，流行文化是没有地域特色和民族性文化，大众影响传媒，传媒又反过来影响大众。因此流行文化本身是双向的、不断更新成长的。

综合起来看，流行文化大体上在两种意义上提升一国的文化力。其一，并不包含价值观内容的流行文化，其本身就可能受到国外普通民众的喜爱和欢迎，从而提升一国在这些民众心中的吸引力和亲和力，并为该国的文化产业拓展和维护发展空间[2]。其二，包含价值观和意识形态内容的流行文化的输出可能潜移默化地影响甚至改变国外普通民众的观念和态度，使他们能够理解、接受甚至支持一个拥有不同的价值观和意识形态的国家的政策和行为。约瑟夫·奈就指出，“信息与娱乐之间的接线从来没有像这些知识分子设想的那么明显，在大众媒体的世界，这些界线就变得更加模糊了。流行娱乐往往包含着具有重要政治效应的价值的潜意识形象和信息。”

韩国人通过韩国艺人、韩国产品及韩国的影视作品，把“韩流”变成“亚流”甚至“世流”， 成功地输出了自己的文化，拯救了韩国经济，这足以为流行文化的巨大力量提供鲜活有力的证明。

二、“韩流”盛行的探析

“韩流”一词是指在外国、特别是亚洲地区掀起的一股喜爱韩国流行文化的热潮。近10多年来，韩国从小联盟打入大联盟，以惊艳的经济发展风貌与新兴的文化产业大国而享誉世界，证明了文化创意产业是经济发展寒冬中的一股暖流，

1 北京大学中国软实力课题组：“软实力在中国的实践之二——国家软实力（3）”，见人民网理论频道2008年3月6日。

2 例如，日本的卡通、漫画常常塑造一些可爱可亲的人物形象，正是大致相同的文化背景帮助了日本卡通、漫画在亚洲地区的流行。再比如，章子怡在国际演艺界的发展改变了外国人眼里中国人的形象——拖着长长的辫子，长一张大饼脸。

使韩国在金融危机重创下找到发展的新机会。

1. 韩国依靠文化力"拼经济"成效显著

1997年的金融风暴横扫亚洲，受害最深的韩国几乎濒临破产，但韩国没有就此倒下，以团结、强悍与专注细腻的耐力大破大立，以信心与活力一洗阴霾，创造了许多"第一"，飙进已开发国家俱乐部。4900万人口的韩国在海外创建了12个韩国文化院；2004年，韩国文化产品输出已占全球市场的3.5%，成为世界第五大文化产业强国；2006年，三星平面电视取代索尼成为世界第一，蝉联宝座至今，全球市场占有率达22%；包括船舶、半导体、液晶面板及智慧型手机的出口额均跻身全球第一，汽车、石化、钢铁、机械、纺织等产业也颇强。2008年，全球性金融风暴的再度冲击，反成为韩国企业扩大发展的新契机，2011年，韩国取代英国成为世界第七大出口国，同时是世界第八大出口超过5000亿美元、贸易总额第九个破1兆美元的国家，成为国际社会的要角。韩国人均GDP已从2003年的13737美元增至2012年的25948美元，跃进已开发国家的行列。尤其是韩国用文化魅力征服世界，流行音乐、戏剧、彩妆、服装、整形、医疗观光，韩国实力都跻身世界前茅。当前，韩国流行音乐粉丝遍布亚洲、欧洲、北美及中南美洲，这波"韩流"的影响还在扩散中。

首先，以文创产业带动制造业，产品行销搭上"韩流"便车，艺人也成为国家品牌的识别系统。借助"韩流"的热潮，韩国的歌手和艺人们在亚洲及其海外，备受关注与追捧。例如，韩国大约有200余个动画专门公司；总部设在首尔的世界性电子竞技节——世界网络游戏，首届于2000年举办，2001年、2002年、2006年及2008年，韩国游戏选手团已四次荣获一等奖。

其次，利用网络的强大宣传力量，加上韩国发达的3C产业，促成大众对韩国流行文化的大量转载或转播。例如K-POP（Korea POP）指的是韩国流行音乐[1]，

1　被称为K-POP的韩国流行歌曲的最大魅力，就是拥有精彩的歌舞和梦幻般的舞台效果。由年轻的俊男美女组成团体，每团四人到十多人，个个具独唱实力，舞蹈繁复大胆，服装华丽，歌曲融合蓝调、嘻哈、Rap,又与美国的流行音乐近似，已取代日本流行音乐成为亚洲流行音乐的一环，甚至怀抱代表亚洲流行音乐的野心。

因为在快节奏的歌曲里融合了东方的旋律和感性，吸引了亚洲国家的青少年。一首歌30秒的宣传片，全球网络上点阅数就达100-200万次，很快就打开名声，连带增加对韩国产品的好感，让韩国品牌逐日壮大，韩国大型财团的竞争力也就愈来愈强。再如2003年出道的“东方神起”，以日文歌《Break Up》专辑在2005年冲上日本音乐排行榜第一名，成为日本第一个初期销售超过20万张的海外艺人专辑；该团队三位成员组成的JYJ，平均年龄25岁、身高179公分，是成功攻进全球市场的韩国音乐团体。

再者，韩国的时尚产业席卷全球。体现在三方面：（1）从大企业的百货公司通路、直营店，到网上口碑行销，韩国美丽时尚产业已铺天盖地攻占全球。如韩国化妆品牌SKINFOOD，以平价时尚策略经营，其店内随时有高达1000种单品，打的是20/80策略，也就是用其中20%的商品赚到80%营业额，其他八成商品则当做促销、尝鲜，商品生命周期也比专柜短，约三个月淘汰一次。由于其单价非常低廉（从人民币约20元起跳），即便无工作的大学生也买得起。（2）再造美女，韩国实力全球第一。韩国人爱整形，举世闻名，坊间流传“走在首尔街头，迎面走来的女生，一半整过形”，虽令人感到夸张，但也因此发展出独步全球的观光医疗，为产业竞争力再下一城。韩国结合观光的医疗行程，近几年愈来愈被外国人所接受，不仅整形，包括植牙、植发及脊椎手术等医疗技术一流，在国际上的口碑甚佳。韩国观光医疗的优势在于：有2000多个医疗机构，选择的余地大；价格合理，是美国、新加坡一半价钱，比泰国贵一点；技术世界顶级；韩流带来的直接广告效益，即漂亮脸蛋的韩国明星与偶像歌手成为韩国观光医疗产业最好的代言人。（3）近十年来，快速、流行、好搭配，再加上网络无远弗届的影响，让韩国服饰攻进全球市场，“韩版衣”也成为亚洲时尚的代名词。

根据统计，2010年韩国电视戏剧出口值达2.3亿美元，线上游戏16亿美元，出版品3.6亿美元，网络游戏、韩剧、流行音乐等均行销全世界。10年前，韩国电视剧《冬季恋歌》、《大长今》等甚至红到中东，因为中东的家庭观念与亚洲相似；线上游戏更横扫亚洲，根据韩国产业经贸研究院研究资料，韩国共有200

多款线上游戏进入中国，2011年8月大陆前20名最受欢迎的线上游戏，韩国占了7个，第一名“穿越火线”同时在线人数高达270万人，该游戏还获得北美第一、越南第一、俄罗斯第一、印尼第二、菲律宾第三。[1]

2. 韩国文化影响力不断提升的原因分析

从学理上分析，“韩流”正是借助韩官方意识形态的支撑而成为韩国的全民族意识（韩国的民族性格敢拼敢冲，面对全球挑战时很团结，可以共度难关），而其充分的市场化运作及在技术层面与世界全方位的接轨，有力地保障了它的巨大成功；借助现代传媒及流行文化形式向亚洲乃至全球传播流行的生活方式，也就成为韩国最根本的文化战略。具体分析如下：

第一，韩国政府的决心、勇气与魄力。为了走出国际金融危机的困境，韩国政府采取及时果断的政策，确立新时期经济战略，进行痛苦的内部改革，关键有三：一是推出短期财政刺激方案，同时降低企业及个人所得税率，扶植大企业投资技术研发，走价值提升和建立全球品牌路线，并以双边自由贸易协定（FTA）为主，打开韩国商品在全球市场的渗透率。二是韩国政府在研发上加强力度。韩国政府舍得砸钱做研发，2011年研发占GDP的比率约达3.74%，世界第三高，预计2015年要提高至5%，进入全球领先行列；在整体研发金额中，政府贡献25%，选定未来最有潜力的投资领域，让一些基础研究成果商业化；余下75%来自民间。以绿色产业为例，30%与绿色经济有关的研发可以免营业税，这在经济合作与发展组织（OECD）国家中是最高的。三是通过文化创意产业，把技术、文化、市场、产品有机地结合起来，提供文化含量高的产品和服务来满足人们的精神需求，有效地刺激内需，并与其他产业跨域整合，促进产业创新和结构优化，推动经济发展方式的转变。1998年，韩国提出“文化立国”的大政方针，将文创产业作为促进21世纪国家经济发展的战略性支柱产业，明确“两个五”的目标：即力争五年之内把韩国在世界文化市场上的占有率从1%提高到5%；力争在五年内培养出10000个内容创作者，其中10%有外销的能力。为此，韩国先后颁布或修订

1　彭涟漪：“韩国凭什么赢“，《远见杂志》2012年5月号。

了十几部法律法规，如《著作权法》、《影像振兴基本法》、《电影振兴法》、《演出法》、《广播法》、《唱片录像带暨游戏制品法》等等，为文化创意产业发展提供了法律法规保障；2001年成立“韩国文化产业振兴院”，每年获得政府5000万美元拨款用于支持文化事业的发展；2002年组建“文化产业支援机构协议会”，对原本分散组织的活动进行协调与统筹管理，强有力地保障各项规划的实施，提高文化产业的整体效果。

第二，加大对文化创意产业的投入与复合型人才的培育。一方面韩国政府加大对文化领域的财政投入，文化的预算在2000年占政府财政总预算的1%；2001年上调到9.1%，进入“1兆韩元时代”；2005年达到1.4252兆韩元，占总预算的13.4%。另一方面通过“文化振兴院”建立文化产业专门人才库和“文化产业人才培养委员会”，重点抓住电影、卡通、游戏、广播、音像等产业高级人才的培养；与此同时，设立“教育机构认证委员会”，对文化产业教育机构实行认证制，对优秀者给予奖励并提供资金支持。

第三，文化外交资源的发掘和文化外交环境的变迁。文化传播成功的关键在于找到两种不同的契合点，实现社会文化心理的接近，这是“韩流”能够盛行的根本性原因；而文化产品的丰富则是“韩流”成功的标志之一。韩国擅长“融合世界、加上韩式创新”的精神，如舞蹈、造型学日本，音乐学美国，通过加入韩流新元素的再创造，开创出21世纪的表演形式。从韩国文化输出的战略观察，其模式就是“高度国际化、多元化，再加入当地元素”，如韩国的内容产业一开始就设定国际化的流行趋势，像动画“PORORO”就是以欧洲观众为目标市场，主角是一只带飞行帽的小企鹅，目前已输出到90个国家；韩剧市场已经国际化，不少采国际规格制作，如2011年颇受欢迎韩剧警匪影集《特务请人》（IRIS）非常大手笔，，远至欧洲取景，节奏、剧情、动作场面跟好莱坞制作的一线动作影集同一规格，只是角色换成韩国人。为了塑造东亚大国形象，韩国新办的“世宗学院”面向世界，借“韩流”大潮使得现有学习韩语的外国人迅速膨胀，尤其是向东亚民众免费教韩国文字和韩国文化。

全球化时代，世界文化呈现多元化发展趋势，“韩流”正是借助国际环境的变迁之势，在融合中创新，在交汇中生长。此外。现代通讯与传媒技术、互联网技术与数字应用技术的高速发展，让“韩流”插上了双翅，加快了传播的速度与传播的途径。

第四，文化品牌战略的重要作用。韩国的文化产品无论在内容上还是形式上都烙上“韩国制造”的印记、形成独特的文化品牌，并在现代市场营销理论指导下，从战略定位到具体的营销手段进行全面整合，经过不断地巩固与强化，这也是独具东方魅力的“韩流”产生的文化逻辑之所在。

综上所析，韩国通过韩国产品、韩国人及韩流影视作品成功地输出了自己的文化，不仅通过文化力的展示，成为经济转型发展的重要动力，让“韩流经济”势不可挡，创造了显著的经济价值；而且使“韩流”成为一种有着鲜明时代气息的文化力，扩大了韩国文化的影响力。如今韩国人更给予“韩流”以重大的使命，把韩国的传统文化、饮食、服饰、韩国产品和旅游等绑在一起，作为韩国新的经济增长点，这些成绩的背后，是韩国“文化立国”战略的有力支撑。

三、“韩流”现象的启示与借鉴

“韩流”所展现的特殊的文化现象，已引起世界关注，尤其是学术界对韩国经济社会发展的探索与研究，可以获取如下的启示与借鉴，会发现新的契机。

1. “文化立国”战略抉择的重要意义。

1986年，韩国在第六个经济发展五年规划中就提出“文化的发展与国际的发展同步化”的政策目标，1997年设立“文化产业基金”，为新创办的文化企业提供资金支持，是此后提出“文化立国”战略的重要基础。1998年，时任韩国总统的金大中就宣布：“21世纪韩国的立国之本，是高新技术和文化产业”，其最终目的是把韩国建设成为21世纪文化大国和知识经济强国。

从经济学的角度观察，作为社会经济实践操作的文化产业是一个总括性、包

容性的综合概念，其内涵的转变在很大程度上受到参与拟定政策的相关国家力量的推动，他们关于文化产业的定位是与经济、就业等一系列的实际状况联系在一起的，因而可以较全面地把握其动力和影响，而不是泛泛地把文化产业作为一个领域进行评论。换言之，文化产业的发展，不仅需要依靠市场这一只“看不见的手”来推动，还需要政府这一只“看得见的手”在宏观调控与产业政策中发挥合理引导的作用。

2. 产业跨域的共栖、融合与衍生的策略运用。

韩国的市场经济由来已久，市场策划和操作的手法熟练与高超，以文化为主体的“韩流”大举进军亚洲市场，可清楚地看出韩国流行文化的整合力量。韩国政府通过有效地“齐抓共管”，形成保障文化产业顺利发展的系统合力，促成“韩流”的强大竞争力：一是政府各部门为文化产业发展提供支持。如产业资源部为“韩流”进军海外提供资金的支持；科技技术部提供文化技术开发的支持；情报通讯部提供信息资讯基础环境支持和基层技术的支持；教育部提供文化产业人才培育的支持；财务经济部提供税金优惠方面的政策支持等。二是鼓励大财团积极投资文化产业。如韩国三星在首尔投资兴建爱宝乐园[1]，LG公司则投资影视等文化产业，巧妙地实现了制造产业与信息化及创意化发展的有机结合。三是“一源多用”的文化产品综合开发。如在动画、卡通形象、出版漫画、音乐、游戏、电影、电视剧等领域中，只要某种产品取得成功，通过追加少量费用即可生成多种收入模式，创造出高效益的产业附加价值，彰显“一种资源，多种实用”的经营模式。四是“走出去”战略。韩国政府还重视加强与美国、日本、中国等国家的人才交流与合作，选派人员出国研修，培养具有世界水准的专业人才。

“韩流”风靡亚洲正是“齐抓共管、系统合力”，实现资源要素的巧妙融合，创造出韩国流行文化的特色，为经济社会发展带来巨大的利益。

3. 发扬传统文化的现代化意识。

1　爱宝乐园在建成初期，被认为是世界排名第七大的主题公园，前六位均是世界各地的迪斯尼乐园。

在文化传播策略的应用上，出于对国内受众与国际目标市场的需要，“韩流”注重儒家伦理为核心的东方文化，包括个人修养、家庭和睦、社会和谐、人和自然的关系等问题，既符合韩国民族精神的需要，又讨得亚洲目标市场的欢心。发扬传统文化现代化意识的直接成果有三：一是提升韩式文化的影响力，增强韩国民族的自信心。韩国社会整体的价值观还很传统，强烈的爱国主义依然深埋在不同年龄层的韩国人心中，韩国人相信 “非赢不得成活，爱拼才会赢”；国家、社会、企业都信仰“优胜劣败”的生存法则，因此，愿意牺牲一切，倾全国之力推动文化内容产业发展壮大，并组成“国家形象管理委员会”，进行国家形象设计、宣传和追踪调查，成就了文化强国的战略目标。二是以最快速度获得由13亿人口的中国和中华文化所覆盖的港台、东南亚国家以及东西方文化兼具的日本等东亚、东南亚各国的高度认同与青睐。韩国政府倾力建构系统性文化内容产业，包括电影、韩剧、音乐、网络游戏等娱乐产业走出国门，对日本、大陆、台湾地区以及东南亚地区强力输出韩式文化。数据可以说明，从1997年开始，韩国电视节目的出口每年以33%的速度递增，其中约19%的节目销到中国，此外主要出口地是日本、港台、东南亚国家或地区，一些经典剧目则销到俄罗斯、埃及和阿拉伯半岛。二是有力地抵制了以欧美娱乐节目为代表的西方文化对韩国内部的影响，韩国敢于向日本敞开电视节目进出口的大门就是明证。

“韩流”的最大特点在于将东方传统文化和西方文化的精髓加以整合，融汇了韩国传统文化视觉因素，使其既蕴含强烈的时代感，又蕴含着浓郁的东方风格，就像在文化产品上打上韩国的商标，创造出独特魅力，从而掀起文化热潮。

4. 国际化与本土化契合的跨文化传播策略的成功运用。

“韩流”的巧妙之处在于，他并没有过分强调自己的民族身份、国家身份和意识形态特征，而是在尊重民族文化自主性的基础上，更强调将整个东方文化作为其文化背景与题材资源，借助整个东方文化的背景与资源，走出与西方文化截然不同的文化路线，又达到超越原本作为民族文化的弱势层面。换言之，“韩

流”是以传统的东方文化为内核，但绕开了韩国自身文化的弱势，直接登顶东方文化的强势，借助东方文化之特质，与西方文化形成可抗衡之势，成就了“韩流”走向世界的繁荣发展。证明了民族的才是世界的，一味西化不可取，盲目排外也不可取。

5. 挖掘民族资源，创建文化品牌。

在国际文化贸易中，最重要的是“品牌”。在确定“文化立国”发展的战略之后，韩国集中力量将资本、人才、信息、科技、市场需求，以及民族传统文化等关乎文化创造力的各种资源进行优化配置，坚持有所为有所不为，选准几个重点突破口，经过努力在若干领域获得突破之后，再利用他们所具有的辐射力和带动作用，逐步实现整个文化产业的“韩流”效应。如今，韩国正以文化产品为龙头，带动旅游、饮食、服装、化妆品甚至医疗美容等其他产业的发展。其中不可忽视的是，文化品牌为提升国家形象和韩国文化发挥重要的作用。在“韩流”品牌国际化的过程中，韩国以文化为灵魂，整合文化与创意资源，再结合新的运作模式，在市场敏感性与消费者心理需求的研究上下功夫，并将其应用于商业实践中，让其大放异彩，吸引了很多“韩流”的忠实追随者[1]。

由于文化产品的特殊性，文化产品品牌的形成势必伴随着其文化内涵的忠实追随者、认同者的形成。如何让以中华文化为主题的“汉风[2]”胜过“韩流”，让中国的文化创意产业和产品借“汉风”进军亚洲乃至全世界市场，值得两岸决策部门、学界与业界深入思考，以中华文化源远流长、丰富多彩的奥妙为基础，合力掀起“汉风”的热潮。

---

1 如韩国文化产品海外宣传的模式主要是“免费体验”。从2005年开始，韩国国际文化产业交流财团每年举办一次“海外新闻及文化界记者交流会”，参与该会的各国主流媒体记者全程不用缴纳任何费用，均由韩国国际文化产业交流财团承担，目的在于“加强对韩国文化产业的认识和扩大宣传”。

2 由于奥运会在北京举办，因此2008年被誉为“中国年”，很多世界大牌都在其产品中注入中国元素，日本潮牌甚至推出了印有中国国旗的珍藏版产品……舆论认为，如同“韩流”借世界杯上位，奥运会为“汉风”的风靡提供了契机，让中国文化产业的发展提升到一个新的高度。

第三节　两岸文化创意产业的比较分析

在经济全球化和跨国相互依存的时代，软实力越来越显得重要，它标志着制高点、主动权以及核心竞争力。党的十七大明确提出软实力“要成为综合国力竞争的重要因素”。这一国家方略直接且深远地影响中国文化产业的发展态势、模式与趋势。党的十八大更进一步指出“文化产业要成为国民经济的支柱型产业”。足见我国正处在产业结构转型升级的当口。

用文化人类学家泰勒的话说：“文化是包括知识、信念、艺术、道德、法律、习俗及任何其他该社会成员获得之能力与习惯等复合体”。也就是说，文化是无所不及的，也是人类生活的核心。从产业发展的观点来看，彰显了有关文化之产销的文化市场，其潜力无穷。由于文化过去通常被看成是变化的结果，所以它也是一种人类几乎不能或者完全无法控制的活动，现在文化越来也多地关注变化的原因，所以它也是一种人类必须大力控制的活动，这样一来，就能更多地意识到文化拥有强大的力量，更有意地、自觉地和系统地对待文化[1]。

让文化创意与产业结合，可以发挥极为重大的乘数效应，必然会成为经济可持续增长的内生动力。即文化创意产业通过推动技术进步、生产和消费的规模经济和范围经济、正关联性以及产业外部性等机制，从而加速产业结构的转型，提升要素质量和使用效率，促进经济增长方式的转变。在两岸的华人经济圈中，台湾地区的大众文化与生活市场，有机会形成华人生活风格与美学的供应者，持续性地输出文化与生活内容，带出未来的经济发展力量[2]，但不可否认受到岛内市场的局限，台湾文创产业难抵“韩流”的冲击。大陆地区拥有悠久的历史，且人口基数大，拥有惊人的购买力，在精英市场中的视觉艺术、古典音乐、文化跨界

1　王广振、曹晋彰：“‘文化引导未来’——略论文化竞争理论与实践”，见顾江主编《文化软实力与文化竞争力》，东南大学出版社2009年8月出版P.65。

2　张培仁：“文化力与两岸文化创意产业”，见台湾《交流双月刊》2012年12月号。

整合等方面都拥有较强的实力，尤其是文化市场创作所需要的广阔视野及国际接轨，也因大陆在国际社会中的影响力日增，提供了文化创意的养分。在大陆文化创意产业养成的过程中，台湾可以提供迷人的文化生活经验，传递良善的生活价值，创造出当代华人文化更深远的影响。

以下就两岸文化创意产业发展现状作出客观的比较与分析。

一、分析方法的应用

态势分析法又称为SWOT分析法[1]，就是将与研究对象密切相关的各种主要内部优势、劣势、机会和威胁等，通过调查列举出来，并依照矩阵形式排列，然后用系统分析的思想，把各种因素相互匹配起来，对研究对象所处的情景进行全面、系统、准确的研究，从而根据研究结果制定相应的发展战略、计划以及对策等。著名的竞争战略专家迈克尔.波特提出的竞争理论，是从产业结构入手对一个企业“可能做的”方面进行了透彻的分析和说明；而能力学派管理学家则运用价值链解构企业的价值创造过程，注重对公司的资源和能力的分析。SWOT分析方法在综合前面两者的基础上形成了平衡系统分析体系，在战略分析中，它是最常用的方法之一，常常被用于制定发展战略和分析竞争对手的情况。

具体来看，优势——机会（SO）战略，是产业发展的一种利用内部优势与外部机会的战略；弱点——机会（WO）战略，是利用外部机会来弥补内部弱点获取优势的战略；优势——威胁（ST）战略，是指利用自身优势，回避或减轻外部威胁所造成的影响；弱点——威胁（WT）战略，是一种旨在减少内部弱点，回避外部环境威胁的防御性技术。运用这种分析方法，可使每个项目有更好的比较性，尤其对变化的市场和竞争的环境有比较清醒的认识。在运用系统分析的方法完成上述的环境因素分析之后，便可以制定相应的行动计划，选择未来发展的对策。

1 “SWOT“四个英文字母分别代表：优势（Strength）、劣势（Weakness）、机会（Opportunity）、威胁（Threat）。

制定对策的基本思路是：一是发挥优势因素、克服弱势因素、利用机会因素、化解威胁因素；二是对策的选择则考虑过去、立足当前、前瞻未来，让行动计划更具战略性。

二、台湾地区文化创意产业发展的SWOT分析

若从重点关注对象以及产业核心价值两个维度分析，台湾的文化创意产业分为四个类别：一是生产唯一产品或原型的“原型一产品类”，是所有文化创意产业的创意来源，在产业政策上较偏向于文化政策范围，如视觉艺术产业、音乐与表演艺术产业、工艺、文化展演设施产业、建筑设计产业等大多数以此产业模式存在。二是可复制生产模式（非大量生产）的“再生一产品类”，如特殊主题的出版社、和艺术领域有着更多的共通性的文化企业。台湾文化创意产业中的某些工艺、出版、设计品牌时尚产业等多以此产业模式存在。三是关注市场与原型再生产品的“再生一市场类”，其发展的重点在于数字化，如电影产业、广播电视产业、出版产业、广告产业、数字休闲娱乐产业、创意生活产业、设计产业等大多数的内容产业多以此产业的模式存在。四是以原创产品为中心、但关注市场的“原型一市场类”，如音乐与表演艺术产业、创意生活产业、设计品牌时尚产业等多以此产业模式存在。

文化创意有强烈的地域性，近400年来，台湾经历了荷兰、明郑、清廷、日本及国民党的长期统治，多种族的文化背景留下的文化遗产，增加了台湾文化的多元色彩。岛内有识之士认为：“台湾是中华文化的麦加”、“是中华文化的时空胶囊”、“是发展文化创意产业的沃土”[1]。相对于传统经济的供需关系，流行文化是一种“创造需求”的方式，是美学经济的具体应用，也是一地生活风格与美学形成的浪潮效益。台湾的当代大众文化与社会生活，得益于长久的经济自由、富裕与资讯化，具有相对丰厚的人文底蕴及生活的自在感，形成绵延不绝的、丰

1　谢明明：“让文化创意与产业结合”，见台湾《产业杂志》2011年11月号。

沛的创造能量，包括创意园区、都市规划、传统工艺、甚至宗教民俗文化、餐饮文化、夜市文化等等与生活相关的美学，都对文化创意产业形成影响，都是台湾的优势[1]。

譬如，台湾的工艺设计产业连接在地文化与美学挑战工艺极限，以东西文化融合的潮流品位制造文创精品惊艳五大洲，迄今，至少有32个品牌在海外开花，在海外有超过14000个据点，使工艺产业不仅成为台湾重要的文化资产，更具有发展文化创意产业的潜力。被誉称为台湾工艺之父的颜水龙将工艺价值定义为需具备“用”与“美”二维价值，即如何创造这些器物以达到“用”与“美”的功能来满足更舒服、更美好的生活[2]。台湾工艺研究所（台湾工艺研究发展中心前身）于2003年推动“生活工艺运动”，倡导工艺四大精神：即“顶真精神”、“工作精神”、“愉悦精神”“生活美学”，希望从形而上之层面彰显工艺的价值。台湾工艺文化的发展不仅是生活智慧与情感的交流，也是多元社会文化的缩影。台湾工艺融合了移民社会的各种不同文化背景，如汉民族文化、闽粤地方文化、台湾原住的少数民族文化，日本殖民文化、二战后移居台湾的内地各省居民的地域文化等的独特性与多元性，在“自觉的年代”、“客厅即工厂”、“故乡新魅力”、“传统及创新”的历程更迭中找寻自我，述说着台湾工艺不断接受冲击、融合、转化的发展过程。正是这种“异文化”的融合，引动台湾现代工艺枝繁叶茂的蓬勃生机，并运用无限的想象力及创新，带领台湾工艺进入新纪元。目前，台湾竹艺、木雕、陶器、漆器等领域的系列产品，正以“Yii品牌”进军国际市场，使全世界通过工艺而认识台湾，也让台湾工艺文化成为国际上不可或缺的重要角色[3]。根据台湾“文化部文创发展司”的分析，从制造业、代工转型，是台湾文创设计品牌的重要模式，遍布全球市场的销售通路，是带动台湾产品外观设计同步发展的关键因素，把台湾的生活经验与品味空降到五大洲人们的心头[4]。

---

1 张培仁：“文化力与两岸文化创意产业”，见台湾《交流双月刊》2012年12月号。

2 颜水龙：《我与台湾工艺：从事工艺四十年的回顾与前瞻》，见台湾《艺术家》1978年第6期第3卷。

3 黄芳琪：“享受工艺，飨宴生活”，见台湾《台湾工艺》季刊2012年5月号。

4 马岳琳、白诗瑜：“台湾文创设计品牌全球卡位”，见台湾《天下杂志》2012年12月出版第512期。

再如，根据麦肯锡管理顾问公司接受台湾网商协会委托制作的研究报告显示，台湾在网络创业容易度、网络生态系统基础条件比较中胜过大陆、日本及韩国，在全球也是名列前茅，唯人力资本得分偏低参见表8-1、表8-2。

表8-1　网络创业简单度的国际比较

国家或地区	丹麦	台湾地区	韩国	日本	大陆地区
比较指数	86%	71%	57%	54%	35%
台湾指数得分细项情况	创立新公司的难易度			70%	
	新公司取得资金的难易度			76%	
	网络近用性			67%	

资料来源：麦肯锡分析，见台湾《远见杂志》2013年1月刊P.162.

表8-2　网络生态系统基础国际比较

国家或 地区	美国	台湾地区	日本	大陆地区	韩国
比较指数	76%	52%	50%	48%	46%
台湾指数得分细项情况	商业环境			43%	
	基础架构			71%	
	财务资本			60%	
	人力资本			35%	

资料来源：麦肯锡分析，见台湾《远见杂志》2013年1月刊P.162.

此外，台湾制造业仍维持占GDP的30%左右，电子资讯、机械等产业的生产链完备，较具国际竞争力；应用科技的商业化能力强；生产性服务业方面对国际规制、法则较了解，有助于其拓展国际市场；创意设计力已在国际竞争中冒出芽。当然，由于受地域文化及市场的限制，台湾文化创意产业发展也面临结构性的问题：一方面是世界各国文化创意产业发展须共同面对的问题，如文化产品对创造者个人的素质依赖较高，不利于生产流程的标准化；文化创意产品的价值有很大部分是体现在消费者心理和精神层面的，这种特性决定其不适合大规模复制；大部分中小文化创意企业缺乏资金和经营人才，产业化经营的难度较大等。另一方面则是台湾自身的经济文化社会环境带来的具体问题。如岛内市场的限制、人才支撑的难题、政府管理与政策执行上的问题、投融资的窘境、法律规制的滞后等因素。

尽管台湾经济已进入后工业阶段，但在经济结构、社会形态、发展模式与市场开放等方面尚未能完全适应发展的需求，更重要的是，由于政策与功能的限制，导致台湾服务业发展的空间进一步收缩，制约了台湾服务业规模经济的形成和竞争力的提升。正是由于台湾服务业在国民经济中的比重不断提升，但对整体经济发展的拉动作用却相对有限，以致如何“解闷”救经济让台湾民众很“忧心”。台湾经济发展具有创新、创意的优势，但缺“舞台”，尤其是台湾社会罹患了民粹重症，让朝野集体地向内看，整个社会陷入“自由有余、治理不足”的困境，以致人才流失、竞争力衰退，亟需再次的脱胎换骨。加快两岸ECFA后续服务贸易协议的签订，让台湾文化创意产业能拓展大陆市场来实现竞争力的全面提升，或成为国际间企业进军大陆市场的专业跳板，已经成为台湾业者提振信心的重要议题。

台湾地区文化创意产业发展的SWOT的分析，参见下表8-3。

表8-3　台湾地区文化创意产业发展的SWOT的分析

优势	1、制造业的基础较深厚，电子信息技术成熟，创投事业发达、社会活力充沛、创造力丰富、文化创意产业的某些领域已冒出芽 2、网络创业简单度、网络生态基础名列全球前茅，社会E化程度高，上网人数比率高 3、中小企业经营模式灵活、韧性、适应力强， 4、具有创新性企业育成机制，应用科技的商业化能力强 5了解国际贸易规制法则，有利于产业与国际接轨，有整合华人资源及经营市场的能力，	劣势	1、政府管理部门整合资源、协调等待加强 2、银行、创投基金对文创产业的支援不足 3、文创的研发、品牌、行销投资不足，商业模式亦有待引进 4、人才过于集中高科技产业，呈创软件人才的结构性短缺 5、知识产权保护等法律法规仍待补强 6，岛内市场的局限，缺乏培植品牌、通路的消费客群，浅碟经济影响经济结构的调整
机会	1、产业结构亟待升级转型，文创产业已被列为政府扶植的新兴产业 2、国际市场上中华文化及衍生品正风生云起 3、大陆市场广阔，台商耕耘已久，两岸ECPA服务贸易协议将签署带来新契机 4、如何结合台湾高科技产业以及出口产品国际经营的优势，提供文创的跨业整合的竞争优势	挑战	1、世界各国普遍重视文化创意产业的发展，尤其是周边韩国、日本在文创产业的优势，使台湾的发展空间受到挤压 2、大陆迅速崛起，对台湾在中华经济圈的影响力有相当冲击 3、在政府财政拮据的情况下，台湾当局奖励文化创意产业发展的政策工具有其局限 4、台湾人对大陆信任困境的影响 5、政治民粹等非经济因素的困扰

三、大陆地区文化创意产业发展的SWOT分析

我国五千年古老文明给各个地区留下了极为丰富甚至独有的文化资源，但资源并不等于生产力，也不会自动转化为生产力，软实力和文化力的提升是一个复杂的系统过程。文化资源的独有性并非独占性，而是具有共享性，任何传统资源都必须根据现实文化需求，经过适合现实国情、省情的创意转化和市场运作，

才可能转化为现实生产力。十二五期间，大陆地区的产业发展正努力实现如下转变：一是在经济发展目标上，实现以产值为核心向效益为核心转变，即由粗放式经济向规模化、专业化的集约型经济转进；二是在政策目标上，实现从数量扩张向质量优化转变，即从解决产业结构深层矛盾、提高产业发展素质和效益方向提升；三是在政策内容上，实现对企业的扶持从优惠政策为主向提供功能性环境转变，即通过制定公平合理的竞争规则、保护知识产权、增加科技投入、建立金融支持体系、人才保障体系等，为企业提供功能性的外部服务；四是在政策手段上，实现以行政手段为主向以经济、法律手段为主转变，就文化创意产业的政策而言，将尽快出台如“文化产业促进法”、“电影法”、“出版法”、“广播法”、“演出法”等法律规制。

党的十八大报告中提出的增强全民族文化创造活力的策略：“理念前瞻、战略重视”，目标是以创意为力量推动“中国制造”升级为“中国创造”，给予文化创新生产者足够的发展空间。随着大陆地区经济体制和文化体制改革的深化，我们的电影、电视、音乐、出版业等都开始转向市场经济，在文化创意产业各领域也都创造出具一定影响力的品牌，以及在国际上有一定影响力的名牌，但总的说来，在创造力的环节上还有诸多制约与障碍，还缺乏像迪斯尼、好莱坞、印度宝莱坞、“韩流”那样响亮的文化品牌。

相对于台湾而言，大陆地区的基础研发能力、系统整合能力、市场规模、精英群体、人才等方面都具有不可逾越的优势；就发展趋势而言，目前正顺应国际市场规制，加大对创建自我品牌的投入，消费力越来越强，越来越呈现出引领或制定独立的产业规制的能力。但不可否认，由于东部、中部和西部的资源条件不同，发展阶段和发展层次不同，存在商品化、工业化的不平衡状态，对文化创意产业发展的规律与认识仍有差距。此外，各种体制仍不完善，受到法规等滞后的制约：统一、规范、竞争、有序的现代文化市场体制尚未建立；对文化创意产业发展至关重要的知识产权保护、消费者权利保护等法规均待加强；产业性服务业的发展亟待加强，如资源的有效配置、金融业与资产管理等方面都需要学习并精进。

可以预见，作为全世界第二大经济体，到2020年大陆有可能变成全球最大的消费市场，这个消费市场最需要从服务业中完成“将产品从生产者到消费者”的机制转换。面对大陆经济正进行改革开放以来最大的脱胎换骨的变革，各国企业莫不积极布局抢进大陆市场。近年来虽然台湾企业在大陆已成功建立合作的根基，但普遍仍然无法与欧美甚至日韩企业相抗衡。这需要两岸的共同努力，让中国人才脑力的结晶及创意构想的成果，并搭配文化的元素及服务的内涵，以中国人的品牌走出国门占领世界，从而为台湾走出“闷经济”，也为大陆整体经济结构调整与提升奠定基础。ECFA的后续协定可以扮演关键性的角色，更重要的是期待早日协商并签订“两岸文化合作框架协议”，为文化创意产业的整合创造机制化与制度化的保障。大陆地区文化创意产业发展的SWOT的分析，参见下表8-4。

表8-4 大陆地区文化创意产业发展的SWOT的分析

优势	1、“文化强国”已明确列入国家发展战略，并体现在各级的发展规划中，日益广泛而深入的文化开放和交流的基本方略，必将有利于追踪世界文明潮流的前沿探索获取强劲的发展动力，增强文化生产力发展的主体性力量 2、基础研发能力、系统整合能力将强，世界的生产制造基地 3、市场规模大、精英群体多、人才、消费力越来越强等方面的优势	劣势	1、各种体制仍不完善，受到法规等滞后的制约 2、政府对文化产业的包揽过多，统一、规范、竞争、有序的现代文化市场体制尚未建立 3、对文创产业的投资不足，而个人投资文化产业领域受限制 4、文化消费市场尚不健全，居民文化消费较弱

机会	1、全面繁荣文化事业，加快发展文化产业的“文化强国”战略的引导 2、文创产业的发展新格局：增加投入、增强活力、创新体制、转变机制、面向市场、优化资源配置，市场潜力巨大 3、中国将继续倡导并推动贸易和投资的自由化便利化，坚定支持亚洲地区和世界范围的共同发展，打造合作新亮点	挑战	1、西方国家成熟的文化创意产业的压力日趋增强 2、文化创意产业的结构性问题仍然突出，科技含量尚不到30%，远低于发达国家70-80%的水准，企业集约化和产业集中程度偏低 3、知识产权保护、消费者权利保护等法律法规待修正或健全 4、产业型服务业面临改革与开放的压力

综上所析，海峡两岸同文同种，共同维护着中华民族的文化传统，两岸携手合作，将两地文化创意产业的“生产技术与市场规模”整合、“艺术精巧与制造能力”对接、“文创设计与消费市场”叠加，共同制定拓展国际市场的规制，定能挖掘出更多中华文化的奥妙，融入更多中华民族的生活经验、传递良善的生活价值，创造出当代中华文化更深远的影响力，目前正适逢天时地利人和的历史性契机。

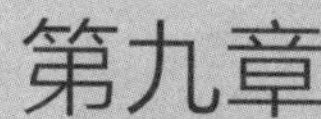

第九章

两岸携手共圆文化创意经济梦

DI JIU ZHANG

LIANG AN XIE SHOU GONG YUAN WEN HUA CHUANG YI JING JI MENG

第九章

两岸携手共圆文化创意经济梦

世界著名未来学家阿尔文·托夫勒（Alvin Toffler）在1970年出版的《未来的冲击》著作中阐明："谁占领创意的制高点，谁就能控制全球，而主宰21世纪商业命脉的将是创意经济"；英国文创大师约翰.霍金斯（John Howkins）（2003年）更进一步指出："总有一天，人类创造的无形资产价值，会超越物质数据的价值。"[1]2013年3月3日，约翰.霍金斯应邀在台湾发表题为"永续之创意生态"的演讲，指出如何借"教育"扩大文创消费市场，并让民众身兼创造者和消费者，是21世纪国家所面临的挑战[2]。在这里使用"文化创意经济"概念，更强调从生产到消费的整体循环过程，更加注重发挥文化与创意的"生产力"。

当今世界，文化与经济及政治相互融合，综合国力竞争不仅是经济、政治和军事的竞争，而且是文化力量的竞争，就是说除了硬实力之外，关键是软实力的体现，而软实力的精髓就是创新和发展。简言之，一个国家必须将想象力与创造力融入经济体系，才能获得成功。随着中国综合国力的提升，如何凝练更具广泛共识的东方文化主流价值，继承和发扬中华传统文化精髓，在扬起中创新发展，

1　蔡幸庭、李智仁、林詠能："创意的价值——浅谈文化创意产业无形资产鉴价与融资"，见台《台湾经济金融月刊》2012年3月第四十八卷第3期。
2　见台湾《联合报》2013年3月3日A5版。

在诠释中赋予现代意义，在民族性中体现全球性，在吸收世界各地域文化优秀成果的同时，扩大中华文化的国际影响力，用中国特色的文化力来说明中华民族的伟大复兴及其对世界的价值与意义，亟待前瞻的研究与指导。

令人鼓舞的“中国梦”的提出，更让我们感觉到应从战略上思考和谋划中国“文化与创意”经济的提升。习近平在论述“中国梦”时，由近而远将时序拉得很长：从改革开放30多年的“伟大实践”，拉到中华人民共和国建国愈60年的“持续探索”，再延伸到鸦片战争以来170余年的“深刻总结”，进而追溯到5千年历史的“文明传承”。“有梦最美，希望相随”，正如习近平所言：“有梦想，有机会，有奋斗，一切美好的东西都能够创造出来”。从脱贫逐步迈向小康社会，是中国人民的阶段性目标，中国在人口流动、生活方式、职业选择、自由经济、讯息开放……已有大幅度的改善，在符合国情的体制下，以中华民族所独具的韧性与潜能，一个更富强、更自由、更开放的社会国度，更将是中华儿女的共同目标与历史使命”。总之，为天地立心，为生民立命，为往圣继绝学，为万世开太平。

要让“中国梦”成真并长伴我们，归根到底将取决于中国人民自己。海峡两岸同文同种，具相同文化、语言的背景，大陆地区文化创意经济正以拔地而起的速度成长，并能提供广大的市场，在台湾文化创意经济仍有优势的时机，两岸携手合作，足以壮大并增强中华文化的内涵与竞争力，并作为立足世界的本钱。

第一节　“中国梦”凝聚中国人的利益和价值

中国近代以来的痛苦历史告诉我们，国家衰败是民生凋敝之源，几代中国人的梦想里，希望国家富强都是最动人的部分。2012年11月29日，中国共产党新一届领导集体在国家博物馆参观《复兴之路》展览时，习近平主席一语道出他心目中的“中国梦”：“我以为，实现中华民族的伟大复兴，就是中华民族近代以来最伟大的梦想”，并称“国家好，民族好，大家才会好。”习近平的这一讲话将“中国梦”推到主流媒体和网络社区的热议榜，人们从各自的视角诠释着这个话题。

“中国梦”凝聚着中国人的共同利益和价值，正如习近平在2013年3月17日第十二届全国人民代表大会第一次会议闭幕式时所言：“生活在我们伟大祖国和伟大时代的中国人民，共同享有人生出彩的机会，共同享有梦想成真的机会，共同享有同祖国和时代一起成长与进步的机会。”“中国梦归根到底是人民的梦，必须紧紧依靠人民来实现，必须不断为人民造福。”中国未来的发展要走自己的道路，需要中国精神，它根植于中国人对未来的希望和梦想，来源于中国人对21世纪生活和发展的企盼和憧憬，奋发于中国人对共同利益和价值的追求。因此，国家富强的梦和人民幸福的梦怎样有机地联系，民族之梦和个人之梦如何更好地协调，成为当下我们应研究探讨的重要课题。

一、关于“中国梦”的提出与研究

任何国家在崛起时都有自己的梦想，这些梦想激励着一批又一批的人士去努力奋斗，取得成功，为国家的崛起作出贡献。其实近10年来理论与学术界已开始关注此一课题，并进行一些研究与探索。

1. 对“中国梦”探讨研究回溯

2003年12月10日，前国务院总理温家宝在美国哈佛大学发表“把目光投向中国”的演讲，正式提出了“以传统文化为基础的中国和平崛起”；同月的26日在纪念毛泽东诞辰110周年的座谈会上，前总书记胡锦涛再次强调，要坚持和平崛起的发展道路和独立自主的和平外交政策。自此，“和平崛起”正式成为新世纪中国的国家发展战略，最关键的是其基础——中华民族文化的复兴与发展。

体制内有关“中国梦”的讨论，也可追溯到2006年至2008年，连续三年举办的“中国梦与和谐世界”研讨会。2006年4月2日，首届“中国梦与和谐世界”研讨会在京举行，王蒙、赵启正、何振梁等与各界人士百余人参加了研讨会。外交学院院长、中国国际关系学会常务副会长的前驻法大使吴建明向外界道出了他所理解的“中国梦”。“中国梦”有三个特征：一是规模大。中国有13亿人口，这决定了在实现“中国梦”的过程中，中国成功人士的规模将是史无前例的；二是领域广。中国现代化的过程是一个宏大的系统工程，中国的崛起发展将带动整个社会的发展和繁荣；三是“中国梦”是与世界分享的。中国的开放度不仅使中国人可以做“中国梦”，而且可以使海外华人甚至外国人都可以一起来实现“中国梦”[1]。可能这是最早提出的“中国梦”概念，吴建民在回答媒体追问时表示，一定程度上是受了“美国梦”的启示。2007年3月24日，由中国国际关系学会、北京外国语大学、外交学院、天津外国语学院、北京语言大学共同举办的第二届“中国梦与和谐世界研讨会”在天津举行，围绕“中国梦”的内涵与“和谐世界”的理念、“中国梦”的思想与实践等专题进行交流与讨论。2008年3月29日，由中国国际关系学会、北京外国语大学、天津外国语学院、北京语言大学、外交学院联合举办的第三届“中国梦与和谐世界研讨会”在北京钓鱼台国宾馆举行，在保持框架的基础上，更突出“中国梦”的主题与内容：一是试图在国内提倡一种主流、健康和积极进取的社会意识，引导年轻一代树立正确的世界观和理想、信念，促进国内和谐社会的建设；二是在国际上提倡和平、合作、共赢，让中国人、外国人、年轻人，中国和世界共同发展；三是加强中国的软实力，塑造中国负责任大国的国际形象，为创建和谐世界做出贡献。连续三届的“中国梦与和谐世界研讨会”，在社会上引起了一定关注，中国青年报、中国日报、人民日报（海外版）等多家媒体和各大网站进行了大量报道，给予了积极正面的评价。

2012年2月，一份被扩大的“交办课题”在中国社科院提出，集结了该院各研究所的十多位最牛的“大佬”级研究员。这一课题的交办方是当时的中组部部

1 参见人民网北京2006年 4 月 2 日记者叶晓楠的报道。

长李源潮，据说李源潮受到一位英国华裔政治家建议[1]的启发，希望通过研究并推广“中国梦”概念，来成就吸引更多的海外华裔和海外留学人员，参与到中国建设和发展的进程之中。随着研究人员的增多，课题的分量也在不断加重，课题组探讨的已是整个社会在意识形态领域关注的缩影。随着讨论的深入，课题组的参与者们首先在国家民族层面的“中国梦”内涵上达成一致。民族层次上的“中国梦”是指“中华民族自立于世界民族之林，实现其伟大的复兴，建设一个强大的社会主义现代化国家，对人类文明和世界发展作出越来越大的贡献”[2]。

中国社科院“中国梦”课题研究报告的整个结构，大致包含以下几个部分：一是“中国梦”提出的意义；二是“中国梦”之内涵与价值；三是美国梦、欧洲梦与日本梦；四是“中国梦”实现的途径；五是“中国梦”的人才战略。关于从国际视野来探讨美国梦、欧洲梦与日本梦这一部分来看，美国历史学家詹姆斯·特拉斯洛·亚当斯（James Truslow Adams）在1931年出版的《美国史诗》（The EPic of America）一书，让“美国梦”一词变得家喻户晓。詹姆斯论述的主题是：“让每一阶层的公民都能过上更好、更富裕和更幸福生活的美国梦，这是我们迄今为止为世界的思想和福利作出的最伟大的贡献。”这个概念在美国经济低迷的时候，成为推动美国人克服困难、走出低谷的一股强大的动力。正在前进中的中国，当然也需要有这么一个梦想的支持。虽然作者在《美国史诗》中指出“美国梦”更是一种“社会秩序，在这种社会中，每一个人都能够以其天赋与能力来获得他的成就，而且他们的成就也能被其他人认可，不论他们出生的环境和地位的境地如何。”中社科院课题组对此作出如下解读：虽然“美国梦”有其“人人通过奋斗可以获得成功”的美好一面；但是美国社会的整部历史，都充满着歧视与反歧视之争。……今天，随着美国经济的持续疲软、社会问题的集中

1 李源潮看到一份侨务部门的报告，内容大致是：一位英国华裔政治家提出：应该塑造一个“中国梦”，来激发当地华人努力向上的热情。

2 张薇：“‘中国梦’课题研究始末”，见香港《凤凰周刊》2013年第05期总第462期。

显现、政治沦为金钱的游戏而陷入僵局，“美国梦”正在逐渐褪色[1]。不难想见，“中国梦”的提出确实蕴涵着一种超越的意识。

“中国梦”课题组论析：“中国梦”不仅是国家的、民族的，还是阶级的、个人的；更强调的是：“个人梦的实现是以整个国家的发展为转移的，所谓大河有水小河满，大的环境好了个人的机会也多了，大多数个体的命运和国家的命运是连接在一起的”。在改革开放之初，国家梦和个人梦是高度统一的，但从目前社会发展日益多元化、各种社会矛盾更加彰显的现实考虑，对“中国梦”的探讨一定会折射出中国人时下的各种焦虑。笔者认为，将个人梦和国家梦统一起来考虑、弥合两者之间的矛盾应是实现“中国梦”的前提，是“中国梦”研究课题需要突破、需要解决的未完待议的课题，是值得大家进一步深入探讨与实践的课题。

2. “中国梦”的理想与憧憬

中国人从来都没有失去“梦想”。公元20世纪以来，中国人民依靠自强不息的精神，在力量悬殊的艰苦条件下，浴血奋斗，抗击了外来势力的侵略，通过艰苦卓绝的努力，在1949年建立了中华人民共和国。改革开放30年，中国克服了人口众多、资源缺乏、生产力水平低下等因素的制约，以年均9.9%的经济增长率极大地改变了占世界近四分之一人口的生活状态和生活方式，将人均GDP从1978年的200美元提升到了2010年的4100美元，使1977年发展排在全球各国倒数第二、三位的中国进入了中等发展水平的国家。从中国经济在世界所处的地位分析：2006年中国成为世界第一大外汇储备国；2009年成为世界第一大货品出口国、世界第三大专利与基础专利申请国；2010年成为世界第一大制造业生产国、世界第二大经济体；2011年成为世界第一大工业生产国；2012年已成为世界第一大货品进口国，创造了世界经济发展史上的奇迹。创造此一经济发展奇迹的奥妙在于改革开放：一是20世纪80年代的放权让利改革；二是90年代的市场经济体制改革；三是进入21世纪的加入WTO和完善市场经济体制的改革与深化。中国社会迄今这三次关键性的改革开放与历史性脱胎换骨，不仅带来物质财富的急剧跃升，也改

1 张薇：“‘中国梦’课题研究始末”，见香港《凤凰周刊》2013年第05期总第462期。

变了无数中国人的命运，孕育了无数的“梦想”， 为中国社会保持积极向上的情绪创造了很好条件，也为中华民族的伟大复兴注入了新的不竭的动力。

实现中华民族伟大复兴是一项光荣而艰巨的事业，需要一代又一代中国人共同为之努力。令人鼓舞的“中国梦”的提出，来源于中国人对21世纪生活和发展的憧憬和企盼、启发于中国人对未来各种梦想的追求。越来越多的中国人在谈中国梦，甚至吸引世界关注的目光，这是中国希望之所在。正如过去30多年来我们所见证的，中国有太多的变量，也有太多的恒量。我们这样人口众多的一个民族，干一些大事，需要中国精神。这种中国精神，就是曾根植于中国数亿人的独立梦和建国梦，以及根植于十余亿中国人的富裕梦和强国梦。今天的中国已经有了相对坚实的物质基础，中国的国际经济角色已由早期的全球化经济分工下的生产者，进而为全球治理的参与者，未来可能成为重塑全球治理规则的革新与引领者。作为崛起的经济大国，中国不仅展现出经济的前瞻能力与灵敏的政策调整能力，而且各种人文精神得以在中国的新现实中逐渐展开，它提供了人生选择空前的多样性，他对非主流选择展现越来越大的宽容和保护。中国社会所容纳的千姿百态不仅刷新了中国历史，也必将展现全球意义上的丰富多彩。“中国梦”是13亿中国人对国家稳定繁荣昌盛的期盼，是中国人在与国际社会紧密相互依存中所追求的自己的理想，会对世界产生重要影响，这就是建设一个和谐世界。让中国和平发展的机遇与世界各国紧密相连，让世界各国人民和中国人民共同分享中国发展的成就，让更多有梦者有志者相信：中国，是一个梦想可以实现的国度，这是中国人为全世界作出的最好贡献。

“中国梦”面向未来，这个被中国人长期追求的梦想包括了12个字：“国家富强、民族振兴、人民幸福”。习近平主席呼吁：“由全体中国人齐心合力，坚持不懈地努力奋斗，以达至目标”。注意“全体中国人”这个字眼，理所当然地包括了台湾同胞，因为生活在台湾岛上的中国人也是“全体中国人”的一部分。2013年3月17日，习近平主席在两会闭幕式上发表的长篇“就职演说”中阐述的对台政策内容：“台湾和大陆同胞要携手支持、维护、推动两岸关系和平发展，增进

两岸民众福祉，共创中华民族新前程”“中国梦是民族的梦，也是每个中国人的梦。只要我们紧密团结，万众一心，为实现共同梦想而奋斗，实现梦想的力量就无比强大，我们每个人为实现自己梦想的努力就拥有广阔的空间。生活在我们伟大祖国和伟大时代的中国人民，共同享有人生出彩的机会，共同享有梦想成真的机会，共同享有同祖国和时代一起成长与进步的机会。有梦想，有机会，有奋斗，一切美好的东西都能够创造出来。”习近平阐述的对台政策与他论述的“中国梦”是高度一致的，他说的两岸共创“中华民族新前程”就是要两岸共筑“中国梦”。这样一来，认识两岸关系在新时期发展要朝着实现“中国梦”大目标前进的方向，就十分明晰了。用13亿人的智慧和力量汇集起不可战胜的磅礴气势。

二、提升中华民族的软实力是圆“中国梦”之关键

按照一般的理解，硬实力是一种可以直接改变现实的能力，通过发挥这种实力，消灭博弈对手抑或削弱或解除博弈对手的行动能力，从而达到改变博弈对手所面对的利益格局及行动的目的。如果在没有任何显性军事威胁或经济胁迫的情况下，改变博弈对手对现实感知的能力，自愿追随或顺从你的意愿，这种能力就是软实力。简单地讲，软实力是与文化、意识形态和制度等抽象资源相关并决定他人偏好的“吸引同化力量”，它是在不知不觉中实现价值观的影响力与吸引力。

翻开历史，晚清时代的中国在经济总量上并不输给西方，一直到1820年，中国的工业经济产值仍占世界工业经济产值总量的32.8%，为世界最大的经济体。仅仅相隔20年，1840年鸦片战争后中国就急速衰落，沦为欧美列强统治下的半殖民地半封建社会。历史事实已经证明了光有经济总量难以维持一个大国的世界地位，软实力的重要性不容忽视，需要四个方面的稳固基础才能确定。这关键的四个基础：一是政治基础，即国家的独立和主权，以及适应国家发展实际情势的社会制度；二是军事基础，即保卫国家的独立和主权、抵御外来侵犯和干扰的硬实力；三是经济基础，即维护国家主权与社会良性运营的财力保障；四是文化基

础，即国家软实力的核心体现，简单地讲就是吸引力与话语权。如果没有标志“软实力”的文化业态与体现价值观的吸引力，这个国家就不可能是完整意义上、在全球产生巨大影响力的国家。

回顾已故美国总统肯尼迪的弟弟罗伯特·肯尼迪参议员在1968年竞选美国总统时有一段精辟的名言：“GDP无法衡量我们的机智或勇气、我们的智慧或学习，更无法衡量我们对国家的忠诚和奉献。它似乎衡量一切，但唯一漏掉了生命的价值。”这样的认识发生在将近50年前。2012年8月，中国复关及入世谈判的首席谈判代表、原国家外经贸部副部长、原博鳌亚洲论坛理事、秘书长龙永图在上海论坛[1]开幕式上发表演讲，认为怎么样从一个以增长为主要目的的经济转向一个以人的发展为主要目的的经济，是中国经济转型的核心问题。也就是说，经济发展模式必须从以增长为目的转移到以人的发展为目的，全面提升文化强国的途径。他引用了澳大利亚一张报纸对中国未来发展提出的发人深省的三个疑问：1、什么时候才能使全球大多数国家的精英都愿意把自己的孩子送到中国来留学？2、什么时候才能使全球大多数人特别是年轻人更多地看中国电影，听中国的音乐，阅读中国的书籍？3、什么时候全球的消费者选购产品时，更多选择中国的品牌？这三个问题看似普通，但牵涉到文化软实力与文化强国的问题，没有文化的现代化，没有人的现代化，中国不可能跻身世界先进民族之林。

软实力是与文化、意识形态和制度等抽象资源相关并决定他人偏好的“吸引同化力量”，它是在不知不觉中实现价值观，在这方面美国远远走在我们前面。以文化软实力裹挟着美国精神风靡全球，让人们糊里糊涂地接受，不知不觉地屈服。如苹果和迪士尼这两家名满天下的公司和产品都是智慧的产物、创新的象征、艺术的结晶，但你在享用这些成果的同时，不得不承认这就是软实力，而这一软实力是来自美国。这种软实力的核心就是“以人为本，引领时尚”。乔布斯

1 2005年左右，韩国教育集团（SK）决定独家全额赞助北京大学和复旦大学分别主持一个论坛，在北京叫北京论坛，主要谈论政治问题，在上海搞一个上海论坛，主要讨论经济问题。

用苹果这样“硬邦邦”的软实力在成就了自己的同时，改变了人类的生活方式和观察世界的方式；迪士尼公司创办迄今逾90年，从第一家迪士尼主题公园创办至今已过60年，截止2010年3月，美国加利福尼亚州、佛罗里达州，法国巴黎，日本东京和中国香港5个地方建有迪士尼乐园，上海迪士尼乐园正在建造中，唐老鸭和米老鼠还在全世界各个角落跳舞，它的产业链还在绵绵延伸。

国家文化形象是一个国家文化“软实力”的集中体现，折射了一个国家的国民素质和精神风貌，反映了一个国家的文化学习能力和文化创造力。当中国经济进入快速发展时期，重塑中国国家文化形象，提升国家文化软实力，从而在世界上具有真正的影响力，已成为当务之急。在经济全球化和跨国相互依存的时代，软实力也就越来越显得重要，它标志着制高点、主动权，以及核心竞争力。软实力的精髓就是创新和发展，其核心就是“以人为本，引领时尚”的品牌竞争力，软实力的建设需要耐心和积淀，不能指望一朝一夕就能完成。为增加中国的文化软实力，有三个方面值得我们做出努力：一是文化吸引力；二是意识形态或价值观的吸引力；三是制定国际规则的能力。如果我们中华民族真正是一个自尊、自信、自强的民族，同时我们中华民族又是一个谦恭、充满热爱、包容、理解和慷慨的民族，如果我们对于整个社会是采取一种顺其自然、对整个环境是采取一种珍视整个环境，保护所有环境的态度，那么，中国的文化软实力就会得到大大的提高。

百年来我们中国人的历史，徘徊在绝望与希望之中、毁灭与重生之中，失败与成功之中，改写与被改写之中。如今，海峡两岸往来如此频繁，和平发展已成为两岸人民共同追求的目标，为两岸关系发展带来新的趋势：一是两岸合作交流的大气候已经形成；二是台湾人民的大格局思维正在逐步孕育；三是台湾的从政者势必要逐步跨越政治的发展空间。总之，从中国的国情、发展的多重意义决定了：“中国梦”的主体是中国人的梦、中国梦、中华梦的三位一体；客体是以发展中国家身份追求的现代化、社会主义国家身份追求的共同富裕、新兴国家身份追求的国际关系民主化的三位一体[1]。台湾是一个资源匮乏的岛屿，中国梦让台湾有了新的机会再出发，面对新的航程，编织和推进中华民族伟大复兴是“巩固与深化两岸关系”的应有之义，两岸民众更应该“心往一处想，劲往一处使”。

第二节　中华文化是发展创意经济的基石

文化是一种历史的积淀和人类创造的总和，基本上是人与自然的互动历程所呈现出来的整体意识系统。传统是社会发展进程中对既有观念、物质形式、社会行为的模式化，以及人为地促使其延续下去的一切言行。中国五千年的文明，有着天下大同的社会理想、民为邦本的治国理念、团结统一的家园意识、追求和谐的价值取向，以及厚德载物的道德精神。回到文化价值上，我们每个时代的生活有不同的空间和范围，他们是社会互动的主要场所，文化也是在这个场所中的表现，“普遍”与“殊异”的现象值得注意，

中华民族的历史源远流长，中华文化的内涵丰富多彩，有着相当强劲的活力，它拥有持续性的变化，也有更多的封闭性与地方性。对于社会的发展，传统文化是一种束缚的力量，但有时也是促发社会前进的基石。中华传统文化在社会发展中的更新、充实过程，也是中华民族及其文化的再造过程，中华传统文化的多元融合、在不同历史阶段的“创造转化”，呈现出鲜明的地域性文化特色等，都充分地证明了这一点。两岸的民族传统一脉相承，中华传统文化在两岸的现代化过程，都是由“转化”的方式与“创新”的形式发挥着作用。台湾文化就是对中华传统文化“创造性转化”累积的结果，形成时至今日的风貌。主要包括两个方面：一是对传统文化的再造；二是对外来文化的融化。换言之，随着社会结构

1　王义桅：“外界对‘中国梦’的十大误解”，见《环球时报》2013年4月16日第15版。

的剧烈变迁，文化价值体系必须与之相适应，文化创新的内力不断勃发，在融会外来文化的“转化”中促进对新文化的创造和对传统文化精华的继承。

中华文化提供文化创意产业取之不尽的宝库，是一座超级大框架，正等待新世代掀起一场文创蝴蝶风暴。举凡一切中国风的显性元素，即所谓的物质（有形）文化遗产，是文化创意产业可先着手转换应用的第一步，未来在接触各种历练后，必能更深入从非物质（无形）文化遗产再扩大结合。

一、文化是国家发展的根脉

全球化的今天，国家与国家之间日益密切，影响与控制他国的方式与过去相比复杂了许多，一个国家在国际舞台上的自信来源于其综合国力，即针对具体的国际问题更强调使用经济力、军事力和外交力。人类文明发展的总趋势是在不同文化的交流与冲突中朝着多元共存、东西互补的方向发展。维护和传承文化传统是巩固和发展国家的重要根本。在2013年2月28日—3月1日中国社科院马克思主义研究院在京主办的“全球化进程中的社会主义思想文化建设”论坛上，中国社科院副院长李慎明指出，社会主义国家在提升经济力和军事力这两种“硬实力”的同时，必须大力加强政治价值观、文化力、自主科技创新力等“软实力”的建设，使国家安全建设获得协调发展和整体提升。中国社科院马克思主义研究部主任冯颜利则认为，当前增强中华文化国际影响力存在以下几方面问题：一是中华文化占据世界文化市场的份额过低；二是中华文化对外交流内容和形式单一；三是中华文化的世界认可度偏低。中国和西方思想文化没有平等对话，西方对中华民族很隔膜，目前这种状况还在持续。数据显示，我国在世界文化市场上所占据的份额尚不到整个世界市场的1/20，这一差距，与我国作为世界文明古国的地位不相称，与我国跃升为世界第二大经济体的地位也不相符合。

作为大国的崛起，不仅要有经济准备、政治准备，也要有文化准备。文化是一个民族的血脉、基因、灵魂、品格和动力，是人们披荆斩棘、防身自卫和增强胆识的精神武器。就大国崛起的文化条件而言，以下四个方面尤其值得重视：第一，强化国家意识、坚守文化传统是必要前提。国家意识是对民族存在的一种自觉，它最大的意义就是增进民族认同，提高人民的归属感和凝聚力；第二，增强文化的影响力与感召力。文化的影响力与感召力是提高国家战略影响力的重要手段；第三，培养开放的民族心态。中国人需要更多大国国民的自信，这是大国崛起的必要条件；第四，坚持思想引领和制度创新。客观地说，过去30多年中国的发展，是通过加入日益全球化的体系而取得，但目前这个体系所强调的共同规则、国际制度、共同价值观等，中国都没有主导权，而是霸权美国的“看家本领”，这就让中国时常觉得不公平、受限制甚至受威胁，这就要求中国必须尽快提升制定和改革国际制度的能力，并遵守和维护一个合理的国际制度。

进入21世纪，我们发现片面注重经济增长所带来的问题变得更加严重，社会贫富差距日益悬殊已成为世界各国的共同议题。目前，全世界都在关注经济成长的期望值与现实之间的合理性，都在关注“正义”问题。但不能不注意到，从2010年开始，美国高调宣称为维护其在东亚的利益而重返亚太地区，同时积极在外交上合纵日本、韩国、东盟各国、澳大利亚、新西兰、印度等国家，意在牵制中国的发展和中国的崛起[1]。中国在历史经验、文化传统和意识形态上同美国有着显著的区别，中国的和平崛起不可能与现阶段仍由美国主导的国际体系“无缝对接”。然而，30多年的改革开放，中国在解决13亿人温饱领域的创新及实践成就，远远大于学术层面的理论与思想的总结，对于中国的和平崛起仍缺乏成体系的、具有说服力、答疑解惑的理论与诠释。但也不能不注意到，21世纪前10年，因西方价值与制度体系深层次问题所导致的世界性金融危机，促使对西方思想价值、文化和意识形态缺陷的反思，也成为一股世界潮流。从战略意义思考，目前及今后一段时间是中国经验、中华民族文化与价值体系走向世界不可多得的历史机遇期，也是中国融入并为世界新秩序作出贡献的重要机遇期。

1　莫利亚：“纽约学者论习近平访美”（2012年2月16日纽约时报研究会主办了“习近平访美座谈会”），见香港《镜报》2012年4月号。

1990年，美国《外交政策》首次刊登约瑟夫·奈题为“软实力”的文章，阐述“软实力”这一概念，约瑟夫·奈心目中的典范无疑是“软实力”雄厚的美国，并设法让这一概念大行其道。其实，这并非是什么新东西。早在中国改革开放之初，邓小平就曾提出“物质文明和精神文明要一起抓”，其中的“精神文明”就具“软实力”的意涵。从上世纪80年代中期的现代主义运动，到90年代的文化市场兴起，再到当下回归中华文化本位的历史转型，能清晰地感受到，我们这一代人对文化价值与作用认识变化的轨迹。但认识到位是一回事，使这种认识转化为实践并真正造福于国家、民族与社会，还需做很大努力。“中国梦”的确定性鼓舞全国人民，未来十年是实现“中国梦”的关键时期，中国面临着将这一大的确定性向基层不断深入、凝聚中国多元化时代新型团结的过程，文化软实力是一面特殊的镜子。文化力量的醒悟、升华、解放和引导，才能为中华民族的崛起熔铸巨大的生命力、创造力和凝聚力。民族要复兴、文化需先行。对于当代中国文化先行的价值取向来说，正如胡锦涛在党十七大报告中的论述：“要全面认识祖国传统文化，取之精华，去其糟粕，使之与当代社会相适应、与现代文明相协调，保持民族姓、体现时代性”。

考察近30多年来中国的快速进步，或许很多人会说，这是得益于思想的解放和门户的开放，得益于引进了先进的技术、资金和市场观念。但是，倘若没有一个与外来观念相容的文化，所有的技术、资金、观念和机制都不可能产生效果，至少不会充分地发挥效果。概言之，硬实力和软实力之间的关系是互为因果、相辅相成的，假若没有相应的软实力，中国就不可能有现在的硬实力，经济的持续和快速增强都是不可想象。也就是说，中国GDP从全世界第76名上升到第2名，在这了不起的进步中文化的作用功不可没，撇开文化因素去解释一个国家的进步与落后，结论只会流于表面，也就是舍本逐末。

中国的历史与文化源远流长，中华民族的祖先是由各民族相互融合和不同族群的互相往来、文化交叉影响而汇成。在中华民族传统文化里，积累了经五千年的磨砺检验、至今仍然沉淀在中国人生活中的经验与理论，在世界上独树一帜，富有特色。中国传统文化的精华包涵有益于中国崛起的积极因素，体现在以下方面：一是高度同一化的语言文字、文化习俗和生产方式，这是打败一切文化入侵者的有力武器；二是以家庭/家族历史主义荣辱观为核心思维方式的传统文化形成了铁板一块的整体性；三是宗教、哲学、政治形成了超稳定形态的三位一体结构；四是坚韧的毅力和不甘落后的进取意识。中华民族称得上是世界上最不怕苦、最为勤劳的一个民族，这卓越的生存能力让中国人能够扎根于世界的任何一个角落；五是实用主义的基本思维方式，中华民族也许是世界上最善于交易的一个民族；六是良好的国民性是中国社会趋于稳定和谐的坚实基础；七是中国文化正在成为国际上受尊重的文化实体，并由东方向西方传播而成为人类新的文化感受方式。

二、中华文化力量与民族复兴研究

文化的力量不只是学术和经典，而且在于潜移默化，藏在人心里的哪一点光。中国文明是一个独立的文化体系，是世界四大古文明中唯一延续下来的文明，在漫长的历史中，经常吸收外来文明，但保持了自己的独立性，造就了自己独特的文化类型。概括中华民族文化的价值观：生命观：以人为本，仁者爱人；道德观：格物致知、正心诚意、修身齐家、内圣外王；社会观：克己复礼、中庸和合；宇宙观：天人合一、民胞物与；教育观：尊师重教、学优则仕；意志观：自强不息、生生不灭；思维观：阴阳互补、辨证变动；实践观：经世致用、知行合一；历史观：重视纪实、以史为鉴；宗教观：重视现世、相容各教。中华民族文化的价值观并非一般现代意义上所讲的学问，它是中华民族强大的文化之魂，更是一种信仰，一种须践行的、处世为人的道德学理，一种与时代紧紧相扣的、应对许多挑战的思路哲理，这正是中华民族的活力所在和中华民族复兴的理性与理想，因为这是文化基因所注定之事。中国文化中的儒家文化、道家文化、佛家文化，分别形成中国思想文化的三个维度。儒家强调的是“和谐之境”，目的是

治国；道家强调的是“天人合一”，追求自然无为，目的是治身；佛家强调的是“慈悲之境”，主要目的是治心——治贪婪心、是非心、功利心乃至于霸权之心。在这冲突激烈的世界上，中国应该发出“和谐良善”的声音。

随着中国经济的崛起，在整个中国内部产生了一种强大的冲动和欲望：一是希望世界了解中国，了解中国经济崛起的意义；二是希望展现一个不同于西方的文化，为世界提供另一个文化选择。首先，从战略上思考和谋划加强文化建设，强调以下五个方面：第一，充分认识文化的战略地位。西方主流学者的研究结果是，文化能够决定一个民族或一个国家的前途与命运。面对激烈的国际竞争，谁不认识文化的价值，谁不重视文化建设，谁就将犯历史性错误。第二，夯实文化建设的基础。中国在保持发展的势头的同时，必须不断更新、扩大发展的内涵，也就是在继续累积财富与力量的同时，应不断扩大解决尖锐社会及政治问题的能力与弹性。第三，建立充分的文化自信。中共十八大报告中，提到了道路自信，制度自信，理论自信，尚未提及文化自信，因为我国的文化自信还面临三大挑战：一是传统文化的现代化问题；二是民族素质和民族自信心问题；三是中国文化的国际影响力问题。新加坡内阁资政李光耀在接受美国一家媒体采访时曾强调，文化才是一个社会能否进步的决定性因素，而不是其他什么东西。当中国人的文化自信越来越多时，我们对世界和对自己的看法必将更加清晰，它是“文化强国”战略的发力点之所在。第四，必须深入探索文化产业的发展。一是对文化的外延和内涵的新认识，文化有着自身的品格与属性，文化建设有着特殊的规律与标准；二是将定性的认识结合到定量的发展，文化在整个社会发展中已不仅仅停留在价值和精神层面，而且成为战略性新兴产业，还将发展成为支柱产业；三是形成文化建设的新局面，形成一种对民间艺术、文化传统的尊重风气，出精品、创品牌，促进文化发展繁荣满足人民群众日益增长的文化需求；在文化整体创新中，拿出巨大的心智和勇气着手解决人类共同面临的精神与生态的失衡问题，如让人类告别战争、瘟疫、罪恶，走向新世纪绿色生态的自然和社会，等等。第五，文化“走出去”战略。人类的未来，世界历史的大趋势，是走向文明的融合而不是相反。中国文化要走出去，需要解决文化的现实性、时尚性和大众性三方面问题，发掘中华文化中代表未来人类前进方向的价值，提升其创造力、耐久力和吸引力。2008年之后的世界，东西方文化的融合与互相借鉴，产生的一种更优秀的文明形态，这一形态的中心就在中国。从战略意义思考，目前及未来的一段时间是中华民族文化与价值体系走向世界不可多得的机遇期，也是中国融入并为世界新秩序做出贡献的重要机遇期[1]。但我们也看到，面对当代世界对于文化领导权的争夺，中华民族文化的复兴面临着多重挑战。

2013年4月29日，美国《外交政策》双月刊网站刊登约瑟夫·奈的文章，质疑“中俄不懂软实力”，指称：一个国家的软势力主要凭借三种资源：文化、政治价值观，以及外交政策。不过，把这些资源合二为一并不总是很容易。按照巧实力战略，硬实力和软实力是相辅相成的。美国有时还能保留一定的软实力，美国相当一部分软实力产生自民间社会（大学、基金会、好莱坞、流行文化），而不是政府[2]。约瑟夫·奈的说法提醒我们，由于中国文化这块“短板”，使得中国在世界文化领域处于低势位，很难在国际上成为精神所向的真正大国。但我们已认清这一情势，“文化强国”提得非常及时。中国政府和民间现在都从战略高度来思考，挖掘出中国社会的全部才华，大幅提升中国文化的软实力，建立其中国文化战略话语，中国人的自我意识，文化自觉应成为今日中国关注的重要议题。

文化强国必须有自己的核心价值，中华民族的核心价值不可能从别人身上获得。我们既不能走狭隘的民族主义道路，也不能走抄袭西化的道路，只能在宽容中庸、立己达人中走出以中国自身为主，吸收世界优秀文化，守正创新的文化强国之路。首先，对一个国家或民族来讲，他应该是一个有自信的民族，一个自珍的民族，一个善于自律的民族，知道怎么样正确地对待自己。其次，一个国家或民族，他能否以一个谦恭的态度、一个包容的态度、一个充满友爱的态度，来

1 方彦富主编：《中华文化在台湾发展的探究》，海峡出版发行集团海峡书局2013年1月出版P.15。

2 约瑟夫·奈：“中国和俄罗斯不了解的软实力”，美国《外交政策》双月刊网站，见《参考消息》2013年5月3日第4版“约瑟夫·奈称中俄不懂软实力”。

对待自己周边的民族、周边的国家和全世界的国家。再者，一个国家或民族，他能否以一种顺应客观规律、顺应市场价值的规律来从事经济和社会发展，能否顺其自然，而不是和自然做对抗。

未来十年是中华民族复兴的关键十年，我们既有源远流长和丰富多彩的文化底蕴，又有实现经济崛起的实践经验与教训，面对核心价值观的重建，在西方文化占主导的世界文化体系中找到当代中华文化出路的新趋势与新契机，认识它、理解它、遵循它、把握它、催化它、升华它，是我们的不二法门。德国诗人海涅说过："思维是在行动之前，如同闪电出现在雷霆前一样。"当人文的、全社会的、可持续的、一种水到渠成的"软实力"目标形成时，中国人必然愈来愈自信。从这个意义上说。中国人创新思维真正解放之时，必将是中华民族复兴的实现之日。

我们已走过了"以土为本"的农耕经济，经历了"以物为本"物质经济或技术经济，逐步进入"以人为本"的知识经济或文化经济。文化经济不仅超越农耕经济，更是对物质经济或工业经济的优化与升级，创意经济正是文化经济的新形态。党的十六大报告提出："创新是一个民族的灵魂，是一个国家兴旺发达的不竭动力"；党的十七大报告指出"建设创新型国家"的战略新命题。创新是指人的一切创新性实践活动和结果的总和；创新思维是指对不合时宜旧事物的否定性评价为前提，或以事物发展的零起点为基础，进而提出催发新事物的产生和发展新观念的思维。创新思维是一切创新的先导性灵魂、基因、动力和源泉。创意经济是迄今人类经济发展史上最深刻的经济变革，将从根本上改变人类的生产方式与生活方式。即根据不同时期经济资源投入构成的不同特点，创意经济具有新的制高点，表现为：文化创意与经济进程的融合；文化创意资源要素与经济资源要素的融合；文化创意生产力与物质生产力的融合；文化资本化与资本文化化的融合；文化消费动力与物质消费动力的融合；文化市场化与市场文化化的融合；文化品牌化与品牌文化化的融合。

人类历史的经验说明，最伟大的国民力量正是在文明转型过程中释放出来的。当13多亿中国人进入一种新的文明方式，对全世界来讲都是一个重大的贡献。我们相信，随着政治民主化进程的逐渐深入和思想文化领域的逐渐自由，一定会有全新的文化改造和文化创新在中国萌生，中国一定会出现很多伟大的思想家、科学家、文学艺术家、宗教家、企业家、政治家等等，让中华文化大放异彩，让中华民族傲视尘寰。

三、共同缔造中华民族文化的美好家园

2008年以来，两岸关系和平发展已形成不可逆转之趋势，我们可以明显地感受到两岸关系从以往的负面因素逐渐成为正面因素，从岛内各政党可以避开的因素成为决定其胜负的关键因素。2012年党的十八大报告中强调：两岸同胞同属中华民族，应加快构建两岸同胞温馨家园。近年来，两岸文化交流规模及层次不断扩大与提升，遍及文学艺术、新闻媒介、影视出版、文化遗产、文化产业等各个领域，催生“海峡两岸文博会”、“两岸城市艺术节”等一系列交流，并进一步积极打造两岸文化产业展示与交易平台，推动两岸文化产业研究与人才培养合作，以及支持台湾文化企业和文化创意人到大陆发展。两岸文化交流与合作已成为两岸关系可持续发展的重要动力[1]。

概而言之，中国既要打造经济强国，也要打造文化强国；既要在硬实力方面矗立于世界民族之林，也要在软实力输出方面有所作为。2300万人对13亿人很重要，13亿人对2300万人也很重要，探索台湾可以对大陆作出怎样的贡献，这才是两岸关系未来发展以及中华民族和平崛起的关键。近来，在两岸举办的各种研讨会，大陆学者基本上把握了两岸关系理论建构的话语权，深具提出新论述、新思想之能力。两岸要以“共同缔造”（即共同发展、共同繁荣、共创双赢、共促振兴、共议统一）的融合思维，达到以文化认同促进民族融和，进而为国家的

1　李徽：“文化部：文化交流是两岸关系持续发展的重要动力”，见“中国评论新闻网”2012年10月11日。

统一、民族的伟大复兴及中国的和平崛起，创建万世功业。两岸先从文化上共同“振兴中华”，前瞻两岸文化的交流和合作，不失为一个好的开始，当然，若没有两岸人民之间的互信，则其他任何合作都只能是无源之水、无本之木。

两岸以美好的愿景和同理心，用五千年中华民族的智慧，一定可以找到共荣的融合之道：首先是两岸经济合作制度化、法制化的进一步深化，共同缔造中华民族的美好家园；其次是以中国人的智慧和平处理两岸之间的问题，使外界的势力不能介入；再者是台湾可以对大陆今后的政治与社会改革带来“软实力”的帮助。诚然，外来文明为台湾文化的发展提供了不同的思考方式，但是这并不能改变台湾文化是中华文化一个分支的本质，更不可能发展成为一种与中华文化相对立的文明。正如台湾“中华文化总会”秘书长杨渡先生所言：中华文化是根基、是范畴、是特色，是台湾文化赖以生存的阳光和空气；深厚的中华文化底蕴始终是台湾最大的文化优势。传统文化的符号价值系统，经过重新阐释与建构，能够成为新型文化中的积极因素，而中华文化的连续性又使社会变迁过程中群体的文化认同得到维持。

我们也注意到，中华文化在台湾屡经历史的磨难，融入了许多外来的文化因素，形成了独具特质的台湾文化，主要特点下列：一是重祖籍和家族宗亲的观念；二是崇尚民族大义的爱国主义精神；三是敢冒风险、勤劳创业的性格；四是具有“分族群风气、反压迫气质”。尤其是台湾民间社会的文化肌理，主要表现在以下诸方面：

1. 充实独特的基层文化

20世纪70—80年代，除了在台湾北、中、南、东部地区兴建“中央级”大型美术馆、自然科学博物馆、史前考古博物馆等文化建设之外，在台湾全部21县市兴建文化中心与大型博物馆。90年代开始，随着台湾经济快速增长，民众收入大幅增加，对文化艺术活动的参与兴趣大增，私立博物馆、美术馆、文物馆如雨后春笋般出现。据统计，至2003年年底，台湾地区共有县市文化中心20座，博物馆（含美术馆、纪念馆）121座，电影院247家，艺廊281家，图书馆2616座。以台湾地区21个县市及总人口计算，平均每一县市有1座文化中心、5座博物馆、10家电影院、12家艺廊，每8千人就拥有一座图书馆。以2009年全台湾博物馆普查结果，显示可纳入广义博物馆范畴者总计有646家，种类包括艺术博物馆、历史博物馆、人类学博物馆、考古博物馆、自然史博物馆、科学博物馆等等。

2. 多彩丰沛的民间艺文活动

台湾各地方社区及民间艺术团体，秉持传统与创新的原则，除积极提升推广具国际水平的文学、音乐、戏剧、美术等精致文化之外，亦努力保存发扬本土的地方戏曲，如歌仔戏、布袋戏、偶戏、民俗技艺、传统工艺、民族音乐、民族舞蹈等通俗文化，以建立多彩多姿的文化景观，塑造台湾的文化之脸，使中华文化更加精深壮阔。譬如，胡志强长期经营台中市，就提出“文化台中”的施政理念，强调“只有文化与创意，可以让一个城市永远伟大”，并通过“时间、空间、人与人之间”三维概念的整合性思考，来确立地方文化工作的重要方向，让艺术与文化成为人间真善美的使者，让文化事业成为促进地方建设与经济发展的“活力、创意、新蓝海”。

3. 注重培育文化创作与行政管理人才

一是通过如“文化艺术奖助条例”、“国家文化艺术基金会设置条例”等延聘国外艺术专业人士、艺术专业人士出国讲学、文化机构专业人士出国研习及艺术工作者创业和创作展演贷款、补助演艺团体承租排演场所等处理要点，期以奖助人才培育、补助展演等方式，健全艺文团体发展，塑造优良文化发展环境。二是各级学校的艺术学类科系，每年培育出来的艺术人才约3万人。三是经常办理推广文化组织工作研习班、博物馆专题班以及图书馆服务、民俗技艺、亲子活动设计、海报设计、民间文学整理、认识古迹、刊物编辑、中华文物、剧场导览等研习会或研习营等，培育文化行政人才。四是充分发挥志工的作用。台湾志工的称谓，即大陆所说的志愿者，志工是台湾各文化活动场馆服务民众的一大特色，既可有效地运用社会人力资源，又有利于倡导民众热心公益的风气，还可拉近文化活动场所与民众的距离。

4. 保护传统的文化资源

依据“文化资产保存法”，凡具有历史、文化、艺术价值之古物、古迹、民俗艺术、民俗及有关的文物与自然景观，均属文化资产。到2003年年底，台湾地区经内政部核定的古迹共有280处，其中一级古迹24处，二级古迹48处，三级古迹208处，古迹的类别中，以祠庙131处为最多，足见台湾民间对祖先、宗室、中华传统的重视。

5. 独具台湾特色的宗教与信俗文化

俗云：“十里不同风，百里不同俗”，风俗演进成文化，对人和社会的影响就会比想象的更为深远。源自于大陆的宗教信俗，以其敬畏、保守与“诸恶莫做，众善奉行”的性格，成为台湾民间社会最根本的力量，逐渐发展出“入世化、企业化、志工化及国际化”等具有台湾特色的宗教信俗文化，并演绎得精彩纷呈、浩瀚广大。如从大陆莆田湄洲妈祖祖庙分灵并传入台湾的妈祖信仰，通过海洋文化的传递，在台湾发展成为全民（包括士、农、工、商等）的守护神，加上台湾多元文化因素的交融，进化成为独特的台湾妈祖文化，可见到更多理性与和谐的成分。宗教信俗与日常生活重叠已成为台湾社会的特性之一。岛内的宗教团体都能走入民间，并在民间发展出庞大的组织，他们在某种程度上是在企业化，因为现实的需求成为宗教团体的主要任务，宗教团体的所有决定也以理性和功利的考量为基础，宗教团体与台湾社会其他社团也就越来越难以区分了。

概而言之，海峡两岸之间最重要的、金刚不坏的纽带，是我们共同享有的中华民族传统文化。台湾文化的主体——台湾人，是历史上几次从唐山迁徙入台的汉族移民及其后裔。大陆先民移居台湾时，以大陆祖籍地缘关系聚成村落，与台湾原住民一起生活和劳动，共同开发台湾，把大陆本土的民俗、信仰移植台湾；清代台湾政府设立儒学、社学、书院等教育设施，施行科举制度，使中华文化在台湾生根。与大陆地区相比较，台湾有更多自由开放的公共空间、国际化的经营经验，以及较佳的“学习创意”的环境，这是台湾发展创意经济与文化创意之优势。台湾若希望在未来华人优质生活中扮演重要角色，并服务全球人，这就需要通过两岸有关方面的共同努力，并创造各方的利益平衡机制。

历史事实启示我们，“王道”思想对中国历代治乱安邦，对推动中华各民族融合、发展和统一，对维护中华文化圈的稳定与繁荣，都起到了不可估量的作用，保存并弘扬中华民族传统文化，是包括两岸人民在内的所有中华民族子孙的天职。在海峡两岸中国人均步入现代化建设的当下，如何创造性地转化、吸纳中华民族传统文化的精华与思想，使之在中华民族繁荣崛起，以及在促进世界文明的创建中发挥更大的作用，值得两岸有识之士深入研究、探索。

第三节　两岸文化创意产业的融合之道

21世纪前20年是中国必须抓住并且可以大有作为的重要战略机遇期。大发展、大繁荣、大跨越中，新问题、新矛盾、新挑战考验着中国人民。中国需要继续凝聚新力量：一是对经济发展的牵引力；二是对政治改革的推进力；三是对社会转型的驾驭力；四是对自然规律的理解力；五是对文化建设的创造力；六是对国际事务的影响力。

现在的国际竞争，既是政治、经济、军事等硬实力的较量，更是文化、教育、公关等软实力的比拼，提升创造力与软实力成为中国人面临的巨大挑战。近30年来中国综合国力的提升，海峡两岸关系和平发展与经济整合居功阙伟，台湾从中受益也作出贡献。为提炼更具广泛共识的东方文化主流价值，在文化的历史传承和全球视野中弘扬中华文化的时代精神，两岸同胞有着比肩的压力与责任。这就需要双方以更多的耐心、智慧及真诚互谅的沟通，从战略性、全局性、关键性的层级和更宽广的领域，统领各方力量展开协商与整合。

两岸通过文化创新、文化创业、文化创意人才等方面的交融与合作，让中华民族文化在扬弃中创新发展、在阐释中赋予现代意义、在民族性中体现全球化，在与西方文化主流价值的交流、交融中吸收世界文化的优秀成果，重建中华民族文化软实力，让世界了解中华民族复兴的价值与意义，并共享共用中华民族的主流价值。这不仅为两岸关系和平发展注入深层次、可持续的源头活水，更是两岸携手共同实现“中国梦”的正途。

一、揭示两岸共同面对的经济全球化发展规律

经济全球化发展虽然遭遇过各种危机的考验，经历过曲折和停滞，但大趋势向前、向广度和深度发展从未发生根本性动摇。经济全球化大约从16世纪中叶起步，大致可分为四个发展阶段：即资源贸易、产业间贸易、产业内贸易和产品内贸易阶段。研究其每个阶段演变的脉络，都可以发现产业的重大变革，科技进步的重大突破，推动国际分工由粗到细，经济全球化都会达到一个新水平[1]。在此要强调的是全球化发展的第四阶段：世界发生了电子信息和网络革命，诞生了产业链分工，产品内贸易大行其道，国际分工的参与方不断提高专业化、精细化、链条化、网络化发展水平，实现资源在全球范围合理配置，资本效率不断提高等等。

生产力全球化发展推动了经济全球化，不难逆料，人类社会发展生产力的动力不止，经济全球化就不会止步。随着经济全球化的发展，建立全球生产关系与上层建筑领域也有了完整的体现，包括建立全球经济体系、规则、秩序，搭建合理的结构，全球法律、安全、媒体、意识形态等上层建筑的发展等，以适应全球生产力发展。但理论研究指出，国际关系的结构性缺陷，对全球化发展形成巨大障碍，也是协商全球议题、开展全球治理的巨大障碍。因为美国主导、由发达国家共同组建的全球安全保障体系以往主要服务于东西方冷战结构，服务于因意识形态对立的国际关系结构[2]。在这一情势下，中国对外发展遇到的最主要问题就

---

1 金柏松：“揭示经济全球化发展规律，建议制定中国全球全领域发展战略”，香港《经济导报》2013年第7期。

2 金柏松：“揭示经济全球化发展规律，建议制定中国全球全领域发展战略”，香港《经济导报》2013年第7期。

是：受到以“意识形态对立、不同社会制度”为借口，设置的重重障碍与阻挠。

2012年5月3日，在第四轮中美战略与经济对话的开幕式上，时任国家主席的胡锦涛指出，“人类已进入21世纪第二个十年。我们的思想、政策、行动应该与时俱进，以创新的思维、切实的行动，打破历史上大国对抗的传统逻辑，探索经济全球化时代发展大国关系的新路径”[1]。2013年5月17日，联合国教科文组织和中国教科文全委会共同签署《杭州宣言》，将文化置于可持续发展政策的核心地位，承诺将搭建很重要的一个行动平台，可以持久地去利用展开各种合作，办理各种研讨会和讲习班，并且会提出遗产保留、可持续的旅游业、创新产业、文化机构等方面新的倡导和倡议[2]。抛弃国与国之间传统的弱肉强食的“丛林法则”，与“地球村”里的大小国家一道，共同建立一个公平合理的国际秩序，是中国迈向受尊敬大国的必由之路。我们也要清醒地认识：我们虽然取得了举世瞩目的发展成就，中华民族伟大复兴展现出前所未有的光明前景，但我国仍然处于社会主义初级阶段，仍然是世界上最大的发展中国家，社会发展不平衡、不协调、不可持续的问题依然突出；前进道路上还必须面对发展结构转型的压力与不确定性，以及“再全球化”的艰难与挑战。还需要全体中国人付出极大的努力，尤其是必须严防战略决策的失误。

二、共同探索文化创意经济的发展战略

文化是DNA，在中国人的生活和头脑中深深的扎根，促进了经济的发展，对未

1 胡锦涛呼吁要打破的“传统逻辑”（丛林法则），就是把世界看做是一个弱肉强势的丛林，把国际交往看成是一个你有我无的零和游戏，至于国际间的规则与正义，则被看成是哄小孩的把戏。“没有永恒的朋友，只有永恒的利益”就是这种逻辑的体现。

2 近年来一些强调文化对于可持续发展的重要性的最核心的政策文件，包括联合国大会决议N. 65/1（“履行诺言：团结一致实现千年发展目标”，2010）、关于“文化与发展”的N. 65/166 (2011)和N. 66/208 (2012)决议，以及其他一些在国际、地区和国家层面得到落实的相关宣言、声明及规范性文件。印象尤为深刻的是联合国可持续发展大会的结果文件（“我们期望的未来（里约热内卢，2012年6月）”），该文件强调了文化多样性的重要意义，以及有必要探索能更全面地实现可持续发展的方法。

来的生活和展望更是一个非常重要的东西。笔者认为：面对人口增长、城市化、环境恶化、灾害、气候变化、日益凸显的不平等和持续贫困，我们迫切需要寻找新途径，以期从更宽泛的层面反映人类的进步，强调民族与民族、人与自然之间的和谐，以及平等、尊严、福祉和可持续性。具体而言，应将文化视为可持续发展的根本推动者、意义和能量的来源、创新的源泉，以及应对挑战、寻找适当解决方案的资源；应崇尚一种开放、发展的文化观，这种文化观应当牢牢建立在以"人的权利"为基础，且尊重多样性的方法之上，体认不同的文化视角将产生不同的发展道路。

中华民族复兴需要"百年战略"，当下形势已刻不容缓。自2008年以来的实践证明，两岸关系和平发展是一条正确的道路，未来更应推动两岸关系朝着符合两岸同胞意愿，符合两岸共同利益和中华民族整体利益的方向发展，不断开辟新的美好前景。正如2013年4月8日，习近平总书记在博鳌会见台湾两岸共同市场基金会董事长萧万长时所指："对海峡两岸中国人来说，重要的是真正认识和切实把握历史机遇，顺应时代发展潮流，携手推动两岸关系和平发展，共同开创中华民族美好的未来。"

1. 中华文化大发展大繁荣的战略思考

当今世界正处于大发展大变革大调整的时代。每一个国家和民族都致力于捍卫自己的文化主权、坚守民族的文化传统，并研判形势、抓住机遇，探索符合自己民族特色的文化发展道路，创造出兼具民族特色和国际影响的文化品牌，提升自己的主流文化价值及对外的话语权。简言之，文化之争的本质就是价值之争，文化发展的根本任务就是树立和传播自己国家与民族文明的价值观。

文化战略要解决的是一个国家或地区文化发展的根本问题，即文化选择、文化道路、文化归属问题，无论在中国还是在世界，这都是学述界所关切的重要议题。关于中国文化选择的各种主张，可以归纳为两个方面：一是价值问题。东西方文化是两条价值坐标轴，而东西方文化的碰撞、消化、融合、再造则是文化选择在价值坐标上的线路图示。二是实现的方式问题。"文化强国"是实现中华民族伟大复兴的重要标志、是建构国家文化战略的基石，宣导创新型、智慧型与力量型的文化创意经济是实现“文化强国”的不二法门。探讨与认识文化创意产业的特征及发展规律，研究其永续发展的科学要素，也就成为确定文化大发展大繁荣战略的应有之意。

文化发展战略是文化建设的纲领，是配置和使用文化资源，为实现文化功能和效益最大化的思路与基本决策。为此，既需要我们转变观念，把握世界文化发展趋势，提出提高国家文化软实力等新思想、新观点和新论断；又需要我们对市场经济条件下的文化发展规律进行探索和研究，最终形成更加清晰、可以预计，理性按规律发展的文化建设思路。这就需要从战略高度深刻认识文化的重要地位和作用，对文化的发展进行顶层设计，建立文化强国的战略思考，建立起相应的战略配套系统[1]，使中华文化的凝聚力、创新力、生产力、影响力和传播力等方面能处于世界的前列。

“十二五规划”被喻为大陆30年改革的第三次转型，面对经济再发展与未来经济社会转型的路径，文化发展成为化解“人民内部矛盾”的重要议题。对此，两岸有着较为一致的意愿与目标。

在2010年4月，台湾领导人马英九首度提出“台湾黄金十年”的主张；同年5月20日进一步发表“大步向前，开创黄金十年”的愿景；2011年9月28日，马当局明确了“黄金十年”概念：以创新提升台湾竞争力；以文化发扬台湾优势；以绿能打造低碳家园；以廉能强化政府治理；以福利建构社会安全网；以和平建立台海秩序。“黄金十年”规划以活力经济为主轴，以爱台12项建设、六大新兴产业、四大智能型产业、十大重点服务业以及十大招商主轴投资等作为重要政策。文化创意产业即为六大新兴产业的重要构成。

1 民进中央代表、全国政协委员、福建社会科学院张帆院长在2011年3月10日举行的全国政协十一届四次会议第四次全体会议上提出的建议，将顶层设计物化为具体的目标、机制、措施、项目以及物质保障，使文化大发展、大繁荣得到全方位的支撑，进而在未来一段时期内，使我国在文化原创能力、文化综合国力等方面处于世界的前列。

在2012年的《政府工作报告》中，将文化建设列为十大重点工作之一，新增两大重点：一是推动文化产业成为国民经济的支柱性产业；二是强调加强公民道德建设，借由文化熏陶，加快构建传承中华传统美德的行为准则和精神依托。这就要求坚持改革创新和科技进步，破除制约文化发展的体制性障碍，不断解放和发展文化生产力。在文化发展格局上，一方面要努力形成以公有制为主体、多种所有制共同发展的文化产业格局，充分发挥人民群众在文化建设中的主体作用，最大限度地焕发广大文化工作者的积极性、主动性和创造性；另一方面要形成以民族文化为主体，吸收外来有益文化的对外开放格局。

不可否认，在两岸签署ECFA以来，经济合作的步伐越来越大、深度越来越广，但两岸文化产业合作在预期与现实之间仍存在明显的落差。目前是加强两岸文化产业合作极具天时地利人和的历史机遇期。据报道，两岸文化前瞻论坛将在2013年9月举行，我们期望尽快落实两岸文化教育合作框架协议的协商与签订，促进两岸文化教育更加深入的开展。

2. 建立两岸携手复兴中华民族文化之坐标

一是建立“文化再创造”理念。两岸共同承袭的中华文化是无法抛开的血缘联系，而未来中华文化地位的崛起以及中华文化品牌的出现，还要寄希望于两岸的共同合作。“文化再创造”理念，是指对传统文化的原创性发掘，以及对原创文化的支持。两岸文化创意产业在许多方面具有相似性，通过两岸的携手，激发出反省力、批判力和创造力，让中华文化走向更深层的思想性，产生更大的前进力，促进在未来共同发展中华民族文化的荣耀。

二是确立培养创新力的途径或方法。毋庸置疑，“创新力”是21世纪标举的最重要的关键能力。创新就是改变，在“知行合一”之间形成具体行动，最终带来价值。创新有多种，包括思维创新、技术创新、设计创新、营运模式创新等等。实现的途径或方法：第一，“批判思考”能力。创新力的起步在于“批判思考”，鼓励“想象”来提供解决的途径与方法，从而创造出新产品或新服务。但空有新想法还不够，必须能实际地把新想法做出来，这是创新力的第一个试金石。第二，“紧密互动”激发新动能。两岸人民需要提高沟通能力，加强经济战略探讨和政策协调，形成更紧密的联系与合作，来寻找“自己的路”。共同构筑两岸愿景，共同参与区域经济整合，携手合作、互利共荣、振兴中华。第三，“大破大立”模式。改变既有领域的模式，建构一套检验创新力的新路径。第四，处理资源不足或模糊空间能力。创新力必须容忍不确定性，要能够“与混沌共处”，并在混沌中绕过各种障碍性拦路虎，引导出“破坏式的创新”，必须创建容忍失败的、健康的创业文化环境。

三是创造培育创新力的要件。主要是更加充分的市场经济、更加充分的国际合作、更加充分的企业家精神。一方面是要求政府创造较好的政策支持，如建立在创业基础上的研究项目的支持，提供建立在创业基础上的国际研究项目的支持；另一方面要求创建一个好的教育体系，建立优秀、前瞻的创业课程、培育企业家精神，并储备创新力的后续力量。

四是协商签订“两岸文化教育合作协议”。启动两岸文化对话和合作谈判，让两岸文化交流与合作得到制度化与机制化的保障，不失为一个好的开始。目标是建立新的“文化生态链”，使彼此的认知、理解和判断产生螺旋式的提升，形塑两岸之间你中有我、我中有你的氛围与共识，让包括两岸同胞在内的中华民族儿女，都成为中华文化复兴和崛起的参与者、建设者和文化成就的享受者。共创文化创意经济梦必然是两岸洽商文化教育合作协议的重要关注点，两岸文创合作基本框架主要包括四个方面：文化管理机构的对话机制、文化产业整合的政策机制、文化专业人才的培育机制、文化共同体的可持续发展机制。

三、两岸文化创意产业融合的方法与途径

在ECFA协商的推动下，两岸产业合作持续深化，已是新时期创建两岸关系共赢之道的重头戏。2012年11月在台北举行的第二次两岸产业合作论坛上，双方一致同意将文化创意产业列为两岸产业合作的优先推动项目之一，需要探讨如何才

能共同克服障碍，并尽快推进实质性进展。ECFA 后续的“两岸服务贸易协议”协商已于2013年6月达成并签订，大陆对台湾文化创意产业的开放高于大陆对WTO的承诺，将设置台湾文创产业快速审查窗口，台湾业者可以抢得先机。凭着中华民族五千年的文化底蕴和战略功底，通过文创的手牵手，促进各自经济结构的改革，提升彼此的发展；通过文创的心连心，增强中华文化的创造力与话语权，提升影响全球的合力。

1. 资源与潜力调查：缔造未来两岸文化创意全景产业链的布局

两岸文化创意产业发展各具特色、互补性很强、合作空间巨大，但目前仍停留在交流不平等、欠缺交流准则、保障不足的情势。缔造未来两岸文化创意全景产业链，双边文创资源与潜力的了解与理解是关键，目标是达成各美其美、美美与共，形成对世界和其他国家也有一定启示和参考意义的中华民族文化创意力量。首先，两岸相关部门必须共同致力于以本民族文化为基础，以本民族文化作为两岸文化创意产业发展的动力源。明确文创立市、强省、强国的具体执行方向，形成文创产业合作发展的共同政策。其次，通过双方资源与潜力调查的评估与研究，缔造未来两岸文化创意全景产业链的布局。2010年5月，两岸6所大学合组“两岸创意产业研究联盟”，并举行一场题为“全球华人文化创意高峰论坛”，这对于推动两岸文化创意产业交流合作有积极的促进作用；“亚太文化创意产业协会”（ 2006年成立）公布的“文创产业与中华——2011两岸城市文创产业竞争力调查报告”[1]显示，历史资源和东西文化交流是打造文创城市重要条件。如两岸前10大文创产业竞争力城市中，上海因创造、发展等文化软实力而排

1　亚太文化创意产业协会针对具文化底蕴和文创发展潜力的台湾6个城市、大陆30个城市做调查，受访者为文创相关产学界(1,922份问卷，78%为台商)，于2011年3月30日公布“2011两岸城市文创产业竞争力调查报告”结果，。第一上海（96.2）；第二北京（94.9）；第三杭州（94.7）；第四深圳（93.6）；第五台北（93.2）；第六苏州（91.8）：第七南京：（88.7）；第八大连（88.6）；第九厦门（88.1）；第十成都（86.3）。台湾中原大学教授吕鸿德是这份报告的主要计划主持人，他认为报告除了点出两岸文创业优劣势和机会威胁，也可能影响未来两岸文创企业布局，愈具发展潜力的城市愈能够吸引人才和投资。资料来源：“两岸城市文创竞争力排名”，见台湾《联合报》2011年3月31日报道。

名居首，居次的北京强在硬实力，杭州在文化支持度方面拿第一，跻身两岸文创产业竞争力前10大的城市中，台北是台湾的唯一，台中、高雄、新北市、台南、新竹分居11、12、15、17、21名；就两岸城市在文创主要产业和文创竞争力交叉分析，目前上海在建筑、视觉艺术、广告、工艺设计、产品设计等领先，北京在数字内容、旅游及观光、出版、视觉传达设计等扮演领头羊，台北在流行音乐拿到两岸第一，总分排名第九的厦门，则在文化软实力“素质内涵”方面占鳌头。“2013年两岸城市文化创意产业竞争力调查”已于2012年7月16日在上海启动，更具专业信赖度：一是研究范围更为全面，调查的城市研究样本从第一次调查的36个增为42个，扬州、常州、中山、泉州、石家庄、嘉义等6个城市入围；二是研究指标从84个增加为105个，在“文化软实力”的评估中，从原有的文化支持度等四项指标延伸至“文化融合度”与“文化影响力”两个构面；三是增加两岸文化创意产官学研界20位专家团，针对问卷结果执行评比。两岸应致力于深化上述调研，必有助于进一步了解两岸文创产业的优势、劣势、机会与威胁，精辟地剖析整合后的两岸文创力、竞争力与发展趋势。再者，未来的合作方向应聚焦在两个层面：一是产业链研究。通过双方的资源整合，形成上中下游完整的产业链；二是产业聚集研究。通过科学规划，共同立项、财政补助、骨干文化企业实施的方式，发挥各自优势，启动实施重点文化产业园区和基地建设，形成更多具地域特色与优质产业聚集的“两岸文化创意园区”与文化创意城市，并成为新的地区经济增长极；三是整体生态环境（外部条件）与共同规制的创建。如共同凝定应对世界潮流的发展策略；通过协议创建管理规则机制以推动创意业者的精巧连接与权益保障；共同致力于文化创业人才的养成，培育造就一批文化创意产业的后备人才；创建多元平台让两地创业者与消费者实现密集互动，共同树立中华民族文创形象和文创知名品牌，累积有形与无形的财富；等等，都是必须进一步探索与实践的课题。

2. 促进异业整合：让制造与文创因子共存、让科技品牌与文创品牌成功“混血”

文化创意产业是一种在经济全球化背景下产生的以创造力为核心的新兴产业，强调一种主体文化或文化因素依靠个人（团队）通过技术、创意和产业化的方式开发、营销知识产权的行业。创意产业的根本观念是通过“跨界”促成不同行业、不同领域的重组与合作，通过异业合作寻找新的经济增长点，推动文化发展与经济发展，并且通过在全社会推动创造性发展来促进社会机制的改革创新。跨界合作是促成文化创意的重要源泉，尤其是文化创意产业与高技术产业紧密结合：一个是内容上的创新，一个是技术上的创新。

首先，以科技为基础，通过文化与美学的创意，成为改造传统产业转型升级的重要途径。台湾通过科技与工艺跨界结合的成功案例就是最好的证明。台湾工艺研究发展中心于2010年8月至2011年11月执行的“推动科技与工艺创意产业结合旗舰计划”，结合运用科技改善工艺制造过程之技法、材质，突破现今工艺产业生产品质与产能限制之瓶颈，让工艺产业建立完整科技技术生产模式，进而艺术转移与产业化，一方面带动科技产业彰显以人为本的服务精神与形塑品牌人文价值；另一方面通过跨界合作的文创商机，带动工艺产业转型升级走向现代。也就是说，通过科技与文化创意的结合，带给传统制造产业以新的生命，既增进科技与人文之交流与互动，为科技产业注入新的人文特质，又引导传统产业建立创新发展模式，更谱出新时代文化创意产业的发展前景。

其次，品牌的力量。提出“微笑曲线”的宏碁创始人施振荣，在20年前就在曲线的右上端放了“品牌”，代表它是创造高附加价值的重要元素。文化创意产业体现创新与知识的累积，因此文化内涵、理念、品牌等软实力的发展尤显重要，必须依靠这些软实力的价值，方可决胜于千里之外。台湾民间已经有这样的价值观，拼品牌、讲求自己产品的骄傲，应该给个赞。如台湾文创品牌奥图码科技合并制造品牌琉璃工房，正是两个台湾品牌的结合，让整个管理与效益做得更好，使无形资产比有形资产更体现价值。台湾奥图码科技的文创品牌知名度比较广，能进入欧美、甚至亚洲的非华人区；琉璃工房在大中华区非常成功，品牌知名度胜过前者，则前者向后者学习“怎样把品牌做大”，后者则向前者学习“如何把地域扩张”。以奥图码科技业的讲求效率与速度，重视数字管理，逻辑性很强，可以帮后者；而琉璃工房设计制作这一块，介于艺术品与工艺品之间，称作“类艺术品”，在两点上可影响前者：一是对品牌、理想、愿景的长期坚持；二是成本设计观念的改变。上述让制造与文创因子共存、让科技品牌与文创品牌成功“混血”的异业合作，是采取被动式的资源互补、建立双方人员互调，不仅为合作各方带来助益，还可以找到适合的位置，融合产生新的第三种优势。

利用文化开展创意产业“异业混血”的新型合作模式，应当考虑不同文化领域的特殊需求，通过文化创意产业来分享最佳实践等方法，提供能力建设、知识传递及新的就业机会。注意点主要有三：一是合作的企业应该是理念志同道合的伙伴；二是“混血”后事业的人士安排应以平衡、尊重为前提；三是制造因子与文创因子互补的平衡，文创的色彩要保留的多一些，科技品牌或传统制造才能从中收获，这一点最重要，否则会伤害文创品牌的精神。

3. 保障知识产权：共同维护文化创意产业发展的核心与基础

区别于传统的、以物质消耗为基础的“肢体产业”，文化创意产业被称为“头脑产业”，即以创意为产业发展的核心，强调创意对经济效益的推动力和附加值。文化创意产业与产品更多地要依托商标权、专利权和著作权等知识产权要素来获得发展，美国就将文化创意产业界定为版权产业，足见对文化创意产业的发展来说，保护创意，保护创意者的知识产权，具有性命攸关的重要意义。不讲知识产权，创意无从谈起，不讲知识产权保护，创意产业无所发展，拥有知识产权是创意产业之根，加强知识产权保护是发展创意产业之本[1]。

“创意”是文化创意产业最重要的资产，能够决定文化创意产业竞争的走势。是故，健全相关的知识产权保护的法律法规是实现文化创意产业发展的重要

1 厉无畏等著：《创意产业：转变经济发展方式的策动力》，上海社会科学出版社2008年7月出版P.153。

前提。文化知识产权有四大类：专利、版权、商标和设计，每一类都有自己的法律实体和管理机构，每一类都产生于保护不同种类创造性产品的愿望。政府对文化创意产业的一个重要扶持手段就是加强版权保护，包括从制度和实践两个方面。凡版权保护最为严密的国家从版权中获取的经济利益是最多的。以音乐出版业为例，根据对43个国家的统计，对版权保护最为严密的前10个国家从音乐出版中获得的经济利益，占了全球音乐出版业收入的90%[1]。

在欧、美等经济发达国家，关于文化创意产业的法律法规已相当完善，不仅保护了创作者的积极性，也有力地促进了文化创意经济的发展。台湾地区有关知识产权方面的法律修订频繁，有助于提升台湾在科技产品研发与制造的竞争力。1999年在台“经济部”下设智慧财产局，将专利、商标、著作权、集成电路布局及商业秘密保护等业务集中运作，着重于“提升审查品质与效能”和“加强智慧财产保护”；2001年对所有有关知识产权的法律进行大幅修改，以符合加入世界贸易组织的各项标准；2004年台湾当局开始筹设“智财法院”（ 智财即知识产权），并搜集德、日、美等国家资料，完成相关草案规划；2007年3月，台“立法院”通过“智慧财产案件审理法”、“智能财产法院组织法”，明定“智财法院” 以“三合一”诉讼新制（审判事务包括与智财权有关的民事、刑事及行政诉讼案件），企图解决智财案件审理期间冗长问题；2008年7月成立“智慧财产法院”，希望通过专业审理及诉讼效率，提升台湾在智财权保护的国际竞争力。2009年以来，台湾对知识产权保护成效显著获得肯定。2010年1月，台湾也通过了《文化创意产业发展法》，将多元的文化资产作为台湾的竞争力之一。此外，台湾地区注重知识产权教育，通过设立专业型学院，与法律学院、商业管理学院、理工学院等紧密合作，开设跨领域课程，培养执行知识产权保护的复合型人才。

两岸在知识产权立法方面的发展有同步态势。但大陆地区现阶段版权制度在一些方面的保护尺度与国外一些国家还存在有差距；网络出版、网络游戏等文化

1　厉无畏等著：《创意产业：转变经济发展方式的策动力》，上海社会科学出版社2008年7月出版P.154。

创意产业领域的版权保护制度还不够完善；从司法保护层面上看，大陆知识产权案件的审理也面临着进一步完善民事、刑事和行政程序的衔接，节约审判资源、提高审判效率、加强权益保护的问题。

2010年6月，两岸海基与海协两会在重庆签署了《海峡两岸知识财产权保护合作协议》，北京将建立版权资源信息中心和版权国际交易中心，构建版权授权体系。可以肯定，海峡两岸在知识产权交流与合作方面还有非常广阔的空间，台湾地区在知识产权实务方面的研究，将知识产权作为“财产”来经营等理念和相关实例，都值得我们学习和借鉴。现阶段迫切需要从文化创意产业创作主体的视角，就两岸文化创意产业知识财产权保护的合作、知识财产权的鉴价机制、设计专利保护，以及“知识产权与互联网的博弈”亟待突破的困境、共同寻找未来发展的道路等方面展开交流与探索。

4. 致力教育改革：为文化创意产业发展打下坚实的社会基础并储备人才

创业教育对一国文化创意经济发展是非常重要的。西方各国创业教育发展时间较早，已具备了一定的创业教育经验，其创业率和成功率都比较高，值得咱们借鉴。如美国已有1600所以上的大学提供2200门以上的创业课程，44种相关的学术刊物；美国麻省理工学院做过一个统计，如果他们的毕业生创建的公司组成一个独立国家的话，将是世界上第17大经济体。该学院于2005年提出的“创业生态系统”概念更能准确概括创业需要的环境：一要保证具备独特的、不用去抄袭和模仿他人创业环境；二是政府和官僚机构对创业的阻碍要做到最小化，但对创业者的支持和失败的容忍要做到最大化；三是能够积极鼓励和邀请投资者参与新项目，但不是盲目的投资；四是政府、大学和商业机构要能够支持创业，但不是直接提供创业理念。

极受大陆推崇的台湾导演赖声川，曾为台湾读者书写一本《创意学》，对于创意，他有一套简明的定义：“创意就是出一个题目，然后解这个题目。”中国崛起带动“华流热”，正是两岸文创业向外发展的极好机会，先从两岸共同元素去挖宝，就可能带起文创的产业链。创意可以透过学习来增加功力，“智慧与方法”是训练的内容，“智能要在生活中学习，方法是在艺术中学习。”创业教育的宗旨在于教育学生的创业技能与开拓精神，更好地满足全球化、知识经济时代的挑战，并变化就业观念，将创业作为未来职业的一种选择。虽然我国教育部在2002年4月将清华大学、北京航空航天大学等9所大学确定为创业教育试点院校，开始尝试创业教育，但整体而言，相较于西方国家，我国的创业教育仍有很大的欠缺，学生们对创业尚未形成一个完整的概念。为此，需要继续加大创业教育改进、实践的力度，广泛借鉴国外的成功经验，注重培养学生的创业技能与创业精神。除了在学校开设文化创意课程，通过开辟大学生文化创意园区和各类文化创意街区，以及政府对于创意产业发展和就业采取一系列积极有效的推动政策之外，还在于思想上的教育到位，以及培育并创立全社会激发勉励创业的氛围。

台湾高等教育的专业设置与调整的总体方向以实用导向为主，其高等教育专业机构设置优化改革的经验与启示：一是为高校专业设置与调整提供一个较为轻松的制度环境，在政府、市场、社会与学校之间建立以参与、协商、监管为特征的权力关系；二是强化劳动力市场对高校专业设置与调整的导向作用，把最大限度地促进经济发展作为办教育的准则之一；三是充分发挥高校自身在专业设置与调整中的主动性和积极性；四是实施分类指导，引导各高校根据自身性质与定位，突出办学特色，避免专业设置趋同化的现象；五是建立一种既符合“通才教育”培养模式，又适应“专门化”职业需求的两全其美的灵活适应机制；六是尽快建立健全高校高教专业质量的评估、退场机制[1]。

5.互联网世界：两岸携手创造一个中国的新世纪

虽然两岸互联网的发展各具特色、各不相同，但两地互联网人都有着“增进沟通与理解、加强交流与合作”的共同愿望。自2009年以来已轮流在两岸召开四届“两岸互联网发展论坛”[2]，就电子商务、移动互联网、数字影音、互联网旅游

1　张宝蓉：“高等教育规模扩张中两岸高校专业设置与调整至比较”，见彭莉主编：《台湾研究新跨越．两岸观察》，九州出版社2010年6月出版P.423-424.

2　2009年第一届论坛的主题“两岸携手，合作共赢”；2010年的主题是“互联互通，合作共赢”；2011年论坛探讨“汇聚创新动力　共创网络未来”；2012年的主题为“建

生活、社交网站等议题展开深入探讨，在网络媒体、电子商务、网络营销、网络游戏、数字内容等多个领域开展了卓有成效的交流与合作，为促进两岸互联网产业的发展带来新风貌。

当前，大陆互联网的网络规模持续快速增长、互联网基础设施能力持续提升、技术创新能力不断增强，技术标准影响力快速扩张、具有国际影响力的互联网产业初步形成，并成为经济社会发展的重要引擎和基础平台。工信部推出的“十二五”期间互联网发展规划，包含了七项重点工作，对大陆互联网产业的发展都指明了重点和方向：一要推行宽带中国的战略；二要加快以IPV6为主的下一代互联网技术和产业的发展；三要推进信息化和工业化的深度融合；四要重点发展民生领域的信息化，特别是医疗保健、教育、住房保障以及就业和社区信息化；五要推进农村、农民、农业的信息化，进一步弥合数字鸿沟；六要加强信息安全，保障信息网络安全和信息内容安全；七要提升关于信息安全的保障能力。

台湾是电子资讯产品制造与服务较为先进的地区，社会信息化的水平较高，互联网行业与国际接轨的时间较长，比较有经验。从文化的角度来看，一是文化创意内容制作能力较强，台湾的动漫游戏厂商把商品卖到了全球100多个国家，这些厂商通过这些外国展会与交易授权的后续交流，累积了很多国际营销的宝贵经验；二是在跨界融合的一些领域走在大陆前面，比如“第三代移动通信技术”（即3G，是指支持高速数据传输的蜂窝移动通讯技术）、对中小企业希望提供B2B、B2C和C2C等技术方面[1]；三是推广多媒体数字典藏计划，内容包括生物、人类学、档案、地图等遥测影像、金石拓片、善本古迹、考古、器物、书画、新闻、汉集全文、影像与建筑等14个主题，根据2007-2011年的成果，文献与档案的数字化占43%，生物与自然占27%；语言、新闻、影音等其他典藏合占18%[2]。多

构未来互联网新生活”。

1 B2B是Business to Business，指的是商家(泛指企业)对商家的电子商务；b2c是business to customer，指的是企业对客户进行电子商务；c2c是customer to customer，指的是客户对客户进行电子商务。

2 陈骅、杨木章：“多媒体数位典藏系统之规划与实作”，台湾《文化创意产业研究学报》第一卷第三期2011年9月出版。

媒体数字典藏系统不仅是精致文化的普及、终身教育的延伸，而且是软件产业、价值产业、内容产业、文化创意产业等几家的原料与动力，更可应用在外交、国防、学术研究、教育及民生等方面，为创造社会文化新文明的绝佳契机，并借此提升地区的生产力与竞争力。

两岸互联网产业合作面临很多新机遇，譬如：第一，共同规划两岸互联网产业方向，形成产业链条，在服务于两岸经济发展的同时，壮大自身，并为两岸经济复苏、成长注入新的动力；第二，鼓励两岸产业界携手发展文化创意产业，加强业务创新和服务模式创新，从动漫、网络游戏等入手，逐渐扩展至网络文学、美术、学术研究、医学交流等两岸文化教育交流合作的各个领域，让互联网成为两岸同胞开展文化和教育交流的新渠道、新平台，在创造经济效益的同时，共同传承和弘扬中华文化，使优秀的中华文化走向世界；第三，积极开展互联网领域的交流与合作，共同推动互联网持续健康发展。通过互联网运营模式开展两岸经济社会各领域的交流沟通，逐步推动两岸民间交流的经常化与制度化，具有很大空间和发展潜力，在创造庞大商机的同时，并为两岸同胞开展大交流、走向大融合、实现大团结搭上互联网的便捷平台；第四，跨界融合。现在大陆市场广泛，需求旺盛是毋庸置疑的，台湾有一些领域走在大陆前面，比如3G、为中小企业提供B2B和B2C等电子商务衍生的多种形态，尤其是在ECFA后续的服务贸易签订之后，互联网产业在传统经济领域大有可为。

大陆地区网民人数达到5亿左右，台湾地区也已突破1600万，互联网普及率连破新高，两岸互联网发展规模逐年递增。同时随着智能手机的普及和资费的降低，两岸手机网络用户呈现爆炸性激增，为网络注入新鲜血液并带来了强劲活力。如果海峡两岸联手，促进文化产业向高端化、数字化、网络化和信息化方向发展，创新商业模式和盈利模式，大力培育网络文化、数字文化等新兴文化载体，大力发展数字媒体、数字出版、框架媒体、手机电视、手机购物、手机动漫、网络游戏等新兴文化业态，延伸和拓展文化创意产业链条，一定可以在互联网世界里创造一个中国的新世纪。

6.发挥闽台“五缘”优势：创建海峡文化创意产业特区

闽台文化具一脉相承的亲密关系，体现着闽台地域的历史统一性和不可分割性。福建正努力寻求从文化资源大省向文化强省的跨越发展。以闽台文化为根基、以闽台地域为中心、以闽台关系为切入点，创建“海峡文化创意产业特区”，把海峡西岸建设成为对台文化创意产业交流的重要基地，值得深入探讨与研究。

首先，必须解放思想，提高文化战略意识。

海峡西岸经济区既立足于全国的发展大局，又突显福建的区位优势，不仅具有经济意义，更具有特殊的文化意义。依据下列：闽台两地专家学者在闽台文化研究方面成果显著。一是将文化研究与人类学、民俗学、社会学、宗教学等紧密结合，形成闽台文化研究的新潮流，也开辟了研究的广阔前景；二是闽南文化研究方兴未艾，闽南文化是指生活在闽、台两地人民所共同创造的，以闽南方言为主要载体的区域文化，它既是中国传统文化的重要组成部分，又富有鲜明的区域文化特色，是中华文化的一个重要组成部分，同时又是中华文化中的一个极具鲜明特色的地域文化。事实证明，闽台是一个共同的文化区域，闽台两地虽然在各自的物华和人文因素上有所差异，但在文化构成的深层理论上分析，两地的思想意识、生活习俗、宗族信仰以及民间文艺等都是一脉相通的，它是一种二元结构的文化结合体，也是一种辐射型的区域文化，具有极为丰富深刻的内涵和多姿多彩的表现形式，具有构建“海峡文化创意产业特区”的充分条件。目前应努力的关键：解除“锁岛”意识形态对台湾的束缚，提省闽台区域文化整合的战略意识。

其次，从实务层面突破体制或制度的制约。

一是以经营有年的“一会二中心”（即福建已坚持多年的海峡两岸图书交易会、厦门市对外图书交流中心和海峡出版物交易中心）为基础，进一步构建两岸跨域文化交流与合作的有效机制与载体平台。二是通过创建如“闽台文化创意产业交流促进会”之类的组织协调机构，负责整合两地文创资源，评估各自的特色与优势，规划两地跨域文创产业合作项目，创建闽台文化创意产业生态链、城市合作及特色文化创意园区的融合，协商并制订闽台文创产业合作的规制。三是吸引文化创意产业经营及行销理念与方式，从文化政策与技术创新的视角审视并通过共同管理，融合两岸文化创意产业的经营模式，通过沟通协调、降低成本、提升效率、获取效益。四是闽台合办文创产品研发中心和生产企业，如合作拍摄一批以闽台历史文化名人、宗教文化和民间信仰、民俗文化为题材的电影、电视剧和动漫作品；共同推介闽台文化旅游产品、共同开发两岸旅游市场等；精心扶植并共同培育具有闽台特色的若干文创精品，使之具有全局性、战略性价值。

第三，增强闽台文创产业整合的基础性工作。

一是充分发挥福建对台先行先试的优势，通过祖地文化、闽南文化、客家文化、潮汕文化、妈祖文化、民间文化等连接两岸同胞感情的文化纽带，为恢复并增进闽台一家的经济社会关系创造条件。二是简化审批手续，减少审批流程，提高行政效率，不断提升闽台文化，使闽台在新闻出版、文学艺术、教育科技、体育卫生、文化民俗旅游等方面交流的层次、水平和规模不断提升，并更加水乳交融。三是加大对闽台文化交流活动的投入和扶持，做大做强具地方特色的文化创意产业。四是加强闽台民间文创研究成果的管理与传递工作、两地共同开拓国内外文化市场的中介与桥梁工作。五是建立健全文创人才的培养与交流机制，一方面在两岸日益扩大的教育交流与合作中建立健全文创人才的培养机制，另一方面通过加强两地人才流动来促进闽台文化创意产业的传承与发展。六是加强对闽台民间共通的非物质文化遗产的挖掘、整理、保护传承与开发等工作，使之成为文化创意持续不断地活水源头。七是创建闽台之间跨域合作的常设联系通道，争取常设对口机构或互设办事处，保持经常性的往来，并累积、延续、检视、修正交流合作的项目与成果，重视互赖结构下的“风险管理”与“外部性控制”议题，解决两地文化创意产业跨域整合衍生出的新的经济与社会问题。

总而言之，文化创意产业是人类理性探索世界、认知科学与可持续发展的必然产物，是人类创新与创造性劳动的一部分。从上述的论析可以了解，文化创意产业的创新实践和创意活动，代表了经济学理论中关于投入产出三种资本类型

（实体资本、人力资本和自然资本）之外的另一种资本模式，即知识经济模式下的文化资本，它的意义在于提升了投入产出的效率，为社会带来新的发展可能和机会，已成为世界各国经济结构转型并维持可持续发展的重要路径。

两岸文化创意产业通过相互学习、各取所长的携手合作，必将爆发出更大的能量。经由中华文化丰厚的底蕴与现实的精彩相结合，以时尚性和大众性来构筑中国文化形象，创造出兼具民族特色和国际影响的文化品牌，让全世界都能直观地感知中华文明的核心、内涵与魅力，并逐步通过“华流”向外推广话语权，引领世界文化潮流的走向。可以预见，随着两岸文化深度与产业活力相融的风生水起，挥洒出一片文化创意的天空，必将成为中华文化百花齐放中争奇斗艳的一枝奇葩。

本书介绍的知识及归纳的结论，希望能为两岸文化创意产业的发展与融合略尽绵薄之力。在此借用习近平总书记的一句话：“肯取势者可为人先，能谋势者必有所成”作为全书的结尾。

图书在版编目（CIP）数据

两岸文化创意产业的发展与融合 / 方彦富，陈蘋著.
--福州：海风出版社，2014.11
ISBN 978-7-5512-0167-4

Ⅰ. ①两… Ⅱ. ①方… ②陈… Ⅲ. ①海峡两岸—文化产业—产业发展—研究 Ⅳ. ①G127

中国版本图书馆CIP数据核字(2014)第228517号

两岸文化创意产业的发展与融合

方彦富 陈蘋 **著**
责任编辑：周雨薇
封面设计：叶浩鹏
出版发行：海风出版社
（福州市鼓东路187号　邮编：350001）
印　　刷：福州德安彩色印刷有限公司
开　　本：787×1092 毫米　1/16
印　　张：22.5印张
字　　数：330千字
印　　数：1-1000册
版　　次：2014年11月第1版
印　　次：2014年11月第1次印刷
书　　号：ISBN 978-7-5512-0167-4
定　　价：38元